Strasser · Moodle im Fremdsprachenunterricht

Für Margot Windbauer

Thomas Strasser

Moodle im Fremdsprachenunterricht

Blended Learning als innovativer didaktischer Ansatz oder pädagogische Eintagsfliege?

Verlag Werner Hülsbusch
Fachverlag für Medientechnik und -wirtschaft

T. Strasser: Moodle im Fremdsprachenunterricht

Bibliografische Information der Deutschen Nationalbibliothek
Die Deutsche Nationalbibliothek verzeichnet diese Publikation in der Deutschen
Nationalbibliografie; detaillierte bibliografische Daten sind im Internet unter
http://d-nb.de abrufbar.

© Verlag Werner Hülsbusch, Boizenburg, 2011

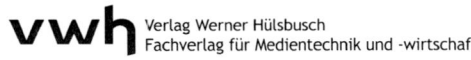 Verlag Werner Hülsbusch
Fachverlag für Medientechnik und -wirtschaft

www.vwh-verlag.de

Satz: Werner Hülsbusch
Umschlag: design of media, Lüchow
Druck und Bindung: Kunsthaus Schwanheide

Zugleich: Diss., Univ. Wien, 2011

– Buchfassung geringfügig bearbeitet, korr. Nachdruck Mai 2011 –

– Als Manuskript gedruckt –

Printed in Germany

ISBN: 978-3-940317-92-6

Geleitwort

Der Einsatz neuer Medien als unverzichtbare Chance
und Notwendigkeit im Fremdsprachenunterricht

Augenblicklich sind Gesellschaft, Wirtschaft, Bildungssystem und Schullandschaft einem dynamischen Wandel ausgesetzt. Der Gemeinsame Europäische Referenzrahmen für Sprachen (GERS), die programmatische europäische Mehrsprachigkeitspolitik, die mit der Durchsetzung des Englischen als weltweiter „Lingua franca" und in der europäischen Wirtschaft konkurriert sowie der rasante technische Fortschritt hinterlassen zunehmend Spuren im modernen Fremdsprachenunterricht. Da die Möglichkeiten von Internet und Computer von Jugendlichen mit großem Interesse registriert und aktiv in Besitz genommen werden, wäre es wohl unklug, die neuen technischen Medien angesichts des inhärenten positiven Motivationspotenzials sowie der permanenten Verfügbarkeit – praktisch rund um die Uhr – und der direkten Kontaktnahme mit fremdsprachlichen Texten für den schulischen Spracherwerb nicht zu nutzen.

Dazu versucht Herr Thomas Strasser mit seiner Dissertation über „Die Moodle-Cyberschool im Fremdsprachenunterricht" mit dem provokanten Untertitel „Blended Learning als didaktisch-innovativer Ansatz im Italienischunterricht oder pädagogische Eintagsfliege?" die „Vorteilhaftigkeit und Effizienz" von Lernplattformen als Auswirkungen des rasanten Technologisierungsfortschritts und seiner Auswirkungen für den Fremdsprachenunterricht im Rahmen der Medienpädagogik anhand von konkreten Beispielen aus dem Italienischunterricht in der Sekundarstufe II mithilfe des Blended Learning engagiert einen positiven Beitrag zu leisten. Zentrales Hauptaugenmerk ist auf das didaktisch nutzbare Potenzial der Lernplattform Moodle und den Einsatz von Web 2.0 gerichtet. Blended Learning fungiert hier als „prominente didaktische Extendierungsmethode für Moodle". Dabei stützt er sich auf die wissenschaftstheoretischen Konzepte und Forschungsansätze der „lernertragsoptimierten Symbiose", der „multiperspektivischen Verwurzelung", der „delimitierenden Curricularisierung" und der „hierarchischen Entvertikalisierung" des Klassenverbands.

Zunächst bietet Herr Strasser terminologische Begriffsklärungen von E-Learning und Blended Learning unter Berücksichtigung ihrer Vorteile und Nachteile. An allgemeinen didaktischen Perspektiven werden bei Blended

Learning unter makrodidaktischen Rahmenbedingungen Aspekte der Perso-
nal- und Organisationsentwicklung für die technisch bedingten Veränderungen der Lernkultur angeführt. Dazu gehören etwa im Bereich der Personalentwicklung die Aneignung der für den technischen Einsatz benötigten
Online-Skills sowie der Erwerb der medien- und textsortenspezifischen
Kommunikationskompetenz (etwa für die Moderation einer Diskussion im
Chat). Bei den mikrodidaktischen Rahmenbedingungen für den Planungsprozess zur Implementierung des Blended Learning sind u. a. Vorwissen, Medienkompetenzen, Lerntypen genauso mit zu berücksichtigen wie Lernziele,
Lernarrangements und Lernthema.

Die Lernplattform Moodle wird zunächst als allgemeines „Learning Ma-
nagement System", als modulare virtuelle Lernumgebung vorgestellt und
dient vor allem als Werkzeug für die Erstellung dynamischer Lern-Websites.
Dann geht der Verfasser auf grundlegende Konzepte von Moodle ein wie
Konstruktivismus, Konstruktionismus, sozialer Konstruktionismus sowie das
Konzept des „Connected & Separate". Die Lernplattform Moodle wird im
Unterricht und Fremdsprachenunterricht zusätzlich zu den Präsenzstunden im
Rahmen des Blended Learning eingesetzt. Zu den festen Bestandteilen von
Blended-Learning-Sequenzen gehören „Content, Coach, Communication,
Collaboration-Cooperation, Continuous Lessons, (Critical) Curriculum", die
im produktiven Zusammenwirken eine „lernertragsoptimierte Symbiose"
ermöglichen sollen. Somit bietet sich die Lernplattform Moodle in Kombination mit dem Präsenzunterricht als Chance für die Individualisierung des
Lernens. Durch den Einsatz von Blended Learning verschiebt sich die traditionelle Lehrerrolle verstärkt zu der eines supportiven Coaches oder „communicative collaborators", dem sich im Rahmen von Moodle auch Möglichkeiten zur Teamkooperation mit anderen Lehrern bieten.

Fachdidaktisch von besonderem Interesse ist das Kapitel über praktische
Anwendungsmöglichkeiten der in der Cyberschool im Italienischunterricht
am häufigsten verwendeten Tools. Aus funktionaler Sicht können diese zur
„Informationsvermittlung, Kommunikation, Kooperation und Kollaboration,
Prüfung, Selbstreflexion, Aufsicht und Evaluierung, Feedback" eingesetzt,
Aufgaben in Moodle erstellt, korrigiert und auch auf die Plattform hochgeladen werden. Dafür sprechen vor allem Motivationsgründe. Das Chat-Modul
lässt sich für „Online-Sprechstunden", „Quiz", „Chat-Diskussion" verwenden. Foren als asynchrone Kommunikationsräume werden am häufigsten als
vom Lehrer/Trainer moderierte Lehr-Foren eingesetzt, dienen aber auch als
Lern-Foren zum freien Meinungsaustausch der Lernenden. Foren ermögli-

chen interaktive Schreibakte in Form von „kollektiven Gedankenschmieden",
„Rollenspielen", „Diskussionsersatz", „Statementsammlungen" (Brainstor-
ming/Brainwriting). An praktischen Anwendungsmöglichkeiten finden „Fragen an den Lehrer / Prof.? Posso farLe una domanda?", „aktuelle Informationen, Ankündigungen / news", „elektronisches Tagebuch", „Forum als
Quiz", „Forumdiskussion" Erwähnung. Die Anonymität kommt vor allem
schüchternen SchülerInnen entgegen. An weiteren Optionen werden noch
Abstimmung, Wiki, Glossar, Test angeführt. Ein Wiki als Sammlung von
gemeinsam erstellten Webseiten kann als klassisches Kooperationstool zum
Erstellen gemeinsamer Merktexte, für eine Schreibwerkstatt, ein Lerntagebuch, für Themeneinträge (Wikipedia-Simulation) genutzt werden. Mithilfe
des Glossars können thematisches Brainstorming und thematisches Wiederholen geübt sowie thematische Wörterbücher erstellt werden. Die Lernaktivität Test dient der Leistungsbewertung, die in Form von Freitext, Zuord-
nung, Lückentext, Multiple-Choice-Kurzantwort, Wahr/Falsch zur Verfügung steht. Die einzelnen Verwendungsmöglichkeiten werden jeweils nach
didaktischem Mehrwert und unter Berücksichtigung didaktischer Kritikpunkte bewertet. Mit ihrer Hilfe werden praktisch nur Schreib- und Lesekompe-
tenz geschult. Ein weiteres essenzielles Feature auf der Lernplattform
Moodle ermöglicht die TeilnehmerInnen-Performanz in der Cyberschool
innerhalb eines bestimmten Zeitraums übersichtlich nach Gesamt- und Einzelperformanzen zu erfassen. Auch das Online-Feedback erlaubt – mit gezielten handlungsanweisenden Rückmeldungen –, diagnostizierten Schwächen entgegenzusteuern.
    Der zweite Teil dieses Kapitels ist den Anwendungsmöglichkeiten des
Web 2.0 als Netzwerk vor allem in Verbindung mit der Lernplattform Moodle gewidmet. *Bubble.us* ist ein Mindmapping-Tool für Online-Brainstorming-
Applikationen zur Förderung von gruppendynamischen Prozessen mit hohem
interaktiven Kollaborationspotenzial innerhalb der Präsenzstunden. *Openetherpad*, ein weiteres Web-2.0-Tool, unterstützt die kollaborative Schreibkompetenz in Echtzeit. Bei der Applikation *podhost* wird ein Speicherplatz
für Podcasts zur Verfügung gestellt, was eine problemlose Einbettung von
Audioproduktionen in die Lernplattform ermöglicht. Damit besteht auch die
Möglichkeit, Hörkompetenz und auch Sprechkompetenz etwa in Form von
Interviews zu schulen. Mit der Anwendung *Overstream* lassen sich selbst
produzierte didaktische Tools in Form von Untertiteln, Fragestellungen und
Arbeitsaufträgen in Videos einfügen. Dadurch können Hörtexte bzw. Hör-
sehtexte interaktiv gestaltet werden. Mithilfe von *Goanimate* werden grafisch

und inhaltlich Cartoons unter Berücksichtigung inhaltlicher, grammatischer Vorgaben angefertigt. Dadurch wird vor allem kreatives Schreiben trainiert.

Web-2.0-Tools fördern aktive Partizipation, inhaltlich und sprachlich kreatives Agieren und ermöglichen dynamische Arbeitsprozesse. Die Entwicklung verläuft von einem „inselhaften" E-Learning zu einem selbstorganisierten, vernetzten E-Learning 2.0. Aus der Kombination von Moodle und Web-2.0-„Enrichment" entsteht das gruppendynamisch-lerntechnische, grafisch-interaktive neue Moodle „Deluxe". Diese offene, erweiterbare Plattform für Lernerperformanzen besticht nun durch ihre „multiperspektivische Verwurzelung".

Zusätzlich wird Blended Learning durch das Prinzip der „delimitierenden Curricularisierung" charakterisiert, wodurch eine Reduzierung des Lehrplans auf ein Minimum verstanden wird. Schließlich genügen oft knappe Angaben für den Übungsprozess. Qualität, nicht Quantität steht dabei im Vordergrund. Es geht um das Schaffen von Freiräumen für dynamisch-kreative freie Lernprozesse und für forschend-explorierendes Lernen. Autonome Lernprozesse erhalten den Vorrang vor Lernzielvorgaben.

Abschließend sei noch auf die Präsentation der von Herrn Strasser konzipierten und erarbeiteten Lernplattform Moodle an der AHS Heustadelgasse verwiesen, die im Schulprofil einen zentralen Stellenwert erhält. Die Auswertung eines Fragebogens über die „Wahrnehmung" der Cyberschool im Italienischunterricht dieser Schule, an dem sich 48 SchülerInnen der Oberstufe beteiligten, bewertete vor allem Tests, Forum, Workshop und Glossar als nützliche Moodle-Übungen. Bei Web-2.0-Anwendungen überragen YouTube, bubbl.us und Webquests. An Kompetenzen würden besonders Schreiben, Lesen und Grammatik gefördert. Sprechen spielt praktisch keine Rolle. 41% stimmten zu, dass sie den Unterrichtsstoff durch Moodle besser verstehen. Als Gründe dafür wurde u. a. angeführt: das freie, selbständige Arbeiten, die Selbstbestimmung des Lerntempos sowie die Vielfalt und der Abwechslungsreichtum der Übungen. In der Evaluierung von Moodle spielte die Vorbereitung auf Schularbeiten eine wichtige Rolle. Als negative Begründungen wurden etwa fehlender Internetanschluss, technische Probleme, lieblos erstellte Übungen u. Ä. angeführt. Abschließend wird auf den supportiven Charakter des Blended-Learning-Ansatzes hingewiesen, der autonomes, selbstbestimmtes Lerntempo ermöglicht und kreative Freiräume bei kooperativem Lernstil schafft.

In diesem Kapitel werden zahlreiche häufig eingesetzte Anwendungsmöglichkeiten des didaktischen Einsatzes von Blended Learning im Italienischunterricht angeführt, sodass jeder sich ein besseres Bild über das tatsächliche Leistungspotenzial der Lernplattform bilden kann. Dabei werden jeweils die Stärken und Schwächen der einzelnen Übungen evaluiert. An Vorteilen für die Anwendung von Lernplattformen beeindrucken sowohl der konstruktivistische Lernansatz, die Förderung der lernstrategisch nutzbaren Lernerautonomie sowie das große Individualisierungspotenzial beim Aufbau einer neuen Unterrichtskultur in Richtung einer lernertragsoptimierten Symbiose.

Abschließend versucht Herr Strasser eine knappe didaktische Evaluierung der Einsatzmöglichkeiten von Blended Learning in einer Lernplattform für den Fremdsprachenunterricht. Die Dominanz der Schreibpraxis in den Aktivitäten der Lernplattform steht im Widerspruch zu der vom GERS geforderten gleichmäßigen Förderung aller Grundfertigkeiten und kontrastiert mit der sprachlerntheoretisch und fachdidaktisch im Fremdspracherwerb geforderten Privilegierung der mündlichen Kompetenzen des Hörverstehens und des monologischen bzw. dialogischen Sprechens. Doch lassen sich etwa mithilfe von Podcasts mündliche Interaktionsformen stärker fördern. Mündliche Kommunikation und Interaktion können jedoch nur gelingen, wenn der Lerner einen hohen Wortschatz besitzt, sonst verkommt Mehrsprachigkeit zum bloß ostentativen Zurschaustellen einiger weniger Vokabeln in mehreren Sprachen. Als abschließende Anregung für die zukünftige Weiterentwicklung wäre eine Akzentuierung, wie etwa innerhalb der einzelnen Tools gezielt unter Berücksichtigung des jeweiligen Sprachniveaus Lernprogression erreicht werden kann, da die Gefahr einer Fossilisierung auf niedrigem Niveau besteht. Individualisierung bedeutet ja individuell optimal fördern, aber auch Leistungen fordern.

Mit dieser Dissertation legt Herr Thomas Strasser eine sehr detaillierte, substanziell gut recherchierte Darstellung der technischen Möglichkeiten des didaktischen Einsatzes von Lernplattformen, insbesondere von Moodle und Web 2.0, für den Italienischunterricht in der Sekundarstufe II vor. Dabei erweist er sich als exzellenter Kenner und Spezialist des technischen Instrumentariums, der seine in mehrjähriger Praxis erworbene technische Expertise in der Arbeit virtuos zur Schau stellen kann. Insgesamt betrachtet zeigt diese engagierte Arbeit schön die Stärken, aber auch die Grenzen der Verwendungsmöglichkeiten der Lernplattform als durchaus nützliches, aber zeitaufwendiges zusätzliches Unterrichtsmittel auf und bietet eine wertvolle Einführung für die unterrichtliche Nutzung der neuen technischen Möglichkeiten der Lernplattform Moodle und von Web 2.0.

Robert Tanzmeister, im März 2011

Inhaltsverzeichnis

8 Moodle am Schulstandort AHS Heustadelgasse

Vorwort

Seit dem Schuljahr 2005/06 darf ich den Beruf des Englisch-, Italienisch-und IKT-Lehrers an einem Wiener Gymnasium und seit 2008/09 jenen des Fachdidaktikers und Medienpädagogen im Hochschulbereich ausüben. Ich beschäftige mich seit langem mit dem Einsatz von neuen Medien im Unterricht, da der *Technologisierungs-Hype* auch an mir nicht vorbeigegangen ist. Ein ständiges Tüfteln und Ausprobieren mit unterschiedlicher Soft- und Hardware führte oftmalig zu motivierenden, aber auch zu enttäuschenden Ergebnissen in meinem Unterricht. Es fehlte ein gewisser Grad an Struktur bzw. benötigte ich ein virtuelles Umfeld, um meine Ideen darin zu implementieren. Mag. Franz Anreiter, ein höchst kompetenter Kollege und vor allem ein guter Freund, brachte mich vor knapp fünf Jahren dazu, mit Moodle zu beginnen, um meinen inneren Systematisierungszwang zu befriedigen. Durch seine Geduld, seine Expertisen und seine innovativen Ideen wurde ich zum bekennenden Blended-Learning-Verfechter, der ständig versucht, Lernplattformen zu optimieren. Somit gebührt Franz Anreiter ein großer Dank für sein Mentoring.

Weiters möchte ich meine höchste Wertschätzung und Verbundenheit gegenüber Frau Dir. Mag.ᵃ Inge Schneider zum Ausdruck bringen, da ich ohne eine derartig verständnisvolle und unterstützende Schulleiterin meiner Leidenschaft als Medienpädagoge nicht nachkommen hätte können. Frau Dir. Schneider legte einen entscheidenden Grundstein für diese Dissertation.

Es ist mir ein großes Anliegen, auch Herrn Landesschulinspektor Mag. Franz Tranninger auf das Herzlichste für seine laufende Unterstützung und Hilfe als E-Learning-Experte zu danken! Ferner möchte ich auf diesem Wege Frau Mag.ᵃ Erika Hummer für die Zurverfügungstellung ihres fundierten Wissens zu Blended Learning und die Erleichterung einiger administrativer Wege bedanken. Dank gilt auch Herrn Ministerialrat Mag. Helmut Stemmer für die Unterbreitung wichtiger und aktueller Umfragen zum Thema Lernplattformen.

Außerordentlicher Dank ergeht an meinen Doktorvater ao. Univ.-Prof. Mag. Dr. Robert Tanzmeister: Ohne seine fachdidaktische Expertise, thematische Aufgeschlossenheit und ausgezeichnete Betreuung hätte ich diese Dissertation nicht verfassen können. Weiters möchte ich Herrn ao. Univ.-Prof. Dr. Peter Cichon für die Begutachtung dieser Arbeit danken.

Dank ergeht auch an Frau Mag.[a] Eva Bianchi für das höchst professionelle Korrekturlesen meiner Arbeit.

Es ist mir ein großes Anliegen, Herrn DI Günther Haage für seine unendliche Geduld und Unterstützung bei den unzähligen Nachhilfestunden im Fach Mathematik in der Unterstufe zu danken. Seine Passion für den Lehrerberuf hat mich bis heute inspiriert.

Selbstverständlich bin ich meinen lieben Eltern, Helmut und Christel Strasser, zu tiefstem Dank verpflichtet, da beide immer an meine akademische Laufbahn geglaubt und mich dahingehend unterstützt haben.

Abschließend möchte ich meiner wunderbaren Ehefrau Mag.[a] Birgit Strasser für ihr Verständnis und vor allem für ihre Geduld danken! Ohne ihre Unterstützung wäre vieles nicht so einfach gewesen. Ich liebe dich!

1   Einleitung

„Moodle ist eine pädagogische Eintagsfliege.“[1]

In Zeiten von Life Long Learning und der konstanten Mobilität der Menschheit steigt auch der Bedarf bzw. das Bedürfnis, Fremdsprachen zu erlernen. Als Folge wird der Fremdsprachendidaktik als wissenschaftliche Disziplin immer mehr Bedeutung zugemessen. Der erhöhte Publikationsbedarf in der Sprachdidaktik ist evident und umfasst eine Reihe von unterschiedlichen Bereichen. Im Zeitalter einer rasanten Technologisierung verschiedener Lebensbereiche einschließlich jener des Lernens darf die Rolle der Medienpädagogik nicht unterschätzt werden. E-Learning und Fremdsprachen zu verbinden ist eine durchaus bekannte und teilweise oft angewandte Methodenkombination, die dennoch sehr stark polarisiert. Die oftmalige Angst vieler ExpertInnen, E-Learning bzw. der Computer würde die Lehrperson ersetzen, wurde seit der Prägung des Terminus Blended Learning entschärft. Bei Blended Learning wird versucht, bewährte Unterrichtsansätze in den Präsenzstunden mit innovativen Ideen aus dem Bereich des E-Learning zu verbinden. Durch diese Konzeption fungiert E-Learning als additives, supportives Werkzeug zum Regelunterricht und entkräftigt das Stigma des Computers als Rationalisierer. Als verlässliche und durchaus versatile Anwendung bei Blended-Learning-Szenarien wird in vielen Bildungsinstitutionen die Lernplattform Moodle eingesetzt.

Ziel der vorliegenden Arbeit ist es, mit konkreten Beispielen aus dem Italienischunterricht in der Sekundarstufe II eines Wiener Gymnasiums die Vorteilhaftigkeit und Effizienz von Blended Learning unter Berücksichtigung evidenter Hürden und Probleme hinsichtlich der Applikation dieser Methode für den Fremdsprachenunterricht explizit herauszustreichen. Ein Hauptaugenmerk der Dissertation liegt auf der Beleuchtung von bestehenden, im Fremdsprachenunterricht häufig applizierten Methoden im wissenschaftlichen Diskurs. Dabei sollen Querverweise auf neueste Erkenntnisse im Bereich der Medienpädagogik gesetzt werden. Neben der didaktischen Versatilität der Moodle-implementierten Werkzeuge soll vor allem der Einsatz von „Web 2.0“ das große Erweiterungspotenzial der Lernplattform und die didak-

---

1 Anm.: Zitat eines Kollegen am Schulstandort

tische Sinnhaftigkeit deren Anwendungen im fremdsprachlichen Kontext unterstreichen. Neben der wissenschaftlich-fundierten Vorteilhaftigkeit der Lernplattform bei Blended Learning werden auch schulpolitische Überlegungen inkludiert, die für eine praktische Umsetzung von Moodle als durchaus relevant angesehen werden müssen.

Durch eingehende Behandlung einschlägiger Literatur und Reflexion praktischer Erfahrung mit dem Einsatz von Moodle wird versucht, Arbeitsthesen bzw. Forschungsansätze zu formulieren. Die im Hauptteil vorgestellte *lernertragsoptimierte Symbiose*, die *multiperspektivische Verwurzelung*, die *delimitierende Curricularisierung* und die *hierarchische Entvertikalisierung* stellen essenzielle Überlegungen im Umgang mit der Lernplattform in Blended-Learning-Szenarien dar. Die Erkenntnisse könnten zu einer partiellen Neuadjustierung eines klassisch-konventionellen Unterrichtskonzeptes im E-Learning-Bereich beitragen, da einige Vorschläge zur methodischen Konzipierung von Blended-Learning-Szenarien praktisch angewandt und reflektiert wurden, setzen sie dennoch oftmals ein Umdenken im Rollenverständnis der Lehrerin/des Lehrers voraus.

Genau hier setzt die Leitfrage dieser Dissertation an: die grundlegende Rezeption bezüglich Moodle und des Paradigmenwechsels von der Lehrkraft hin zum Coach. Ist Moodle als konstruktivistisch konzipiertes, sehr modernes und momentan beliebtes System als „pädagogische Eintagsfliege" zu betrachten? Die Bezeichnung von Moodle als „pädagogische Eintagsfliege" rührt nicht von irgendwo her, sondern ist ein wortgetreues Zitat eines Kollegen am Schulstandort. Ein Schwerpunkt dieser Arbeit ist es, explizit aufzuzeigen, wo sich stark didaktisierte Komponenten der Lernplattform befinden, die durch ihren soliden Mehrwert das Potenzial haben, Moodle nicht als kurzlebige Modeerscheinung darzustellen, sondern zum langjährig bewährten Lernmanagementsystem zu konzeptionieren. Im Zuge dessen fungiert Blended Learning als geeignete Methode zur didaktischen Erweiterung von Moodle. Inwieweit unterschiedliche vorgestellte Blended-Learning-Szenarien als didaktisch innovativ angesehen werden können, bekundet ein weiteres Erkenntnisinteresse dieser Arbeit.

Durch den häufigen Einsatz der Lernplattform Moodle im österreichischen Schul- und Universitätswesen (im Speziellen Fachhochschulen und Pädagogische Hochschulen) ist ein generelles didaktisches Forschungsinteresse mit praktischem Fokus begründbar. Da das Forschungsgebiet von Lernplattformen und jenes von Blended Learning ein schier unbegrenztes zu

sein scheint, versucht diese Arbeit klare Abgrenzungen und thematische Fo-
kusse zu setzen.

Kapitel 2 und 3 beschäftigen sich mit der grundlegenden Terminologie
von E-Learning und Blended Learning, um ein rudimentäres methodisches
Grundgerüst zu unterbreiten. Das Hauptaugenmerk im Kapitel 4 liegt auf der
generellen technischen, aber vor allem didaktischen Kompetenz der Lehrkräfte, sinnvoll und relativ unkompliziert mit dem Medium der Lernplattform
umzugehen. Kapitel 5 beleuchtet die wissenschaftstheoretisch-methodischen
Konzepte bzw. Ideologien hinter der Lernplattform und skizziert kurz die
Gründe und Einwände für bzw. gegen den Einsatz von Moodle. Kapitel 6
unterbreitet spezifische, wissenschaftstheoretische Konzepte im Kontext von
Lernplattformen, insbesondere Moodle im fremdsprachlichen Schuleinsatz.
Das Kernstück der vorliegenden Arbeit liefert Kapitel 7, das den praktischen
Einsatz der Lernplattform am Schulstandort ausführlich mit all seinen didak-
tischen Facetten diskutiert. Kapitel 8 widmet sich ideologisch-schulpoliti-
schen Überlegungen hinsichtlich des Einsatzes der Lernplattform.

In Zeiten schnelllebiger Technologien und ständig neu erscheinender
Anwendungen darf ich schließlich auf meinen Lernblog www.learning-
reloaded.com hinweisen, der laufend über die neuesten Entwicklungen bei
Lernplattformen im Fremdsprachenunterricht berichtet, neue, für den Fremd-
sprachenunterricht geeignete Web-2.0-Anwendungen präsentiert und Best-
Practice-Beispiele kostenlos zur Verfügung stellt.

2 E-Learning: Grundlagen

2.1 Einleitung

Aufgrund jüngster Initiativen wie z. B. „eLSA[2]" (i.e. österreichisches Netzwerk zur Förderung der IT-Kompetenz in der Sekundarstufe I)[3] ist in der Entwicklung der österreichischen bzw. internationalen Fremdsprachendidaktik ein deutlich wahrnehmbarer Modernisierungsdruck erkennbar. Unter Modernisierungsdruck ist hier der von politischer Seite, z. B. durch das Bundesministerium für Unterricht, Kunst und Kultur, forcierte Einsatz evident. Das Bundesministerium suggeriert:

> Der Wandel der Informations- und Wissensgesellschaft macht vor dem Bildungswesen nicht halt: Kommunizieren, Lehren, Lernen verändern sich durch digitale Medien (IKT – Informations- und Kommunikationstechnologien) nachhaltig.[4]

Aufgrund dieser Wandlungen bzw. Prozesse wird E-Learning immer mehr „[…] als eine neue Kultur des Lehrens und Lernens in der Informations- und Wissensgesellschaft gehandelt."[5] E-Learning könnte aufgrund dieser Erkenntnisse nicht nur als „electronic learning", sondern auch als Digitalisierung des Bildungsbereichs synonymisiert werden.

2.2 Definition

Das E-Learning-Center der Universität Wien versteht unter E-Learning:

> Lehren und Lernen mit Hilfe digitaler Medien und die Prozesse, die sich daraus entwickeln, […]. Es ist eine Ergänzung herkömmlicher didaktischer Möglichkeiten. […] eLearning [wird] zumeist mit Hilfe von Lernmanagementsystemen

---

2 vgl. www.elsa.schule.at (letzter Zugriff: 6. November 2010)

3 vgl. Kapitel 8.4

4 Strohmeyer, S. 1

5 Wache, S. 1

durchgeführt. Eine etwas weiter gefasste Definition von eLearning umfasst alle digitalen Medien (Websites, CD-Rom, Onlinedokumente, Video, Audio etc.), die für Lehr- und Lernzwecke erstellt werden. eLearning kann somit als Oberbegriff für didaktische Gestaltungsmodelle verwendet werden, die neue Informations- und Kommunikationstechnologien nutzen, um den kontinuierlichen Zugriff auf Lerninhalte zu erleichtern und Online-Zusammenarbeit und -Austausch zu ermöglichen.[6]

2.3   Geschichte/Entwicklung von E-Learning

Die ersten mit dem heutigen E-Learning vergleichbaren Bemühungen wurden von der amerikanischen National Science Foundation (NSF) im Jahre 1971 initiiert. Es handelte sich hierbei um zwei Großprojekte mit dem Ziel, die Effizienz von computergestützter Instruktion, d. h. vom Computer gesteuerter Aufgabenstellung zu beweisen.[7]

Anfang der 70er Jahre florierte die Forschung im Bereich des computergestützten Unterrichts förmlich. Da der Bereich der Didaktik bis dato ein sehr schnelllebiger mit ständig neu entwickelten Konzepten und Ansätzen vor allem in der Fremdsprachendidaktik ist, wurde das damals sicherlich noch nicht ausgereifte Konzept des E-Learnings für gewisse Zeit fallen gelassen bzw. als obsolet betrachtet.

Ende der 80er konnte ein neuer Impuls zur Verwendung von computergestütztem Unterricht verzeichnet werden, jedoch mit einem deutlichen Shift des Einsatzschwerpunktes von der Schule zur beruflichen Bildung. Das wohl überzeugendste Argument für den bis dato kontinuierlichen und effizienten Einsatz von E-Learning war der Aufschwung des Internets. Durch die globale Vernetzung hat sich das Konzept des E-Learnings als seriöse Konstante in der Fremdsprachendidaktik etabliert, wie auch das ministerielle Design der Curricula (auch im Fremdsprachenbereich) zeigt. Projekte wie „futurelearning", „eLSA", „efit", etc. unterstreichen vor allem das politische Interesse an der Implementierung neuer Medien im Unterricht.[8]

---

6 http://elearningcenter.univie.ac.at/index.php?id=534, letzter Zugriff: 5. April 2010

7 http://de.wikipedia.org/wiki/E-Learning, letzter Zugriff: 5. April 2010

8 vgl. http://elsa.schule.at, letzter Zugriff: 6. November 2010

2.4 Formen des E-Learnings

Aufgrund des semantisch sehr global anmutenden Terminus „E-Learning",
bedarf es sicherlich einer terminologischen Einteilung, um die einzelnen
Formen des E-Learnings verständlich zu machen. Dewe und Weber[9] zieht
eine von Back et al. (1998) und Reinmann-Rothmeier[10] entworfene Unter-
scheidung heran:

- *E-Learning by distributing:* Hier wird die Funktion der Distribution von
  Information angesprochen, bei der die Lernenden Information selbstgesteuert aufnehmen, verarbeiten und umsetzen.

- *E-Learning by interacting:* In diesem Verständnis von E-Learning interagieren die Lernenden – vielleicht zusätzlich unterstützt durch Teletuto-
  ren – mit dem System, das möglichst Rückmeldungen gibt um somit
  auch als Lernen durch Feedback bezeichnet wird.

- *E-Learning by collaborating:* Bei dieser komplexesten Form übernehmen die neuen Medien die Funktion, kollaborative und kooperative Arbeitsprozesse zwischen den Lernenden in einer Lernumgebung anzusto-
  ßen.

Hierbei handelt es sich eindeutig um eine Kategorisierung nach sogenannten
Leitfunktionen, d. h. diverse Vorgehensweisen, wie die Lernenden das Wissen rezipieren.

Neben der Klarstellung, auf welche Art diverses Wissen im Prozess des
E-Learnings angeeignet werden soll, spielt die Überlegung, in welchem
Lernarrangement E-Learning vonstatten gehen soll, eine durchaus relevante
Rolle. Dabei sind sogenannte – im deutschsprachigen Raum meist undiffe-
renzierte Begriffe – kollaborative und kooperative Gestaltungsmöglichkeiten
von Online-Lern-Netzwerken, die in Verknüpfung mit dem Präsenzlernen
aufgrund der verschiedenen Akzentuierung des Wissensaufbaus stehen, zu
erwähnen. Bei den kollaborativen Settings wird die Wissensteilung über ge-
teilte Lernziele in den Mittelpunkt gerückt.[11]

Die zentrale Position des E-Betreuers wird Lehrenden als Lernberater,
Tutor, Moderator, Facilitator oder Coach bei den sogenannten telemedialen

---

9 vgl. S. 73ff.
10 vgl. S. 32ff.
11 vgl. Dewe & Weber, S. 74

instruktionalen bzw. konstruktiven Lernprozessen zugewiesen. Solche Be-
treuer benötigen spezielle Kompetenzen als Online-Tutor.[12]

Das heuristische Lern-(software-)modell nach Baumgartner/Payr (1994)
schlägt eine – für E-Learning-Begriffe durchaus nachvollziehbare bzw. prak-
tikable – content-basierende Einteilung vor:

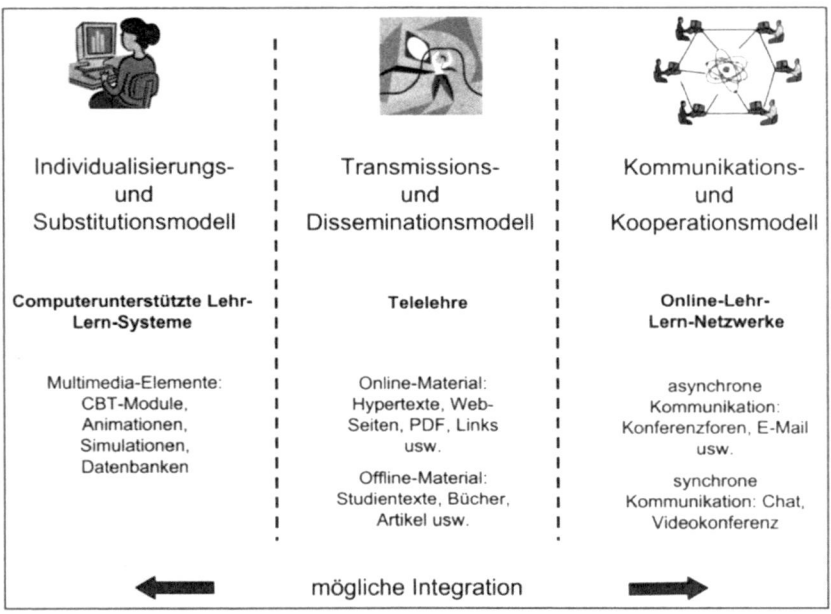

Abbildung 1:
Heuristisches Lern-(software-)modell (nach Baumgartner/Payr 1994, S. 142)

Bei diesem Modell

[...] stellt das Vorwissensniveau – und zwar bezogen auf das Fachwissen wie
auch die Medienkompetenz – der Lernenden eine wichtige Größe für den Lernprozess dar, da das Vorwissen die Gestaltung des Lernsettings determiniert.
[...] Forschungen im deutschsprachigen Raum (z. B. Bremer 2000) problemati-
sieren, dass auch Lernpräferenzen oder Lernstile oder die Reflexion über eigene
Lernstrategien Einflussgrößen beim Online-Lernen darstellen können.[13]

---

12 vgl. Dewe & Weber, S. 75
13 ebd., S. 77ff.

Durch die verstärkte Forschung im Bereich der E-Didaktik ergeben sich neue Aspekte und Ansätze, welche für eine künftige Neuadjustierung einer bereits bekannten und praktizierten Lernkultur in den verschiedensten Bereichen hohe Relevanz haben.

Die zentralen Elemente der neuen Lernkultur begründen sich demnach stark durch […] die Hybridität (Verzahnung Online- mit Präsenzlernen), die Veränderung der Rolle der „Aktiven" (Lehrenden und Lernenden) und schließlich die damit verbundenen lernorganisatorischen Veränderungen. […] Hiermit entsteht eine Lernkultur im Wechselspiel zwischen Online- und Präsenzmodus, bei dem Lernort und -raum für Lernende in den Online-Formen auseinanderfallen und für die Lehrende Kompetenzen als E-Trainer entwickeln müssen. Diese Form wird Blended Learning bzw. Blended Online Learning genannt.[14]

2.5 Mehrwertpotenzial – Möglichkeiten des E-Learnings

In vielen Fällen ist E-Learning mit der Begrifflichkeit des sogenannten Mehrwertpotenzials eng verbunden. Der Terminus des Mehrwertpotenzials bei E-Learning wurde aus mehreren Gründen gemünzt. Einer davon war sicherlich die grundsätzliche Überlegung, wie sich E-Learning als historisch neue Kultur des Lernens und Lehrens vor allem im Bereich der klassisch-konventionellen Fremdsprachendidaktik durchsetzen kann. Wache hält folgendes fest: E-Learning muss „[…] nachweislich didaktische und wirtschaftliche Vorteile gegenüber bisherigen vordigitalen Lernszenarien [bringen][15]". Die Erfahrungen der bisherigen Projektpraxis und die aktuellsten Forschungserkenntnisse zeigen, dass „eLearning sowohl für den Lernenden als auch für die Personen, die Lernumgebungen organisieren (Learning Provider), eine ganze Reihe solcher Mehrwerte bereit hält."[16]

Ferner entwickelt Wache ein Modell, welches das Mehrwertpotenzial bei E-Learning für Lernende und Lehrende (Learning Provider) auf elenkative Art und Weise darstellt.

---

14 Dewe & Weber, S. 78
15 Wache, S. 3
16 ebd.

Aus der Perspektive der Lernenden fördern E-Learning-Szenarien:

- die flexible Organisation des Lernprozesses in Bezug auf Lernort, Lernzeiten, Lerndauer, Lernweg und Lerninhalte;
- die Lernmotivation durch attraktive Multimediapräsentationen oder spielerische Lernszenarien;
- die kognitiv „einleuchtende" Darstellung komplizierter Lerngegenstände durch Visualisierungen, Animationen und Simulationen;
- das Bereitstellen wirklichkeitsnaher, interaktiver Übungsumgebungen;
- das Bereitstellen umfangreicher Wissensressourcen für das jeweilige Lernthema, (z. B. Glossare, Lexika, Bibliotheken, Linklisten, Literaturlisten);
- das teamorientierte Lernen durch neue, über das Netz abgewickelte Kommunikations- und Kooperationsszenarien.[17]

Aus der Perspektive der Organisatoren von Lernumgebungen (Learning Provider) ermöglichen E-Learning-Szenarien:

- die schnelle, örtlich unbegrenzte Distribution von Lernangeboten;
- die schnelle und kostengünstige Aktualisierung von Lerninhalten;
- die effiziente Produktion von neuen Lerninhalten;
- die Wieder- und Weiterverwertung von einzelnen Lerninhalten;
- erhebliche Einsparungen bei Reisekosten und Dienstausfall in der betrieblichen Weiterbildung.[18]

Eben genannte Vorteile bzw. Mehrwerte können aber nur wahrgenommen werden, wenn der Begriff E-Learning nicht nur definitorisch verstanden wird, sondern auch praktiziert und begreifbar gemacht wird. Um E-Learning als didaktisch-ganzheitliches Konzept mit seinen vielfältigen Inhalten, Formen und Folgen zu verstehen, rät Wache[19] zur Analyse zweier Aspekte:

1. E-Learning ist eine neue Kultur des Lernens und des Lehrens, die durch das Zusammenspiel folgender Teilsysteme zustande kommt:
    o die Lerner
    o die Learning Provider (Bildungsplaner, Autoren, Lehrer, Dozenten, Tutoren)
    o die Technologien (Autorenwerkzeuge und Lernplattformen)
    o die Inhalte und Lernumgebungen
2. E-Learning wird von Anbietern und Nutzern praktiziert. Wer die gesellschaftliche Realität von E-Learning begreifen will, muss deshalb analysieren, welche Akteure mit welchen Motiven welche E-Learning-Aktivitäten auf der Anbieter- und auf der Nutzerseite realisieren.

---

17 Wache, S. 3

18 ebd.

19 ebd., S. 2

Das Zusammenwirken dieser Teilsysteme bzw. Aspekte ist vor allem in
Bereichen etabliert, in denen Lernen institutionell abgewickelt wird. Solche
Orte des Lernens, an denen E-Learning mehr oder minder stark implemen-
tiert wird, sind insbesondere die Bereiche Hochschule und Schule.

2.6   (Strukturelle) Nachteile von E-Learning

Basierend auf Erfahrungen in der Projektpraxis kann durchaus konstatiert
werden, dass E-Learning-Szenarien sicherlich bzw. nach wie vor vor allem
strukturelle Nachteile im Vergleich zu Face-to-Face-Lernszenarien aufweisen[20]. Wache[21] hält fest:

> [d]ie fehlende Präsenz von Lehrenden und Mitlernern bedeutet, dass wichtige,
> intersubjektiv eingespielte Kognitions- und Kommunikationsroutinen, die über
> non- und paraverbale Signale abgewickelt werden, nicht zur Verfügung stehen.

Vor allem die zwischenmenschliche Kognition und Kommunikation innerhalb netzbasierender E-Learning-Szenarien erfahren evidente Nachteile, wie
zum Beispiel die Restriktion auf Schreiben und Lesen von Texten[22]. Ausgehend von dieser Situation kann die Beeinträchtigung der Kommunikation in
Lernszenarien unter folgenden Aspekten festgestellt werden:

- Der Lehrer oder Moderator verliert wichtige Instrumente, um das Verhalten der Lerner und der Lerngruppe einzuschätzen und zu beeinflussen.
- Dem Lernenden fehlen wichtige Möglichkeiten, um vom Lehrenden und
  von Mitlernern motivierende und Verständnis fördernde Aufmerksam-
  keits- und Bestätigungssignale zu bekommen.
- Für alle Akteure in der Lernumgebung gibt es erhebliche Restriktionen:
  - o differenziert auszudrücken, was man meint;
  - o differenziert zu verstehen, was andere wie meinen;
  - o die Kommunikationssituation einzuschätzen;
  - o den Ablauf der Dialogführung zu koordinieren.
- Die Abwicklung von gleichzeitigen (synchroner) Gruppenkommunikati-
  onen ist für die Beteiligten kognitiv sehr anspruchsvoll, weil die gesamte

---

20 vgl. Wache, S. 2ff.
21 ebd., S. 4
22 vgl. ebd., S. 4ff.

Organisation des Kommunikationsprozesses über explizite, neu zu definierende Textsignale gesteuert werden muss[23].

Es gilt daher, neue Ansätze, Techniken und Routinen innerhalb der (netzbasierten) E-Learning-Kommunikation zu entwickeln, zu vereinbaren und einzutrainieren um in Zukunft für eine breitere gesellschaftliche Akzeptanz und Nutzung solcher Lernszenarien vor allem in Verbindung zum Präsenz- bzw. Regelunterricht zu sorgen.[24]

2.7   E-Learning: Technologien

Mittlerweile werden z. B. in der Fremdsprachendidaktik die Technologien für die Planung, Entwicklung und Abwicklung von E-Learning-Prozessen verwendet, die hohen Qualitätsansprüchen gerecht werden.[25] Grundsätzlich lässt sich zwischen zwei allgemeinen Gruppen unterscheiden: Autorenwerkzeuge und Lernplattformen.

Autorenwerkzeuge sind Technologien, die dazu dienen, digitale Inhalte für E-Learning-Formate zu erstellen. Zu diesen Autorenwerkzeugen zählen sowohl Spezialprogramme für die Erstellung von E-Learning-Formaten, wie z. B. multimediale Kurse auf CD (Computer Based Trainings / CBT's) oder via Internet (Web Based Trainings / WBT's), als auch Softwareprogramme, die auch für die Erstellung anderer Arten von multimedialen Inhalten eingesetzt werden können, wie Web-Editoren und Programme zur Produktion von Grafiken, Animationen sowie Audio- und Videosequenzen[26].

Aufgrund der Aufgaben und Leistungen bei der Erstellung von E-Learning-Sequenzen bzw. -Prozessen lassen sich Autorenwerkzeuge in folgende Gruppen unterteilen[27]:

- Anwendungen zur Erstellung einzelner Multimedia-Komponenten (HTML-Pages, Grafiken, Animationen, Audio- und Videosequenzen)
- Anwendungen zur Erstellung von Wissenstests

---

23 Wache, S. 4
24 vgl. ebd., S. 4ff.
25 vgl. ebd., S. 6ff.
26 ebd., S. 6f.
27 vgl. ebd., S. 7ff.

- Anwendungen zur Erstellung von integrierten multimedialen E-Learning-Modulen
- Anwendung zur Erstellung und Abwicklung von vollständigen Einzelkursen (CBT's oder WBT's)
- Anwendungen zur Erstellung, Pflege, und z.T. auch Abwicklung einer größeren Anzahl von Online-Kursen (Learning-Content-Management-Systeme/LCMS)[28]

Neben den Autorenwerkzeugen seien hier in diesem Kapitel die Lernplattformen zumindest allgemein erwähnt, da jene die eigentliche Fokussetzung dieser Dissertation darstellen und im Kapitel 7.1 ausführlich diskutiert werden.

Lernplattformen (Learning Management Systeme/LMS-Plattformen) sind auf dem Client-Server-Modell basierende Softwarearchitekturen, die unter einer Oberfläche eine Vielzahl von aufgabenspezifischen Teilprogrammen integrieren, mit denen alle Rollen und Leistungen unterstützt werden, die für die Erstellung und Abwicklung von netzbasierten E-Learning-Szenarien erforderlich sind. Soziofunktionale Rollen, die von Lernplattformen unterstützt werden, sind der Systemadministrator, der Manager der gesamten Bildungseinrichtung, der Autor, der Dozent, der Tutor und die Lernenden[29].

Aufgrund der Fülle an diversen implementierten Anwendungsprogrammen und Medienformaten müssen LMS-Plattformen als „komplexe Softwarearchitekturen"[30] kategorisiert werden, die man in der global-vernetzten Welt des E-Learning antrifft. Resultierenderweise ist eine rasche und unkomplizierte Implementierung solcher Lösungen im Bildungsbetrieb nur mit professionellem Know-how möglich. Somit liegt eine der Kernlösungen zur Verwendung solcher Lernplattformen in der Ausbildung institutionsinterner „skilled administrators", die auf LMS basierende Lernprozesse initiieren könnten. Die logistisch-administrative Komplexität solcher E-Learning-Plattformen sei mit dem in Wache erwähnten Modell unterstrichen:

---

28 Wache, S. 7
29 ebd.
30 vgl. ebd., S. 7ff.

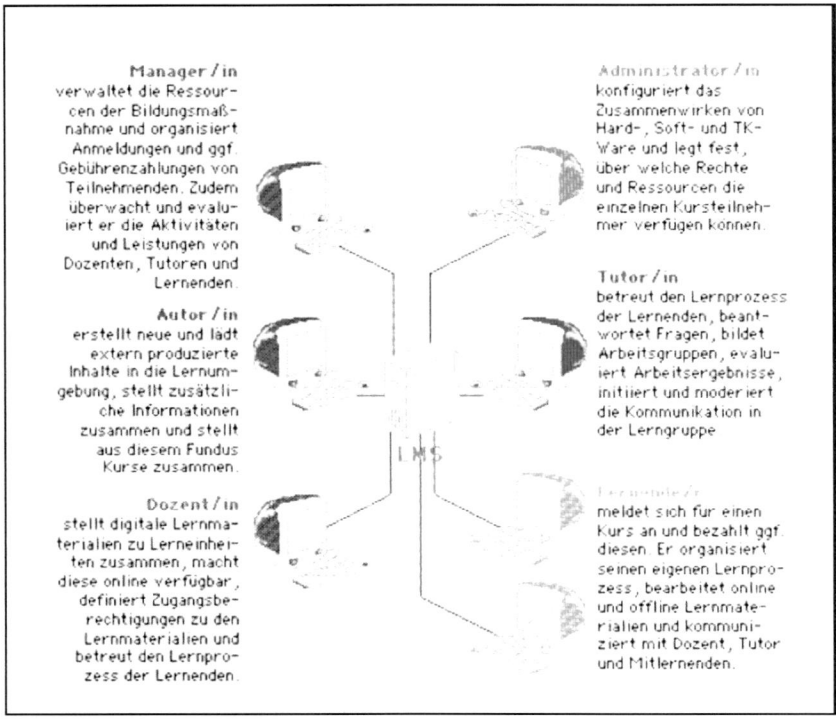

Abbildung 2: Modell Learning Management[31]

2.8   E-Learning: Schlüsselaufgaben

Während in den sogenannten E-Boom-Jahren 1996 bis 2000 diverse internationale Studien und Zukunftskommissionen Hochkonjunktur genossen, flo-
riert im 21. Jahrhundert ebenso der „Markt" der E-Learning-SkeptikerInnen,
vor allem im schulischen Bildungsbereich. Die hoch gepriesenen innovativen
Konzepte zur Vereinfachung und Modernisierung diverser Unterrichtssequenzen entlarvten sich als teilweise hochkomplexe, schwer implementierba-
re, abstrakte Ansätze, die vor allem bei IT-ungeübten Lehrenden für eine Art

---

31 Wache, S. 7

Technophobie sorgten. Ein weiterer Grund für eine Art „A-Priori-Ablehnung" hinsichtlich E-Learning resultiert sicherlich aus den „enormen Beharrungskräften"[32] der historisch gewachsenen gesellschaftlichen Strukturen und Praktiken des Lehrens und Lernens. Grundlegende Veränderungen in der allgemeinen Didaktik vor allem im schulischen Bildungsbereich müssen einer langfristigen Phase des Ausprobierens, Argumentierens und Ausharrens unterliegen. Diese Einsicht führte dazu, dass „[...] bei den E-Learning-Strategien in allen Bildungsbereichen Visionen der großen Sprünge durch eine Praxis realistischer Schritte ersetzt wurden."[33]

Die Forschung im Bereich der E-Learning-Didaktik konzentriert sich heute nicht mehr auf visionäre Trends bzw. Quantensprünge, welche in naher oder ferner Zukunft möglicherweise unter gewissen Umständen eintreffen könnten, sondern arbeitet „ergebnisorientiert an der Lösung der Aufgaben, die für eine breitere Durchsetzung der E-Learning-Kultur bewältigt werden müssen."[34]

Solche, im Bereich des E-Learnings, wichtigen Schlüsselaufgaben sind:

- die Entwicklung von ressourcen- und kosteneffizienten Verfahren der Contentproduktion;
- die Entwicklung von innovativen didaktischen Szenarien, die es gestatten, die Mehrwertpotenziale von E-Learning bestmöglich zu erschließen;
- die Erhöhung der E-Learning-Akzeptanz und Qualifizierung von E-Learning-Kompetenzen bei Lernenden und Learning Providern;
- die Entwicklung von leistungsfähigen Routinen für netzbasiertes Kommunizieren in E-Learning-Umgebungen.[35]

Die von Wache erwähnten Schlüsselaufgaben stellen einen wichtigen Aspekt zur Realisierung von E-Learning-Umgebungen in Bildungseinrichtungen dar. Die von ihm genannten „ressourcen- und kosteneffizienten Verfahren" nehmen eine zentrale Stellung ein, da es gilt, den Verbrauch an finanziellen und personellen Mitteln so niedrig wie möglich zu halten, da sonst eine langfristige Implementierung von LMS negiert wird. Die Bildungseinrichtungen bzw. deren Lehrende brauchen curricularen Content, der günstig und vor allem einfach in einer E-Learning-Umgebung zu bedienen ist. Waches „di-

---

32 Wache, S. 10
33 ebd.
34 ebd.
35 ebd., S. 11

daktische Szenarien" mit Mehrwertpotenzial[36] müssen in Umlauf gebracht und von den jeweiligen EntwicklerInnen präsentiert werden, um die didaktische Sinnhaftigkeit und Vorteilhaftigkeit, d. h. den oben genannte Mehrwert, deutlich zu machen. Was letztendlich unter innovativen didaktischen Szenarien zu verstehen ist, liegt selbstverständlich im Auge der Betrachterin/des Betrachters bzw. der/des Entwicklerin/Entwicklers. Ziel muss es jedoch sein, E-Learning-Sequenzen nicht nur als „innovatives", sondern vor allem als relativ einfaches und unkompliziertes Werkzeug zur Erarbeitung curricularer Belange zu verwenden. Wenn dieser Punkt innerhalb diverser Bildungseinrichtungen erreicht wurde, kann durchaus von Waches „Erhöhung der E-Learning-Akzeptanz" gesprochen werden. Der Terminus der Akzeptanz korreliert freilich mit jenem der „Qualifizierung von E-Learning-Kompetenzen", da bei gesteigerter Bereitwilligkeit der Lehrenden zur Anwendung von E-Learning-Sequenzen auch eine gewisse „Empfänglichkeit" zur persönlichen Weiterbildung in diesem Bereich festgestellt werden kann.

Allgemein kann festgehalten werden, dass eine gewisse E-Learning-Kultur in der österreichischen Bildungslandschaft vorhanden ist, diese jedoch hauptsächlich von öffentlicher/ministerieller Seite sowohl ideologisch als auch monetär gefördert wurde und kaum einen Grad an schulischer Flächendeckung genießt. Ziel muss es sein, die gut entwickelten, anspruchsvollen E-Learning-Szenarien und -Initiativen verstärkt durch kontinuierliches Unterstreichen des Mehrwertpotenzials zu popularisieren, um eine sukzessive Implementierung des Learning-Management-Systems im Bildungsbereich zu gewährleisten.

---

36 vgl. Kapitel 2.5

3 Blended Learning: Grundlagen

3.1 Begriff

Blended Learning (engl. blender = Mixer) ist ein integriertes Lernkonzept, das die heute verfügbaren Möglichkeiten der Vernetzung über Internet und Intranet in Verbindung mit ‚klassischen' Lernmethoden und -medien in einem sinnvollen Lernarrangement optimal nutzt."[37]

Wörtlich übersetzt bedeutet Blended Learning „vermischtes Lernen". Beim Blended Learning kommt es auf die Mischung an. „Angesagt ist ein bunter, fein auf die Lernenden abgestimmter Methodenmix".[38]

Der allgemeine Methodenmix als solches kann als durchaus standardisierter Ansatz in der Didaktik angesehen werden und stellt auch in der Melange aus E-Learning-/Präsenzunterricht nichts Revolutionäres dar. „Das Außergewöhnliche daran ist die Annäherung von klassischem Präsenzunterricht und E-Learning."[39] Reinmann-Rothmeier[40] hält fest, dass je nach Sicht der/des Betrachterin/Betrachters Blended Learning entweder „eine Bezeichnung dafür [ist], dass man traditionelle Methoden und Medien mit den Möglichkeiten des E-Learnings kombiniert" oder Blended Learning „[…] einen Ansatz, der E-Learning mit dem klassischen Lehr- und Lernrepertoire ohne Technikeinsatz ‚mischt' [beschreibt]"[41].

3.2 Methodenmix: Bestandteile

Da in der modernen (Fremdsprachen-) Didaktik der Begriff der Methodenvielfalt bzw. des Methodenmixes beim Blended Learning ein sehr geflügelter

---

37 Sauter & Sauter, S. 66 in: Köhne, S. 7
38 Volkmer, S. 19 in: Köhne, S. 7
39 Köhne, S. 7
40 S. 30 in: Köhne, S. 7
41 Reinmann-Rothmeier, S. 30 in: Köhne, S. 7

bzw. weit verbreiteter ist, scheint es durchaus von Bedeutung zu sein, diesen Mix zu definieren:

> Face-to-Face-Arrangements (wie Seminare und Konferenzen) werden mit asynchronen und synchronen Medienarrangements verknüpft; Intra-, Internet, CBT[42] und WBT[43], Audio und Video, Handouts und Bücher haben ihren gleichberechtigten Platz; Selbstlernphasen wechseln mit Situationen, in denen der Lehrende den Ton angibt und danach gibt es Trainer-Lerner, Lerner-Mentor, Peer-to-Peer oder Teamsituationen; kurz: Alles ist möglich."[44]

Weiters könnten folgende Beschreibungen des Mixes hilfreich sein:

- Blended Learning combines E-Learning tools (everything from video streaming over the Web to e-mail) with traditional classroom training.[45]

- Blended Learning options include: live instructor-led [...], self-paced learning [...] and tools for building ongoing learning communities.[46]

- Blended Learning is a mix of: Multimedia technology; CD-ROM video steaming; Virtual classrooms, Voicemail, email and conference calls; Online text animation and video-streaming. All these are combined with traditional forms of classroom training and one-to-one coaching.[47]

- Blended Learning stellt eine „[...] Verknüpfung von netzbasiertem Lernen im Internet oder Intranet mit Team- oder Präsenzlernen dar."[48]

- Blended Learning ermöglicht Lernen, Kommunizieren, Informieren und Wissensmanagement, losgelöst von Ort und Zeit in Kombination mit Erfahrungsaustausch, Rollenspiel und persönlichen Begegnungen in klassischen Präsenztrainings.[49]

Die beeindruckende Anzahl an diversen Definitionen von Blended Learning unterstreicht ohne Zweifel die Präsenz dieses kombinatorischen Ansatzes in der Didaktik. Unterschiedliche Schwerpunktsetzungen in den Beschreibungen, was Blended Learning nun tatsächlich ist, deuten auf den evidenten Faktor des ideologischen Einflusses in der Titulierungsdiskussion Blended Learning hin. Blended Learning findet unter einem breiten Spektrum an vorab zu definierenden Faktoren statt. Grundsätzliche Überlegungen sind zum

---

42 Anm.: Computer Based Training

43 Anm.: Web Based Training

44 Reinmann-Rothmeier, S. 28 in: Köhne, S. 10

45 Marsch, S. 1 in: Köhne, S. 11

46 ebd.

47 Thorne, S. 16ff. in: Köhne, S. 11

48 Plaschke, Sauter, S. 27 in: Köhne, S. 11

49 Sauter, Sauter, S. 66 in: Köhne, S. 11

Beispiel, in welcher Sozialform der Blended-Learning-Prozess initialisiert wird (Einzel-, Partner- und Gruppenlernen). Ferner hat die „[...] Übermittlungsform, das heißt die Art und Weise, wie Lehrer bzw. Tutor und Schüler miteinander interagieren, ein Variationspotenzial.[50]" Als Übermittlungsform unterscheidet man zwischen selbstgesteuertem, lehrerzentriertem oder tutoriell betreutem Lernen.[51]

3.3   Blended Learning: Vorteile und Nachteile

Aufgrund der im vorigen Kapitel behandelten wissenschaftlich-ideologischen Definitionsbreite hinsichtlich Blended Learning muss festgehalten werden, dass Blended Learning eine didaktische Daseinsberechtigung genießt. Abgesehen von der allgemeindidaktischen Terminologie wird der Begriff des Blended Learnings auch in anderen Bereichen erwähnt, diskutiert und vor allem in der praktischen, z. B. schulisch-kontextuellen Anwendung gefordert.

> Blended Learning und E-Learning entstanden im Rahmen von Entwicklungen in Gesellschaft, Wirtschaft und im Bildungsbereich, die von einer zunehmenden Bedeutung von Information und Wissen sowie IKT geprägt sind.[52]

In diesem Kapitel werden die Vor- und Nachteile von Blended Learning nur im Allgemeinen bzw. aufzählend behandelt, da eine Gegenüberstellung diverser Pros und Contras auch eine gewisse ideologische Komponente impliziert, die im Resümee durch eine spezifisch-wissenschaftliche Diskussion berücksichtigt werden soll.

Folgende Vorteile von Blended Learning sind evident:

* *Vermehrter Umgang mit neuen Medien im IKT-Zeitalter*
   In Zeiten des vermehrten Einsatzes neuer Technologien in den verschiedenen Sparten der Wirtschaft, der Bildung und der Kultur kann der Lernende durch regelmäßiges Üben und Anwenden seiner Computerfähigkeiten im Unterricht auch in den übrigen IT-bestimmten Bereichen durch ExpertenInnenwissen reüssieren.

---

50 Köhne, S. 11

51 vgl. ebd., S. 11ff.

52 ebd., S. 48

- *Zeitlich unbegrenzter Zugriff auf Lernmaterialien*
  Neben der Möglichkeit der Akquirierung der Lernmaterialien im Präsenzunterricht hat der Schüler/die Schülerin – zum Beispiel im Krank-
  heitsfalle – die Möglichkeit, sich sämtliche Unterrichtsmaterialien durch
  einen einfachen Serverzugriff zu besorgen.

- *Diverse Kosteneinsparungen*
  Für den schulischen Bereich ist die Einsparung diverser Papier- und
  Druckkosten aufgrund der Online-Bereitstellung der Lernmaterialien ein
  schlagendes Argument zur verstärkten Implementierung von Blended
  Learning.

- *Leichter Zugang zu Bildungsangeboten im Netz*[53]
  Durch die grundsätzlich kontinuierliche Anbindung an das Internet wird
  der Zugang zur Fülle der unterschiedlichsten Bildungsangebote im Netz
  erleichtert.

- *Förderung des selbstgesteuerten Lernens*
  Beim Blended Learning sind individuelle Lernwege möglich. Der Schü-
  ler/die Schülerin kann – entsprechend seines/ihres Interesses bzw. Lern-
  levels – verschiedene Themen/Bereiche in den computerunterstützten
  Phasen erarbeiten. Zeit, Ort und Lerntempo können selbst bestimmt werden.[54]

- *Methodische Innovation durch differenzierte Darstellung von Lerninhalten*[55]
  Mit Hilfe der neuen Technologien können beim Blended Learning Lerninhalte „[…] plastisch, simulativ und interaktiv dargestellt werden.“[56]

- *Variable Kommunikation und Interaktion*[57]
  Beim Blended Learning kann Kommunikation und Interaktion sowohl
  Face-to-Face als auch online statt finden. Somit wird der Lernende an-
  gehalten, sowohl in der zwischenmenschlichen Kommunikation diverse
  Regeln zu praktizieren bzw. üben, als auch im intermedialen Diskurs ers-
  te Schritte zu wagen bzw. das Wissen zu erweitern.

---

53 vgl. Köhne, S. 55
54 vgl. Pichler, S. 44; Sauter & Sauter, S. 77ff.; Skalnik, S. 27; Troha, S. 5 in: Köhne, S.
   50
55 vgl. Köhne, S. 55ff.
56 ebd., S. 55
57 vgl. ebd.

- *Mischkulanz persönliche Treffen und Onlinekommunikation[58]*
  Durch die persönlichen Treffen im Präsenzunterricht können möglicherweise zwischenmenschliche Verbindungen geknüpft werden, welche für
  eine erleichterte Online-Kommunikation bei den computerunterstützten
  Lernprozessen sorgen können.

Die Nachteile bzw. die Hürden zur Implementierung von Blended Learning
sind:

- *Beschränkte Kommunikationskanäle*
  Nonverbale Kommunikation und emotionale Äußerungen sind bei den
  computerunterstützten Phasen des Blended Learnings nur partiell möglich. Wenig zufriedenstellende Ersatzmöglichkeiten sind Textdekoratio-
  nen oder Emoticons.

- *Technische Kompetenz als Voraussetzung*
  Als Nachteil könnte sich die Tatsache erweisen, dass die Lernenden ein
  gewisses Maß an technischer Kompetenz aufweisen müssen, um vom
  Prozess des Blended Learnings profitieren zu können. Lernende, die mit
  dem Computer nicht vertraut sind, können überfordert werden.

- *Längere Vorbereitungszeit*
  Köhne hält fest:

  > Die Vorbereitung von Präsenzunterricht ist aufgrund der Erfahrungen der
  > Lehrenden und der weniger aufwendigen Aufbereitung der Materialien ge-
  > ringer als beim Onlinelernen, beim Blended Learning ist die Vorbereitungs-
  > zeit insgesamt höher als beim Präsenzunterricht (Smith et al. 2001), wird
  > aber auch mit zunehmender Erfahrung und damit vorbereiteten Materialien
  > der Gestalter von Blended Learning abnehmen.[59]

- *Zeitabhängigkeit bei synchroner Kommunikation[60]*

  > „Bei synchroner Kommunikation (offline und online) fällt der Vorteil der
  > Zeitunabhängigkeit weg.“[61]

- *Hohe Entwicklungskosten[62]*
  Beim Blended Learning fallen hohe Schulungskosten in der Tutorenaus-
  bildung und Ausgaben beim Equipment an. Ferner beansprucht die Ent-

---

58 vgl. Köhne, S. 55
59 ebd., S. 52
60 vgl. ebd., S. 55
61 ebd.
62 vgl. ebd.

wicklung diverser Inhalte und Lernmaterialien eine Vielzahl an zeitlichen Ressourcen.

- *LehrerInnenqualifikation*[63]
  Um einen Prozess des Blended Learnings optimal ausnutzen zu können, ist ein „Lehrer erforderlich, der sowohl online als auch Face-to-Face unterrichten kann".[64]

- *Akzeptanz von Blended Learning*
  Um für Blended Learning die optimalen Rahmenbedingungen zu schaffen (z. B. benötigtes Equipment, qualifizierte LehrerInnen, etc.), muss in unserem Falle die Bildungseinrichtung bereit sein, Blended Learning bereitwillig zu unterstützen und vor allem ideologisch zu vertreten. Eine Modifizierung der schulinternen Lernkultur bzw. des pädagogischen Credos muss in Betracht gezogen werden.

- *Abbau von Barrieren gegen innovatives Unterrichten*[65]
  Durch den gezielten Einsatz von Blended Learning kann eine neue, innovative Komponente in der Didaktik vorgestellt werden, die auch manche SkeptikerInnen durch die Präsentation von effizienten, methodisch vielseitigen Unterrichtsmodellen zum Einsatz von Blended Learning bewegen könnte. Dieser Prozess bedarf allerdings viel Überzeugungsarbeit.

Selbstverständlich ließe sich in diesem Kapitel noch eine durchaus extensivere Pro/Contra-Liste kompilieren, da der Begriff des Blended Learnings in der Didaktik durchaus kontroversiell diskutiert wird und oft dahin gehend tendiert, stark zu polarisieren. Deshalb werden sämtliche ideologische Aspekte – wie bereits oben erwähnt – ausführlich im Resümee behandelt.

---

63 vgl. Köhne, S. 55
64 ebd.
65 vgl. ebd.

4 (Allgemein-)didaktische Perspektiven beim Blended Learning

Blended Learning hat nach einiger Zeit der Entwicklung und Überzeugungsarbeit schlussendlich keinen zugegebenermaßen extrem festen Platz in der Allgemeindidaktik gefunden. Da diese hybride, stark technologisierte Unterrichts- bzw. Lernform relativ sorgsam im schulischen Bildungsbereich implementiert werden muss, zielt dieses Kapitel darauf ab, sich unter anderem mit dem didaktischen Planungsprozess zur Instandsetzung spezifischer Blended-Learning-Prozesse sowohl administrativ als auch ideologisch auseinanderzusetzen.

Beim didaktischen Planungsprozess geht es um:

- die *makrodidaktischen Rahmenbedingungen,* die sich aus der Veränderung der Lernkultur ergeben, zu denen hier Elemente der Personal- und Organisationsentwicklung genannt werden,
- die *mikrodidaktischen Rahmenbedingungen,* die eine konkrete Realisierung von Blended [Online] Learning sicherstellt und
- [schließlich] die möglichen generellen Beurteilungskriterien im Bereich von Blended [Online] Learning.[66]

4.1 Makrodidaktische Realisierung

Keine neue Lernkultur kann sich ohne eine *Personal- und Organisationsveränderung* etablieren. Die Umstrukturierung ist deshalb notwendig, da mit einer nachhaltigen Umsetzung von Blended Online Learning[67] Funktionen und Abläufe in einer Organisation umstrukturiert werden.[68]

Durch die Einrichtung von Blended Learning findet ein mehr oder minder extensiver Strukturwandel statt. Für die Realisierung von Bildungsangeboten mit Online-Elementen bedeutet dies, dass

---

66 Dewe & Weber, S. 93

67 Anm.: In dieser Arbeit sind die Begriffe *Blended Learning* und *Blended Online Learning* ident.

68 Dewe & Weber, S. 93

> [...] am ehesten Veränderungen in den technischen und organisatorischen
> Strukturen und Abläufen, der zwischenmenschlichen Kommunikations- und
> Verhaltensmuster sowie der Organisation der herrschenden Normen, Werte und
> Machtkonstellationen (Organisations- bzw. Unternehmenskultur) zu erwarten
> sind.[69]

Somit kann festgehalten werden, dass die Implizierung von diversen Blended-Learning-Prozessen nicht ohne einen entsprechenden Unternehmens-
bzw. Bildungsinstitutionswandel durchführbar ist.[70] Die folgenden Ausführungen hinsichtlich didaktischer Perspektiven beziehen sich hier hauptsächlich auf den institutionalisierten Bildungsbereich, z. B. in Schulen. Basis für
die Diskussion diverser (allgemein-)didaktischer Aspekte im Bereich Blended Learning in institutionalisierten Bildungsbereichen bildet Dewe und We-
bers Kapitel „Didaktische Perspektiven" in ihrem 2007 veröffentlichten Buch
„Einführung in moderne Lernformen".

4.1.1   Organisationsentwicklung

4.1.1.1 Technische und organisatorische Strukturen und Abläufe

Um den dynamischen Prozess letztendlich initiieren zu können, bedarf es
einiger Abläufe und Vorkehrungen, die a priori zu treffen sind. Ein essenzielles Fundament muss sicherlich die Bereitstellung von adäquatem Equipment
für Lernende und Lehrende sein, da neben dem Fernstudium viele Phasen
beim Blended Learning auch im Hause (i.e. hier: Schule) stattfinden sollen.

Weiters ist es in der Regel die Aufgabe des schulinternen IT-Kustos bzw.
Administrators, für sämtliche an Blended-Learning-Prozessen partizipierende
SchülerInnen ein Starterpaket, einschließlich ID, zu konzipieren. Um mit
gewissen Modellklassen Blended Learning mit einem selbstverständlich ausreichend qualifizierten E-Tutor starten zu können, sollten letzte technisch-
administrative Fragen, die unter den SchülerInnen diffizil zu lösen sein dürf-
ten, gemeinsam mit der/dem betreuenden LehrerIn geklärt werden. All diese
Aspekte implizieren eine akribische Planung in den innerbetrieblichen Modi-
fizierungsmodalitäten der Schule, um relativ barrierefrei ein Großprojekt wie
Blended Learning realisieren zu können.

---

69 Kaune in: Dewe & Weber, S. 94
70 vgl. Dewe & Weber, S. 94ff.

4.1.1.2 Zwischenmenschliche Kommunikations- und Verhaltensmuster

> Bei der Umsetzung technikgestützter virtueller Organisationsstrukturen muss sich ein offener Umgang mit Information und Kommunikation in der Einrichtung durchsetzen.[71]

Ein „offener Umgang" sollte gewisse Muster bzw. Regeln im Hinblick auf Kommunikation beinhalten. Bestimmte virtuelle Strukturen beim Blended Learning setzen eine Art „dauernder Erreichbarkeit"[72] voraus. Es empfiehlt sich deshalb, feste Online-Sprechzeiten und feste Online-Meetings zur Pflege der sozialen Bindungen aufzubauen. Wenn eine Einrichtung mit vielen freien MitarbeiterInnen arbeitet, muss das Zugehörigkeitsgefühl explizit auch online etabliert werden. Es erscheint im Sinne der zwischenmenschlich diskursiven Kontinuität zu sein bei Blended-Learning-Prozessen auch „Raum zur sozialen Begegnung im Netz"[73] zu schaffen.

4.1.1.3 Normen, Werte und Machtkonstellationen

> Zuallererst muss bei der Einführung von Blended Online Learning darauf geachtet werden, ob in der Bildungseinrichtung eher technikfeindliche oder -freundliche Mitarbeiter [vorhanden sind].[74]

Nach Einschätzung der ideologischen Grundeinstellung innerhalb der institutionellen Strukturen können unterschiedliche strategisch überzeugende Maßnahmen getroffen werden, jedoch muss ein Mindestmaß an „positiver Grundstimmung"[75] gegenüber einer neuen Bildungsdienstleistung namens Blended Learning gegeben sein.

---

71 Dewe & Weber, S. 95

72 vgl. ebd., S. 95ff.

73 ebd., S. 95

74 ebd., S. 96f.

75 ebd., S. 96

4.1.2   Personalentwicklung

Die Palette an Blended-Learning-Angeboten hängt freilich von der Anzahl kompetenter Lehrkräfte ab. „Bei der Personalentwicklung variiert der Aufwand der Fortbildung nach dem Grad der ‚Virtualisierung'."[76]

4.1.2.1 Online-Skills

Es gilt daher in Bildungsinstitutionen mit Blended Learning „hoch- bzw. doppeltqualifizierte Lehrende"[77] zu engagieren, „die Lernprozesse anregen und unterstützen oder Kleingruppen begleiten und moderieren – [...] in Präsenz- und virtueller Form".[78] Somit kann festgehalten werden, dass die Aneignung von sogenannten Online-Skills „im Kern der Personalentwicklung"[79] bei einem Blended-Learning-Implementierungsprozess stehen muss. Die Leitung der jeweiligen Bildungsinstitution sollte darauf Wert legen, die Förderung der kommunikativen Fähigkeiten in Online-Kontexten in den Mittelpunkt zu stellen[80]. Lehrende mit oben genannten Online-Skills seien hier als Online-Tutoren tituliert. Ein Online-Tutor führt selbstverständlich nicht nur Online-Tutoring durch, sondern beschäftigt sich – dem Aufgabenfeld eines Pädagogen entsprechend – ebenso mit anderen „makro- und mikrodidaktischen Aufgaben" – für Präsenz- und Online-Settings gleichermaßen[81]. Dieses doch sehr versatile Aufgabenfeld berücksichtigend, sind persönliche Kompetenzmerkmale wie Organisationsfähigkeit, Zeit- und Stressmanagement von hoher Bedeutung, um diverse pädagogische und verwaltungstechnische Aufgaben bewältigen zu können.[82]

---

76 Dewe & Weber, S. 96
77 ebd.
78 ebd.
79 ebd.
80 vgl. ebd., S. 96ff.
81 vgl. ebd.
82 vgl. ebd.

4.1.2.2 Medienkompetenz

Als wären die klar definierten Aufgaben- und Kompetenzfelder eines Online-Tutors nicht ohnehin schon sehr breit gestreut, sollte auf jeden Fall auch eine umfassende Medienkompetenz vorhanden sein, die in diesem Kontext ein

> [...] vielfältige[s] Wissen über die Möglichkeit der Beschaffung von Information, der alternativen Gestaltung von Kommunikation oder aber auch die technische Problembehandlung bei unterschiedlicher Software im Internet [...][83]

bedeutet.

Eine Sonderform der Medienkompetenz stellt die sogenannte Online-Ausdruckskompetenz dar. Sehr oft ergeben sich in diskursiven Online-Kontexten Besonderheiten der geschriebenen Sprechsprache. Deshalb sollten die Online-Tutoren in der Rede- und Ausdrucksfähigkeit gewisse Kompetenzen aufweisen.[84]

> Sehr wichtig ist es im Rahmen der äußerst funktionalen Online-Kommunikation, sich klar und unmissverständlich auszudrücken, da direktes Nachfragen oftmals nicht möglich ist.[85]

4.1.2.3 Kommunikationskompetenz

Um gruppendynamische Kommunikationsprozesse linear gestalten zu können, erweisen sich im Online-Kontext sogenannte Kommunikationskompetenzen als hilfreich. Darunter fallen zum Beispiel Moderationskompetenzen beim Informationsaustausch im Netz wie „[...] die Moderation einer Diskussion im Chat."[86]

Vor allem bei Chat-Diskussionen „[...] müssen spezifische didaktische Gestaltungsmöglichkeiten von Aufgaben- und Problemstellungen für Gruppenarbeit im Netz erlernt werden"[87]. Die/der ModeratorIn sollte somit einschlägige Kompetenzen hinsichtlich Informationsaustauschs in Online-Gruppen besitzen, um kooperatives Lernen unterstützen zu können.[88]

---

83 Dewe & Weber, S. 97f.
84 vgl. ebd., S. 98
85 ebd., S. 98
86 ebd.
87 ebd., S. 98
88 ebd.

Rekapitulierend betrachtet entsteht durch die Modifizierung diverser Organisationsstrukturen und die Einforderung diverser höchst anspruchsvoller Kompetenzen ein durchaus extensiver, innerbetrieblicher, makrodidaktischer Prozess, um den ersten Schritt zur Verwendung von Blended Learning zu gewährleisten.

Letztlich geht es weniger darum, organisierte Lerngelegenheiten zu schaffen, als eine für implizite und informelle Lernprozesse förderliche Organisationsstruktur zu entwickeln. In der Wissensgesellschaft, in der Informations- und Kommunikationstechnologien eine zentrale Rolle in allen Lebensbereichen spielen, geht es also darum, Online- und Präsenzlernen in informellen Kontexten zu ermöglichen[89].

Blended Learning mit all seinen innerbetrieblichen Organisationsmodifikationen hat ein enormes Potenzial, Bildungseinrichtungen zu verändern, „[...] da es die bisherigen Strukturen einbindet und nicht verwirft."[90] Der Erfolg von Blended Learning an einer Bildungseinrichtung kann aber nicht über das technische Machbare definiert werden, sondern liegt in einem pädagogisch orientierten Ansatz.[91]

4.2   Mikrodidaktische Realisierung

Zentrale mikrodidaktische Rahmenbedingungen des Planungsprozesses[92] zur Implementierung von Blended Learning sind:
- Lernvariablen (Vorwissen, Einstellungen und Erfahrungen)
- Lernziele/Intentionen/Transferziel (Wissen, Handlungskompetenz, Akzeptanz und Motivation)
- Lernarrangements (Lernkontext, Lernzentrum, Lerngruppenverband, Lernkultur usw.)
- Lernthema bzw. der Lernstoff[93]

---

89 Dewe & Weber, S. 101
90 vgl. Falk in: Dewe & Weber, S. 101
91 vgl. Dewe & Weber, S. 101
92 vgl. Abbildung 3
93 Dewe & Weber, S. 101

Abbildung 3: Entscheidungsparameter für Blended Online Learning[94]

Beim Blended Learning spielen die Lernenden mit ihren divergierenden „Medienkompetenzen, Vorwissensbeständen und Lerntypen"[95] eine zentrale Rolle, da diese „einen entscheidenden Einfluss auf das Lernparadigma haben, das mit einer Lernumgebung verfolgt wird."[96] Die (mikro-)didaktische Applikation eines Blended-Learning-Prozesses muss unter zweierlei Gesichtspunkten betrachtet werden: Durch eine technische Kompetenzheterogenität unter den Lernenden kann ein E-Learning-Prozess curricular möglichst versatil gestaltet werden, sie kann aber auch zum „Verwerfen einer Online-Phase für einen bestimmten Inhalt führen."[97]

In Blended-Learning-Kursen können

[...] Medienkompetenzen, Vorwissen und Lerntypen zuvor erhoben werden, um eine Reflexion bei den Lernenden über eigene Lernstrategien auszulösen

---

94 Dewe & Weber, S. 102
95 ebd.
96 ebd., S. 101
97 ebd.

und um mögliche Demotivation aufgrund der Nichtpassung von Lernenden und Lernumgebung durch das tutorielle System zu verhindern.[98]

Im Falle einer inferioren Navigationskompetenz und Egalisierung der Lernpräferenzen können in vielen Fällen Ablehnung und Skepsis unter den Lernenden festgestellt werden. Daher erscheint es als durchaus sinnvoll, die „Medienorientierung" der Lernenden und auch ihre „präferierten Lernstile"[99] a priori zu eruieren, um einer konsekutiven Motivationsdegression vorzubeugen.

Als Ganzes ist die Gestaltung von Blended Learning und die damit assoziierten Lernziele bzw. -inhalte „[...] in Abhängigkeit vom Entwicklungsstand der Lernenden bzgl. ihrer Fertigkeiten und Wissensarten zu sehen [...]"[100]. In der mikrodidaktischen Planung ist E-Learning und im weiteren Sinne Blended Learning als Kommunikations- und Kooperationsmodell zu verstehen. Eine Realisierung ist von einigen sehr relevanten Kriterien abhängig. Grundüberlegungen müssen sein, „[...] ob es sich um theorie- oder praxisorientierte Lernende (Lerntypenbezug) handelt und über welchen Grad an Fachkompetenz sie zu dem Thema verfügen, das didaktisch aufbereitet werden soll."[101]

Erneut lässt sich aus den vorhergehenden Ausführungen konstatieren, dass auch eine mikrodidaktische Realisierung mit all ihren zu implizierenden Komponenten als kompositorisches Konstrukt unterschiedlicher, hauptsächlich auf Kompetenz beruhender Aspekte anzusehen ist. Eine Realisierung eines Blended-Learning-Prozesses im mikrodidaktischen Kontext „[...] hängt von den Medienkompetenzen [der Lernenden], ihrem Vorwissen und ihren Lernpräferenzen ab."[102]

Eine durchaus zentrale Rolle im Kontext der Prozessrealisierung muss den sogenannten individuellen Deutungsmustern zugestanden werden:

> Als Deutungsmuster werden im Folgenden die mehr oder weniger zeitstabilen und in gewisser Weise stereotypen Sichtweisen und Interpretationen von Mitgliedern einer sozialen Gruppe bezeichnet, die diese zu ihren alltäglichen Handlungs- und Interaktionsbereichen lebensgeschichtlich entwickelt haben. Im einzelnen bilden diese Deutungsmuster ein Orientierungs- und Rechtfertigungs-

---

98 vgl. Mündemann in: Dewe & Weber, S. 102

99 Dewe & Weber, S. 103

100 ebd.

101 ebd.

102 ebd., S. 105

potential von Alltagswissensbeständen in der Form grundlegender, eher latenter
Situations-, Beziehungs- und Selbstdefinitionen, in denen das Individuum seine
Identität präsentiert und seine Handlungsfähigkeit aufrechterhält.[103]

Das „erfahrungsgeprägte, lebensweltliche Alltagswissen"[104] der Lernenden
dient als Konnex für subjektorientiertes Lernen. Die Subjektorientierung ist
bei Blended Learning ein zentraler Aspekt, der ein entscheidender Faktor bei
der Realisierung ist:

Welches Lernparadigma, welche Art von Wissen, welche Lernziele und welche
elektronische Darstellung von Information ist für einen Lerninhalt möglich? In
Abhängigkeit dieser Realisierung steht ein kommunikatives tutorielles System
[i.e. Blended Learning], das als Überdachung für den gesamten Lernprozess
gedacht ist[105].

---

103 Arnold, S. 23 in: Dewe & Weber, S. 106
104 Dewe & Weber, S. 106
105 ebd.

5 Das Learning Management System (LMS) Moodle im Allgemeinen

5.1 Einleitung

Moodle ist ein „Open Source Course Management System" (CMS), auch bekannt als „Learning Management System" (LMS) oder „Virtual Learning Environment" (VLE), welches vom australischen Pädagogen und Computerexperten Martin Dougiamas entwickelt wurde. Die Lernplattform wurde unter LehrerInnen und TrainerInnen weltweit sehr populär, vor allem als ein Werkzeug für die Erstellung von dynamischen Lern-Websites für SchülerInnen. Um es benutzen zu können, muss Moodle entweder auf dem eigenen oder auf einem externen Webserver installiert werden.[106]

Auf der offiziellen Moodle-Homepage[107] werden folgende, die Lernplattform betreffende Erklärungen angeführt:

> Moodle war ursprünglich ein Akronym für „modulare dynamische objektorientierte Lernumgebung" (Modular Object-Oriented Dynamic Learning Environment). Moodle steht als Begriff jedoch auch für eine Tätigkeit, sich mit Dingen intuitiv zu beschäftigen, sich Dinge herauszupicken und dadurch auch zu neuen Einsichten zu kommen und neue Gedanken zu entwickeln. Mit Moodle verbinden sich zwei Dinge: die Art und Weise, in der Moodle entwickelt wurde und die Art und Weise, in der Lehrende und Lernende miteinander interagieren.[108]

5.2 Pädagogischer Background von Moodle

Unterschiedlichen didaktisch-pädagogischen Trends zufolge kann heutzutage davon ausgegangen werden, dass „Lernen in einem aktiven Aneignungspro-

---

106 vgl. http://docs.Moodle.org/de/Was_ist_Moodle%3F (letzter Zugriff: 9. November 2010)

107 www.moodle.org

108 ebd.

zess mit einem immer wiederkehrenden Abgleich zwischen vorhandenen Erfahrungen und neuen Informationen erfolgt."[109]

Die pädagogische Grundintention von Moodle ist mehr jene der „fortgeschrittenen und zielgerichteten Interaktion als Lernprozess"[110] als jene des „Online-Frontalunterrichts".[111] Ferner kann im Kontext der Art des Lernens festgehalten werden, dass „[…] ein[e] Veränderung der Aufgabe des/der Dozent/in vom Wissensvermittler hin zum Lernbegleiter"[112] erfolgt. Um in weiterer Folge die vier evidentesten bzw. relevantesten pädagogischen Grundprinzipien dieser Lernplattform genauer zu betrachten, erscheint es in diesem Zusammenhang als durchaus erwähnenswert, dass sich die EntwicklerInnen von Moodle dem Terminus der „sozial fördernde[n] Pädagogik"[113] verschrieben haben. Dieses eben genannte Konzept basiert auf den vier Grundprinzipien bzw. Hauptkonzepten von Moodle, dem Konstruktivismus, dem Konstruktionismus, dem sozialen Konstruktionismus und dem Konzept des „Connected & Separated – Verbunden & Getrennt".

5.2.1 Konstruktivismus

Baumgartner, ein ausgewiesener Experte im Bereich der E-Learning-Didaktik, konstatiert – im Kontext von Konstruktivismus und E-Learning – Folgendes:

> Lernen wird im Konstruktivismus als aktiver Prozess beobachtet, in dem sich Lernende „ihre" Wirklichkeit bzw. ihr Wissen je individuell konstruieren. In den 90er Jahren des vergangenen Jahrhunderts erfolgte der Paradigmenwechsel zur Ansicht, Lernen als individuelle Konstruktion von Wirklichkeit zu definieren.
>
> Der konstruktivistische Ansatz knüpft an der individuellen kognitiven Wissensverarbeitung an. Wissen wird nicht als Ergebnis von „Wissensübertragung" gesehen, sondern Wissen entsteht durch aktive Konstruktion der Lernenden. Dem aktiven Handeln, das in soziale und kommunikative Prozesse eingebettet ist, kommt die eigentlich lernwirksame Bedeutung zu. Lernen wird als selbstgesteuertes, aktives Konstruieren von Wissen begriffen.[114]

---

109 http://docs.Moodle.org/de/Philosophie (letzter Zugriff: 9. November 2010)

110 ebd.

111 ebd.

112 ebd.

113 ebd.

114 Baumgartner & Payer (1997), S. 89

Im Zusammenhang mit einer Lernplattform wie Moodle kann man durchaus das Prinzip des Konstruktivismus mit dem Konzept der Förderung vereinen. Dieser Ansatz geht davon aus, „dass Menschen ihr Wissen aktiv aus der Interaktion mit ihrer Umgebung entwickeln."[115]

5.2.2 Konstruktionismus

Seymour Papert entwickelte das Konzept des „Konstruktionistischen Lernen". Paperts Ansatz basiert auf dem Konzept des Konstruktivismus, bei dem das Lernen als Prozess des aktiven Aufbaus von Wissensstrukturen verstanden wird.

> Wissen wird durch die Lernenden hergestellt, nicht von den Lehrenden vermittelt. Mit dem Konstruktionismus wird dies erweitert um die Vorstellung, dass dieser Aufbau von Wissensstrukturen dann besonders gut gelingen kann, wenn die Lernenden selbst etwas herstellen, konstruieren, ein äußerlich sichtbares, wahrnehmbares Objekt. Diese Objekte bezeichnet Papert als „Objects-to-think-with". Kinder sind dabei als aktive, ihr Lernen selbst organisierende und konstruierende Subjekte zu verstehen.[116]

Im Konstruktionismus spielt die Auffassung von „Lernen durch Vermittlung"[117] eine große Rolle, da schließlich ein zentraler Standpunkt von Lernen mit Lernplattformen darin besteht, Wissen mit eigenen bzw. fremden Ideen individuell und autonom zu konstruieren. Lernplattformen als Ort von kollaborativem und explorativem Lernen bieten sich so gesehen förmlich an, das Konzept des Konstruktionismus zu fördern.

5.2.3 Sozialer Konstruktionismus

Um das grundlegende Konzept des sozialen Konstruktionismus im Kontext von virtuellen Lernumgebungen besser zu begreifen, erscheint es als durchaus praktikabel, folgende Einsichten[118] aufzulisten:

---

115 http://docs.Moodle.org/de/Philosophie (letzter Zugriff: 10. November 2010)

116 Schelhowe, S. 124

117 vgl. http://docs.Moodle.org/de/Philosophie (letzter Zugriff: 9. November 2010)

118 alle Auflistungen unter: http://docs.Moodle.org/de/P%C3%A4dagogik (letzter Zugriff: 9. November 2010)

1. Jeder von uns ist sowohl ein potentieller Lehrer als auch ein potentieller Lernender – in einer wahrhaft kollaborativen Umgebung sind wir beides.

Es hilft, die Augen für die anderen Teilnehmer unserer Lernsituation offen zu halten, sorgfältig zuzuhören, Anregungen auf- und anzunehmen – und letztlich die Fragen zu stellen, die die Sache weiterbringen. Insbesondere in Situationen, die den Einzelnen als Lehrender in eine zentrale Position rücken, ist es hilfreich, sich diese Aussage zu vergegenwärtigen.

2. Wir lernen besonders intensiv, wenn wir anderen etwas erklären oder vermitteln wollen.

Überraschenderweise liefert Online-Lernen auch heute noch statische Informationen, ohne den Lernenden die Möglichkeit zu geben, die Inhalte anzuwenden. Mancher Lehrende verwendet viel Zeit und Energie auf die Erstellung von exzellentem Material für die Online-Kurse, lernt dabei selbst immer mehr dazu – verweigert aber den Teilnehmern den Genuss der gleichen Erfahrung des „learning by doing". Hier scheinen die herkömmlichen Bücher bessere Dienste zu tun, wenn sie am Ende des Kapitels die Inhalte durch Fragen wiederholen. Gerade durch Projekte, Aufgaben, Konstruktionen kann der Lernprozess angestoßen werden, wenn anderen etwas vermittelt werden soll. Dadurch sieht sich auch der Lehrende höheren Ansprüchen gegenüber, die wiederum Selbstreflexion und -überprüfung anstoßen.

3. Wir lernen eine Menge durch schlichte Beobachtung der Aktivitäten unserer Mit-Lernenden.

Dieser Punkt spricht die Kultur im Klassenzimmer an – sozusagen Lernen durch Osmose. Menschen beobachten sich gewöhnlich gegenseitig und nehmen das Verhalten anderer in bestimmten Situationen als Hinweise für das eigene Verhalten in solchen Situationen auf. So wird man beispielsweise sich in einem ruhigen aufmerksamen Auditorium ähnlich ruhig verhalten wie alle anderen, während man hingegen in einem belebteren Kontext sein Verhalten entsprechend der Umgebung anpassen wird. Wenn man das umsetzt, lernt man sowohl über die Fragestellung als auch auf der Metaebene dazu, indem man aus der Diskussion und den gestellten Fragen erkennt, wie Lernen an sich stattfindet. Dies führt zu einer reichhaltigeren und mehrdimensionalen Vertiefung in das Lernen.

4. Wenn wir die Kontexte der anderen verstehen, können wir auf eine umsetzbarere Weise unterrichten (Konstruktivismus)

Wie man vielleicht aus eigener Erfahrung weiß, kann der Rat eines Mentors oder Freundes eine bessere, zeit- und personengerechtere Lernerfahrung herbeiführen, als sie durch jemanden erzeugt werden kann, der den Adressaten nicht kennt und vielleicht zu hundert Leuten spricht. Wenn wir den Hintergrund unserer Adressaten kennen, können wir Sprache und Ausdruck adäquat anpassen. Man kann Metaphern verwenden, zu denen das Auditorium einen Bezug hat.

Man kann Umgangssprache verwenden, wenn es passt, oder unterlassen, wenn es hinderlich ist. Das ist mittlerweile eine allgemein bekannte Tatsache – jeder Ratgeber über öffentliche Reden rät dazu, die Zuhörer zu kennen. Dem muss hinsichtlich des Online-Lernens besondere Beachtung geschenkt werden, da der Trainer oftmals die Teilnehmer nicht persönlich kennt und die visuellen und akustischen Hinweise einer realen Begegnung fehlen.

Eine Lernumgebung muss flexibel und anpassbar sein, um den Bedürfnissen der Teilnehmer schnellstmöglich zu entsprechen.

Wenn die vorangegangenen Aspekte realisiert wurden und man als Trainer die Vorteile nutzen will, die sich aus der wachsenden Bekanntheit der Adressaten ergibt, um maßgeschneiderte Möglichkeiten zu geben, Ideen auszutauschen, Fragen zu stellen und Wissen auszudrücken – dann muss die Lernumgebung flexibel sein, zeitlich wie örtlich. Wenn Zeitpläne nicht eingehalten werden können, weil die Teilnehmer deutlich weniger Vorkenntnisse mitbringen als ursprünglich erwartet, dann muss der Zeitplan angepasst werden können, und weitere Aktivitäten müssen angeboten werden können, die es Einzelnen oder Gruppen ermöglichen aufzuholen. Oder [es ergeben sich] gute Ideen (bspw. für Simulation oder Ähnliches) im Verlauf von Diskussionen, dann muss es möglich sein, diese auch noch zu einem späteren Zeitpunkt im Kurs unterzubringen. Ebenso könnte es sein, dass sich die Teilnehmer in verschiedenen Zeitzonen befinden oder in derselben Zeitzone, aber mit unterschiedlicher Freizeit – dann sollte es möglich sein, mittels asynchroner Aktivitäten dennoch zusammen zu arbeiten.

5.2.4   Connected & Separated / Verbunden & Getrennt

Bei diesem – speziell für virtuelle Lernplattformen adaptierten – pädagogischen Grundprinzip erscheint es als durchaus praktikabel, eine Klärung der Begrifflichkeit der offiziellen Moodle-Homepage heranzuziehen:

> Dieser Gedanke [Connected & Separated, Anm.] befasst sich näher mit den Motiven der Einzelnen innerhalb von Diskussionen. *Getrenntes Verhalten* liegt vor, wenn jemand versucht, objektiv zu bleiben und Fakten darzustellen. Er/sie wird dazu tendieren, die eigenen Ideen zu verteidigen und Lücken in der Argumentation der anderen zu entdecken. *Verbundenes Verhalten* stellt mehr ein empathisches Verhalten dar, das Subjektivität einbezieht, versucht zuzuhören, Fragen zu stellen in der Absicht, den anderen zu verstehen. *Entwickeltes Verhalten* zeigt eine Person, wenn sie beide Formen der Annäherungen an einen

Gegenstand nutzen kann und in der Lage ist, die geeignete Form in der jeweiligen Situation auszuwählen.[119]

So gesehen kann „entwickeltes Verhalten" innerhalb einer Lernplattform als „starker Anreiz für den Lernprozess"[120] angesehen werden. Einerseits werden die TeilnehmerInnen einer Lernplattform näher miteinander in Kontakt geführt, andererseits kann eine intensivere Reflexion der TeilnehmerInnenperformanz und eine Förderung der Überprüfungen von bestehenden Annahmen beobachtet werden.[121]

All jene diskutierten pädagogischen Grundprinzipien suggerieren vor allem im Kontext von virtuellen Lernplattformen, dass die Lernerfahrung aus LernerInnensicht im Vordergrund stehen muss und weniger die Information, von der man im Allgemeinen glaubt bzw. annimmt, dass sie gewusst werden bzw. dass sie abprüfbar sein muss. Des Weiteren offeriert der Fokus auf diese vier Grundprinzipien eine Neukonzeption des Begriffes „TeilnehmerIn einer Lernplattform", da diese „gleichermaßen Lernende und Lehrende sein können"[122]. Die Aufgabe einer Tutorin/eines Tutors bzw. einer Dozentin/eines Dozenten

> […] kann sich wandeln vom allwissenden Informationsgeber zum Vorbild, das den Teilnehmer/innen ermöglicht, ihren eigenen Lernbedarf zu erkennen, das Diskussionen moderiert und durch Übungen die ganze Gruppe zu ihren Lernzielen führt.[123]

5.3   Gründe für den Gebrauch von Moodle als LMS im Unterricht

Um eine pädagogisch-didaktische Sinnhaftigkeit dieser Lernplattform zu unterstreichen bzw. zu legitimieren, ist es von expliziter Wichtigkeit, zumindest die evidenten Argumente aufzulisten, um den Einsatz von Moodle in einer Bildungseinrichtung zu befürworten bzw. zu forcieren.

---

119 http://docs.Moodle.org/de/P%C3%A4dagogik (letzter Zugriff: 9. November 2010).
120 ebd.
121 vgl. http://docs.Moodle.org/de/Philosophie (letzter Zugriff: 9. November 2010)
122 ebd.
123 ebd.

- *Kostenlose, relativ unkomplizierte Installation am (Schul-, Hochschul-) Server.*

Da es sich bei Moodle um eine kostenlose Open-Source-Anwendung handelt, fallen grundsätzlich keine Gebühren für die Akquisition der Software für das Bildungsinstitut an. Dies ist im Gegensatz zu anderen, kostenpflichtigen LMS-AnbieterInnen und in Anbetracht des didaktisch professionellen Designs von Moodle[124] ein überzeugender Vorteil.

- *Attraktive Ergänzung zum Regelunterricht*

In Zeiten der Methodenvielfalt im Unterricht bietet der Einsatz von virtuellen Lernumgebungen – vor allem bei Lernenden – eine willkommene Abwechslung, welche natürlich ein Grundprinzip von Blended Learning ist.[125] Der Umgang mit diversen Lernformen und Medien (wie z. B. E-Learning) trägt bewiesenermaßen zu einer höheren Akzeptanz von curricularem Input bei.

- *Kulturelle/örtliche Delimitation des Lernens[126]*

Dieser von Dewe geprägte Begriff spielt eindeutig auf das Überschreiten von Grenzen und Brechen diverser vorsuggerierter didaktisch-methodischer Konventionen an. Durch den Einsatz von Lernplattformen wird unter Umständen eine neue, gegenüber den klassischen Präsenzstunden oft divergierende Lernkultur im Unterricht praktiziert, die es auch ermöglicht, dass Lernen nicht nur in konventionalisierten Lernumgebungen (z. B. Schulgebäude), sondern theoretisch überall (z. B. zuhause) statt finden kann.

- *Attraktives, forschendes, wiederholendes, remediales Lernen*

Wie auch schon bei den vier pädagogischen Grundprinzipien von Moodle erwähnt[127], fördert der Einsatz von Lernplattformen eine neue, unkonventionelle Art des Lernens. Die verschiedenen didaktisch effektiven Features von Moodle werden im Kapitel 7 detailliert diskutiert, dennoch sei bei dieser Auflistung erwähnt, dass durch die ständige Präsenz multimedial-dynamisierter und lerntypenindividualisierter Lerninhalte attraktives, wiederholendes und remediales Lernen gefördert wird.

- *Akquisition von IT-Skills im curricularen Kontext*

Im Zeitalter von neuen Medien, vor allem dem des Computers, sei darauf hingewiesen, dass ein verstärkter Einsatz von Lernplattformen insbesondere

---

124 vgl. Kapitel 7
125 vgl. Kapitel 4
126 vgl. Dewe & Weber, S. 76
127 vgl. Kapitel 5.2

im schulischen Kontext nahezulegen ist, da ein kompetenter und sicherer Umgang mit neuen elektronischen Medien für Lernende einer Extension der beruflichen Progressionschancen gleichkommt. Nicht nur erlernen die TeilnehmerInnen – durch geführte Tutorenmoderation – reine Computerfähigkeiten, sie verstehen es auch die sich angeeigneten IT-Skills im curricularen, d. h. themenspezifischen Kontext praktisch anzuwenden.

- *Kollaboratives Design*

Im Sinne einer konstruktionistischen bzw. (sozial-)konstruktivistischen Lerntheorie kann das kollaborative Design von Moodle als überzeugendes Feature betrachtet werden. TeilnehmerInnen können curriculare Inhalte selbst verfassen bzw. modifizieren und mit anderen TeilnehmerInnen diese kreierten Lerninhalte gemeinsam auf ihre Lernbedürfnisse adaptieren. Durch diese bestimmte Kollaboration kann durchaus ein intensiver lernertragsoptimierter Prozess der gruppendynamischen Curriculumsakquisition initiiert werden.

- *Kontinuierliche, lehrplan-/lernzieladäquate Kommunikation*

Aufgrund der Tatsache, dass der curriculare Input von der Trainerin/vom Trainer aber auch vom Lernenden rund um die Uhr vollzogen werden kann (Uploaden neuer Übungen, Dokumente, etc.), können die jeweiligen Lerngruppen bzw. Communities auf der Plattform durch kontinuierliche Kommunikation, z. B. durch Foren und Chats[128] beliebige lehrplankonforme, aber auch extra-curriculare Inhalte kollaborativ gestalten, adaptieren bzw. modifizieren. Durch das gestalterische Potenzial der Lernenden hinsichtlich der Produktion unterschiedlicher Lerninhalte mit bzw. ohne Anleitung/Moderation der TrainerInnen wird erneut ein gruppendynamischer Prozess des „creative designs" gefördert, welcher für eine effektiv-kognitive Aufnahme von Lehrinhalten – auch im Sinne des konstruktionistischen Ansatzes der selbstgestalterischen Wissensvermittlung – förderlich sein kann.

- *Ansprechendes Konzept für den auditiven und visuellen Lerntyp und die vier Grundfertigkeiten des Sprachenunterrichts*

Rein von der visuellen bzw. curricularen Oberflächenkonzeption der Lernplattform ausgehend, steht Moodle eine Reihe von einfach anwendbaren Layoutwerkzeugen zur Verfügung, die vor allem den im Schulalltag sehr stark präsenten visuellen aber auch auditiven Lernertypus (z. B. durch unterschiedlichste Audio Plug-Ins, wie Podcasts, Videos, Radio, TV, etc.)[129] an-

---

128 vgl. Kapitel 7.1.3 und 7.1.2
129 vgl. Kapitel 7

sprechen können. Allgemein kann festgehalten werden – dass durch eine gewisse multimediale Vielseitigkeit der Plattform durch diverse Features[130] – die vier Grundfertigkeiten des Sprachenunterrichts (Sprechen, Schreiben, Lesen, Hören) im multisensorischen Kontext bei heterogenen Lerntypen geübt bzw. gefestigt werden.

- *Simplizität von Import, Design und Sharing von Lernhinhalten*

Da Moodle den relativ schnellen und unkomplizierten Import von diversesten Lerninhalten erlaubt, die unter verschiedenen Dateiformaten, (z. B. .zip, .pdf, .htm, .jclic, HotPot-Dateien) gespeichert sind, eröffnet sich eine neue, dynamisierte Dimension des kollaborativen Teilens von Arbeitsmaterialien. Einmalig erstellte Lernsequenzen können beliebig oft systemintern aber auch systemextern übermittelt werden. In Zeiten der zeitintensiven Vorbereitungen und Erhöhung der Arbeitszeiten des Lehrpersonals erscheint es salopp formuliert besonders wichtig, „das Rad nicht neu zu erfinden" und digitalisierte, didaktisch gut aufbereitete Materialien durch die einfach Importfunktion bei Moodle zu übernehmen bzw. durch geringe Modifikationen dem Lerntempo bzw. Lernbedürfnis der eigenen Gruppe anzupassen.

- *Spaßfaktor Lernen*

Im Kontext des wissenschaftlichen Diskurses dieses Kapitels, welcher aufzählend und kurz erklärend versucht, einige Merkmale von Moodle aus wissenschaftsdidaktischer Sicht als vorteilhaft zu titulieren, darf dennoch die Tatsache nicht vergessen werden, dass im Bildungsbereich, vor allem im schulischen Kontext, der Spaßfaktor Lernen, welcher bei einer multimedialen und multisensorisch aufgebauten Lernplattform evident ist, nicht zu kurz kommen darf. Moodle entspricht aufgrund seiner technisch-virtuellen Komponente durchaus dem Zeitgeist von modernem bzw. unterhaltsamem Lernen.

5.4 Initialgründe gegen den Gebrauch von Moodle als LMS im Unterricht

Im Sinne der wissenschaftlichen Verpflichtung, thematische Objektivität weitestgehend zu gewährleisten, muss zumindest eine erneute taxativ-ex-

---

130 vgl. Kapitel 7

planative Auflistung der Gegenargumente bezüglich des Gebrauches von Moodle angeführt werden.

- *Betreuung von Moodle bzw. des Moodle Servers*

Da es sich bei Moodle um ein auf einem bestimmten Server liegendes Softwarepaket handelt, muss dieses – im Sinne einer reibungslosen Lernsequenzenabwicklung – regelmäßig gewartet bzw. gehostet werden. In der Regel werden diese Lernplattformen von IT-KustodInnen betreut und im Idealfall kontinuierlich stabil gehalten. Da die betreuende Person ein zusätzlicher Kostenfaktor ist für die jeweilige Bildungseinrichtung ist, relativiert sich natürlich der Aspekt der kostenlosen Lernplattform in Anbetracht dieses nicht zu unterschätzenden monetären Faktors.

- *Grundsätzliches Technologieverständnis/Technophobie*

Trotz der wiederholten Feststellung, dass Moodle im Allgemeinen als sehr benutzerInnenfreundliche Lernplattform angesehen werden kann, ist festzuhalten, dass ein grundsätzliches, mehr als rudimentäres Technologieverständnis für eine effiziente, lernertragsoptimierte Nutzung vorausgesetzt werden muss. Vor allem im schulischen Bereich können neue Medien bzw. virtuelle Lernplattformen aufgrund eines schon seit Jahren bzw. Jahrzehnten konzipierten Unterrichtskonzepts und einer gewisser Technophobie vor allem bei den dienstälteren KollegInnen gewisse Zweifel und Ressentiments hinsichtlich eines erstmaligen Einsatzes dieses Mediums verursachen. Da E-Learning-Didaktik/-Methodik alleine aufgrund ihrer zeitlich kurz gemessenen Präsenz teilweise noch immer nicht als fundierte, über Generationen gefestigte Disziplin gilt, kann es des Öfteren zu einer Vorverurteilung von neuen Lernformen wie z. B. Lernplattformen als „technologischer Schnickschnack" kommen. Dabei sei am Rande erwähnt, dass sich ein didaktischer Ansatz bzw. ein pädagogisches Prinzip natürlich sicherlich nicht alleinig durch eine gewisse zeitliche Konstanz wissenschaftlich etabliert. Narósy und Riedler versuchen der Skepsis, der E-Learning – bzw. im weiteren, thematisch-konsekutiven Sinne – Moodle entgegengebracht wird, mit folgender Ausführung ein wenig entgegenzutreten:

> E-Learning bedeutet jedenfalls nicht, dass man alles, was bisher gewesen ist, vergessen und komplett von vorn beginnen muss. E-Learning gibt Lehrpersonen einfach einen größeren Werkzeugkasten, neue „Instrumente" in die Hand, auf denen man nun im „Schulkonzert" mitspielen, das Stück „Schule" noch ein wenig abwechslungsreicher, besser gestalten kann. Dass diese neuen Instru-

mente am Anfang kennen gelernt und deren Gebrauch eingeübt werden muss, ist natürlich selbstverständlich.[131]

- *Quantitative bzw. qualitative Infrastruktur*

Dass ein gewisses Mindestmaß an leistungsfähigen Rechnern den an Bildungsinstitutionen forcierten bzw. kontinuierlichen Einsatz von virtuellen Lernumgebungen suggeriert, kann als logischer Schluss angesehen werden. Weil die Arbeit mit Lernumgebungen auch an Orten außerhalb des schulischen Kontextes (z. B. zu Hause) statt finden kann, bedarf es einer sensiblen Abwägung bzw. Erhebung der Demographie der Mitglieder einer Bildungsinstitution, da vor allem in urbanen Ballungszentren in der unteren Mittelschicht ein Computer mit Internetanschluss nicht als technischer „Status Quo" angesehen werden kann. Daher ist der Einsatz von Lernplattformen an Bildungsinstitutionen nur dann als effektiv bzw. zielführend einzuschätzen, wenn z. B. SchülerInnen Zugang zu einem Rechner haben (z. B. Schulcomputer in der Aula).

- *Vorbereitungs- bzw. Behebungsaufwand*

Es sei außer Frage gestellt, dass die Planung, Konzeption und Durchführung einer computerunterstützten Unterrichtssequenz mit Moodle einen gewissen Vorbereitungsaufwand voraussetzen. Sämtliche *Contents* müssen – wenn noch nicht erfolgt – digitalisiert werden und in geeigneter Form aufbereitet und in der Lernplattform implementiert werden. Abgesehen von der didaktisch-produktiven Komponente bezüglich der Durchführung einer E-Learning-Sequenz sollte die infrastrukturell-logistische Seite nicht außer Acht gelassen werden. Schließlich brauchen effektive Lerneinheiten mit Lernplattformen einen adäquaten Rahmen (d. h. rechtzeitig reservierter Computerraum, funktionierende Rechner, Planung eines flüssigen, geordneten Ablaufes im Computerraum, etc.) Dieser bei AnfängerInnen oft präsente nicht unerhebliche Vorbereitungsaufwand mangels Routine kann a priori bzw. im Planungsprozess – verglichen mit dem routinierten Vorbereiten einer Präsenzunterrichteinheit – abschreckend wirken.

---

131 Narósy & Riedler, S. 224ff.

6   Moodle im Fremdsprachenunterricht –
allgemeine wissenschaftstheoretische
und technologische Überlegungen

6.1   Technische Grundlagen

Um mit unterschiedlichen wissenschaftstheoretisch-didaktischen Ansätzen, die für einen erfolgreichen Einsatz der Lernplattform sprechen, anzufangen, erscheint es durchaus legitim und praktikabel, über Grundlagen bzw. Anforderungen bezüglich einer rein von der technischen Seite her erfolgreichen Verwendung von Moodle in einer Bildungseinrichtung zu berichten. Dieses Kapitel soll vor allem eine technische Checkliste für potenzielle Moodle-UserInnen darstellen, um a priori festzustellen, ob software- bzw. hardware-technische Minimalanforderungen an der jeweiligen Bildungsinstitution gegeben sind.

Die offizielle Moodle-Homepage gibt folgende Empfehlung zu einer möglichen Installation der Lernplattform ab:

> Moodle wird hauptsächlich auf dem Betriebssystem Linux mit einem Apache-Webserver, MySQL-Datenbank und PHP (auch bekannt als LAMP-Plattform) entwickelt. Es ist ebenso getestet unter den Betriebssystemen Windows XP/2000/2003 (WAMP), Solaris 10 (Sparc and x64), Mac OS X und Netware 6, und es werden auch andere Datenbanken (PostgreSQL, Oracle und Microsoft SQL-Server) unterstützt.[132]

Allgemein betrachtet sind folgende Voraussetzungen für ein Moodle-System erforderlich:

Hardware[133]

- Plattenspeicher: 160 MB frei (Minimum). Darüber hinaus benötigen Sie weiteren Platz, um Ihre Materialien zu speichern.
- Speicher: 256 MB (Minimum), 1 GB (empfohlen). Als allgemeine Faustregel gilt: Moodle kann 50 Nutzer pro 1 GB RAM gleichzeitig unterstützen, aber das hängt auch von Ihrer individuellen Software- und Hardwarekombi-

---

132 http://docs.Moodle.org/de/Installation_von_Moodle#Voraussetzungen (letzter Zugriff: 13. April 2010)

133 ebd.

nation ab. Wenn Sie Ihr Moodle von einem Provider hosten lassen, hängt es auch von dessen Konfiguration von PHP und MySQL ab. Dies kann auch die Zahl der Nutzer, die Moodle unterstützen kann einschränken, [...].

Software[134]

- Webserver Software: Meistens wird Apache benutzt, aber Moodle sollte mit jeder Webserver-Software funktionieren, die PHP-Unterstützung anbietet (z. B. Microsoft IIS unter Windows).
- PHP: Derzeit gibt es zwei Versionen: PHP4 und PHP5, siehe PHP-Versionen für Moodle. Bitte beachten Sie, dass es Besonderheiten bei der Kombination Moodle und PHP-Accelerator gibt.
- Datenbankserver: MySQL oder PostgreSQL werden direkt unterstützt und für Moodle empfohlen. MySQL ist *die* Wahl für die meisten Installationen, weil es so verbreitet ist, aber es gibt einige Argumente für die Nutzung von PostgreSQL, speziell, wenn große Moodle-Systeme mit vielen Benutzern zu erwarten sind. Die minimale Version für MySQL ist 3.32. Bitte beachten Sie, dass MySQL 4.1.16 die minimale Version für die Unterstützung von Moodle 1.6 ist (viele Linux-Distributionen installieren eine ältere Version, kontrollieren Sie die Version, wenn Sie planen, die Version 1.6 zu installieren).

Grundsätzlich kann bei der Ausführung der Mindestanforderungen festgehalten werden, dass ein gewisses Technologieverständnis, basierend auf Serverinstallationen vorausgesetzt wird, um eigenständig das Moodle-Lernpaket auf dem jeweiligen Server zu installieren. Im schulischen Alltag verläuft es dahingehend, dass sich der IT-Kustos der Installation annimmt. Um Moodle als TrainerIn effektiv zu nutzen, bedarf es dieses sehr spezifischen Wissens nicht, dennoch erscheint es als legitim, hier die Mindestanforderung im Sinne einer thematischen Gesamtheit und Kohärenz taxativ zu nennen, da eine gewissenhafte, „saubere", den Mindestanforderungen entsprechende Installation das vitale Fundament für eine effektive, gut laufende Lernplattform innerhalb einer Bildungsinstitution repräsentiert.

---

134 http://docs.Moodle.org/de/Installation_von_Moodle#Voraussetzungen (letzter Zugriff: 13. April 2010).

6.2 Moodle und Präsenzstunden = Blended Learning – die lernertragsoptimierte Symbiose

Um den verstärkten Einsatz von Lernplattformen zu fördern bzw. zu fordern, bedarf es sicherlich einerseits einer kontinuierlichen Hervorhebung der Vorteile[135] in unterschiedlichen Umgebungen (Gespräche mit KollegInnen, Vorträge und Präsentation vor Schulträgern, schulischen Verwaltungsorganisationen und Schulerhaltern, etc.), andererseits in öffentlichen Diskussionen, den problemlösungsorientierten Diskurs über die evidenten Nachteile[136] von Moodle. Um letztendlich auch jene KritikerInnen zu überzeugen, die dem Konzept des E-Learnings bzw. dem Unterricht mit neuen, virtuellen Lernformen auch nach überzeugender medialer Präsenz der Vorteile kritisch gegenüberstehen, ist es von immenser Wichtigkeit, vor allem die „Schwächen" des Systems zu analysieren und in einer lösungsorientierten Strategie zu implementieren, um damit Erfahrungen zu sammeln, die für das möglicherweise überzeugende Gesamtbild des Konzeptes Lernplattform förderlich sein können.

In folgendem Kapitel wird vor allem die Relation von Moodle mit den konventionellen Präsenzstunden diskutiert, um in weiterer Folge den mittlerweile relativ etablierten Terminus des Blended Learnings[137] im Kontext mit der Lernplattform genauer zu untersuchen.

Um für ein auf technologischen Merkmalen basierendes Unterrichtskonzept eine gewisse Akzeptanz mit Breitenwirkung auch innerhalb der KritikerInnen hervorzurufen, bedarf es sicherlich eines Konzepts, welches die bereits erwähnten Nachteile, aber auch Vorteile dieser LMS mit der stark positiv konnotierten Methodik des „konventionellen" Präsenzunterrichts vergleicht. Diese Überlegungen suggerieren freilich den Einsatz des Konzeptes des Blended Learnings. Wie in Kapitel 4 bereits mit unterschiedlichen Ausführungen bzw. Definitionen unterstrichen, handelt es sich hierbei vor allem um einen gewissen Methodenmix, die Fusion unterschiedlicher methodischer Ansätze. In unserem Beispiel bildet die Basis des Blended-Learning-Konzepts die Symbiose zwischen Präsenzstunden und dem Unterricht mit Moodle. Da der Begriff des „blenders" (engl. Mixer) eine Versinnbildlichung bzw.

---

135 vgl. Kapitel 5.3
136 vgl. Kapitel 5.4
137 vgl. Kapitel 3.3

Methaporisierung dieses Ansatzes mehr oder weniger explizit suggeriert, hat der Mixer die Funktion, die einzelnen Unterrichtssequenzen zu vermischen. Nun stellt sich die Frage, wie sich die quantitative Verteilung der „Zutaten", nämlich Präsenzunterricht und Moodle-Sequenzen, zu verhalten hat, um in dieser fusionierten Unterrichtssequenz den größten Output bzw. Unterrichhtserstrag hinsichtlich spezifisch eingespeister Curricula zu akquirieren. In Anbetracht der sozial-konstruktionistischen bzw. konstruktivistischen Aspekte dieser Lernplattform, bei der es darum geht, auf kollaborativ-explorative Weise unterschiedliche Lerninhalte aufzunehmen, zu modifizieren und zu adaptieren bzw. mit den jeweiligen TeilnehmerInnen in einem sozial-didaktischen Netzwerk zu interagieren, können folgende fixe Bestandteile einer Blended-Learning-Sequenz unter Miteinbeziehung der Lernplattform Moodle betrachtet werden:

- Content
- Coach
- Communication
- Collaboration
- Continuous lessons
- (Critical) curriculum

Content

Beim Content, engl. für Inhalt, handelt es sich um unterschiedliche lerntypen- bzw. lerngruppenadaptierte curriculare Inhalte, die, basierend auf den Präsenzstunden, innerhalb der Lernplattform neu erarbeitet, verarbeitet bzw. weiterentwickelt werden. Es geht dabei nicht um den klassischen curricularen Input der TrainerIn/des Trainers, welcher in monologischer/monodirektionaler Richtung (d. h. TrainerIn auf SchülerIn) aufgenommen und weitestgehend gespeichert werden soll, sondern vielmehr um lehrplankonformen aber auch extra-curricularen Content bzw. Lehrstoff, der von den LMS-TeilnehmerInnen sehr wohl aufgenommen werden kann/soll, bei dem aber auch auf produktiv-gestalterische Weise auf die eigenen, individualisierten Lernziele – ganz im Sinne der Individualisierung – eingegangen werden kann. Somit ist ein klarer Shift von der Trainerin/vom Trainer bzw. der Lehrerin/dem Lehrer als monodirektionale/r, curriculare/r InputgeberIn hin zur Trainerin/zum Trainer als Coach bzw. ModeratorIn vorhanden, der lediglich eine Vorgabe durch das Einspeisen eines lehrplankonformen bzw. extra-curricularen Inhaltes gibt. Die Prozessierung der jeweiligen Inhalte liegt in der Hand der TeilnehmerInnen, ganz im Sinne der individualisierten, curricularen Produktivität.

Coach

Wie schon oben erwähnt, ist es von großer terminologischer Relevanz, den Begriff der Lehrerin/des Lehrers im Kontext des wissenschaftlichen Diskurses zum Thema Lernplattformen nicht hervorzuheben, da der Terminus der Trainerin/des Trainers bzw. des Coaches als unterstützende/r, fördernde/r gleichwertige/r TeilnehmerIn innerhalb einer Lernplattform dem kollaborativen Charakter einer virtuellen Lernumgebung eher entspricht. Ein Coach der Lernumgebung soll – abgesehen von seinen Rechten, Kursinhalte zu formatieren bzw. zu strukturieren und TeilnehmerInnen für den Kurs anzumelden – als annähernd gleichwertige/r TeilnehmerIn innerhalb des virtuellen Raumes des CMS agieren, d. h. vor allem mit den anderen TeilnehmerInnen Lerninhalte bzw. den Diskurs innerhalb der Plattform gestalten, aufnehmen, adaptieren und modifizieren. Lediglich seine Erfahrung als moderierende/r, unterstützende/r Moodle-UserIn soll dafür sorgen, dass die (extra-)curriculare Akquisition mit Schwerpunkt auf den kollaborativ geprägten Diskurs (z. B. mit Hilfe von Foren, Chats)[138] einen geeigneten, geordneten Rahmen erhält (d. h. Forendiskussionen werden moderiert/gelenkt, Arbeitspensen überwacht, etc.).

Communication

Wie der englische Begriff schon erahnen lässt, handelt es sich hierbei um die Komponente der Kommunikation im Zusammenhang mit dem Aspekt des Lernens mit Lernplattformen. Der Chef-Entwickler von Moodle – Martin Dougiamas – hält fest: „The main value of an online course is not the content, but the human interaction and activity that take place around it."[139] Auffällig bei dieser Aussage ist, dass der bereits erwähnte Content, also Inhalt, bei ihm eine untergeordnete Rolle spielt und die Performanz und Interaktion die Hauptattribute von Moodle ausmachen. Grundsätzlich muss festgehalten werden, dass es sich bei Moodle tatsächlich um eine interaktive diskursivdynamische Lernumgebung handelt, die es ermöglicht, diverse Inhalte mit unterschiedlichen diskursiven Werkzeugen (wie z. B. das Forum) zu analysieren, zu kommentieren und vor allem zu kreieren und zu adaptieren. Dennoch muss hinzugefügt werden, dass der Content eine gewisse Rolle im

---

138 vgl. Kapitel 7.1.3 und 7.1.2
139 www.moodle.org (letzter Zugriff: 12. April 2010)

Kommunikationskontext spielen muss, da es bei einem Großteil der geführten Diskussionen und des interaktiven Diskurses um lehrplanrelevanten bzw. extracurricularen Content geht. Der Inhalt muss somit unweigerlich grundsätzlicher Ausgangspunkt für einen Diskurs kollaborativer Art sein, da der Terminus Content per se alles das definiert, was Gegenstand einer lernplattforminternen Aktivität (z. B. Lückenübungen, Forumsdiskussion über spezielles Thema) ist. Die starke curricular-konzeptionelle Interdependenz zwischen Content und Communication, welche soeben diskutiert wurde, beweist lediglich die enge thematische Verbundenheit des Gesamtkonzeptes der sechs fixen Bestandteile (u.a. Content und Communication) einer Blended-Learning-Sequenz mit Moodle, welche in weiterer Folge genauer diskutiert wird. Die Kommunikation ist zweifelsohne eines der vitalsten Merkmale einer Lernplattform, da durch eben dieses effektive Medium (durch unterschiedliche Tools, wie Foren, Chats, etc.) andere fixe Bestandteile wie zum Beispiel der Content diskursiv erarbeitet/adaptiert bzw. der Coach sprachlich-lenkend und gestalterisch ausgestattet wird.

Collaboration – Cooperation

Der englische Begriff der *collaboration*, zu Deutsch Zusammenarbeit, reflektiert die starke gruppendynamisch-produktive Gestalt der Lernplattform. Moodles kollaboratives Design mit all seinen Werkzeugen wie Wikis, extra-implementierbaren Mindmaps, etc.[140] ermöglicht ein curricular-kohärentes und vor allem gruppendynamisch stark forciertes, gemeinsames Arbeiten an einem spezifischen Thema bzw. an einem vorgegebenen/neu erarbeiteten Content, der gemeinsam mit dem Coach und dem Mittel der Communication adaptiert, modifiziert bzw. weiterverarbeitet wird. Somit wird beim kollaborativen Lernen „[...] permanent in einer Gruppe zusammengearbeitet."[141]

„[...] [b]eim kooperativen Lernen [werden] die Arbeitsaufgaben aufgeteilt, individuell bearbeitet und zum Schluss zusammengefügt [...]"[142]. Moodle unterstützt auch diesen Ansatz des Lernens auf extensive Art und Weise, was die verschiedenen kooperativen Werkzeuge wie z. B. Glossare, Feedbacks, Umfragen bestätigen. Hier werden eben jene Arbeitsaufgaben individuell er- bzw. bearbeitet, um sie dann auf verschiedenen Moodle-Features im Plenum innerhalb der Lernplattform präsentieren zu können.

---

140 vgl. Kapitel 7.1.5 und 7.2.2.1
141 Hinze, S. 235
142 ebd.

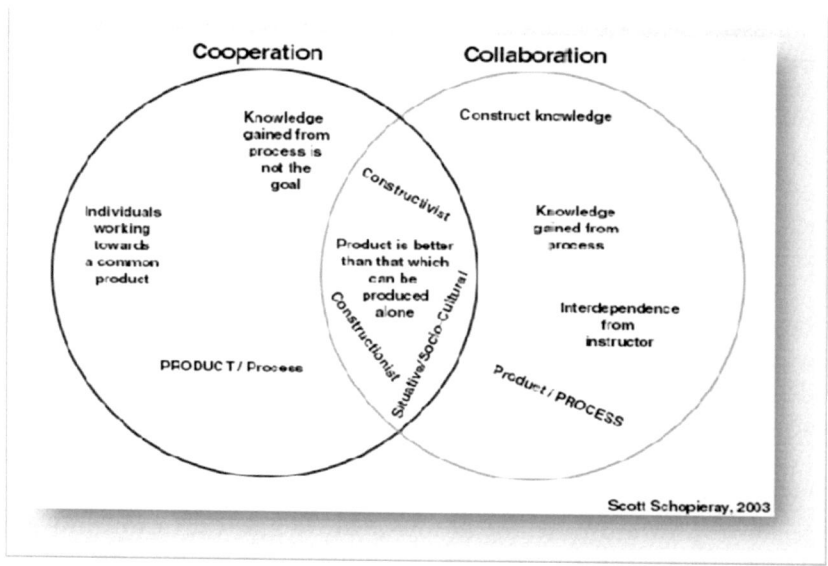

Abbildung 4: Kooperatives und kollaboratives Lernen[143]

Continuous lessons

Hinter diesem Begriff versteckt sich das Prinzip des klassisch konventionellen Präsenzunterrichts, welcher nach wie vor den stark lehrplanorientierten Status Quo vor allem im österreichischen Schulwesen beschreibt. Der methodische Ansatz des Präsenzunterrichtes sei hier lediglich als wichtige Komponente der *lernertragsoptimierten Symbiose* bei Blended-Learning-Instanzen mit Moodle erwähnt.

(Critical) curriculum

Der „critical curriculum", der intensiv reflektierte/evaluierte Lehrplan, ist eng mit dem bereits diskutierten Konzept des „contents" verbunden. Es handelt sich hierbei nicht um den klassischen zu unterrichtenden Lehrplan per se, sondern um jenen eines curricular-fokussierten Reflexionsprozesses der TeilnehmerInnen, was bedeutet, dass der zu beherrschende und von der Trainerin bzw. vom Trainer in der Lernplattform eingespeiste Lehrplan bzw. das zu behandelnde Thema von den TeilnehmerInnen als Teil eines reflektorischen

---

143 Quelle: http://www.lifewithalacrity.blogs.com/photos/uncategorized/cc.gif,   letzter
       Zugriff: 19. November 2010

Prozesses an die eigenen, individualisierten Lernbedürfnisse – erneut ganz im Sinne der individualisierten Wissensakquisition – angepasst wird.

Die lernertragsoptimierte Symbiose

Diese im Kontext von Blended-Learning-Sequenzen mit Moodle diskutierten, fixen Bestandteile bilden das konzeptionelle Grundgerüst des Ansatzes der *lernertragsoptimierten Symbiose*, welche im Folgenden näher behandelt werden soll.

Ausgangspunkt einer effizienten Unterrichtseinheit sollte bei diesen Ausführungen stets das Erreichen eines individualisierten Lernziels sein. Um ein individualisiertes Lernziel im Kontext von Blended-Learning-Sequenzen mit Moodle definieren zu können, erscheint es als durchaus hilfreich, jene sechs auf langjähriger Praxiserfahrung beruhenden und im Vorfeld diskutierten fixen Bestandteile einer Unterrichtssequenz mit der Lernplattform heranzuziehen und diese a priori nochmals mit einer einfachen Grafik, welche das Blended-Learning-Konzept mit der Lernplattform Moodle zusammenfasst, zu illustrieren:

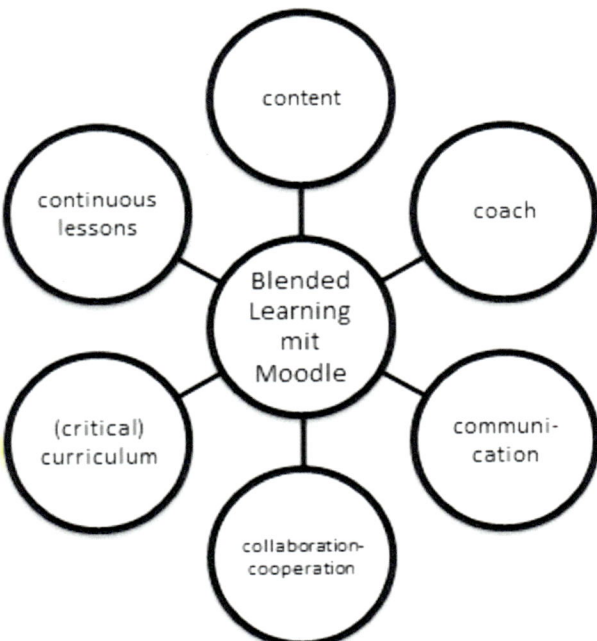

Abbildung 5: Blended Learning mit Moodle (die sechs fixen Bestandteile)

Ausgehend von einer möglichen Analyse dieser Skizze sei nochmals hinzugefügt, dass es sich bei den sechs Bestandteilen (i.e. die sechs Cs) um fixe Komponenten eines bereits in der Praxis erprobten Modells hinsichtlich des Einsatzes von Moodle mit dem Ansatz des Blended Learnings handelt, aber nicht um ein universell gültiges Muster. Jene sechs Bestandteile repräsentieren lediglich jene thematisch-konzeptionellen Komponenten, die im Prozess einer E-Learning-Unterrichtseinheit mit Moodle sehr häufig bzw. am häufigsten verwendet werden.

Ausgehend von diesen sechs Cs, soll nun den Ansatz bzw. die Theorie der *lernertragsoptimierten Symbiose* zunächst visuell präsentiert und danach erläutert werden:

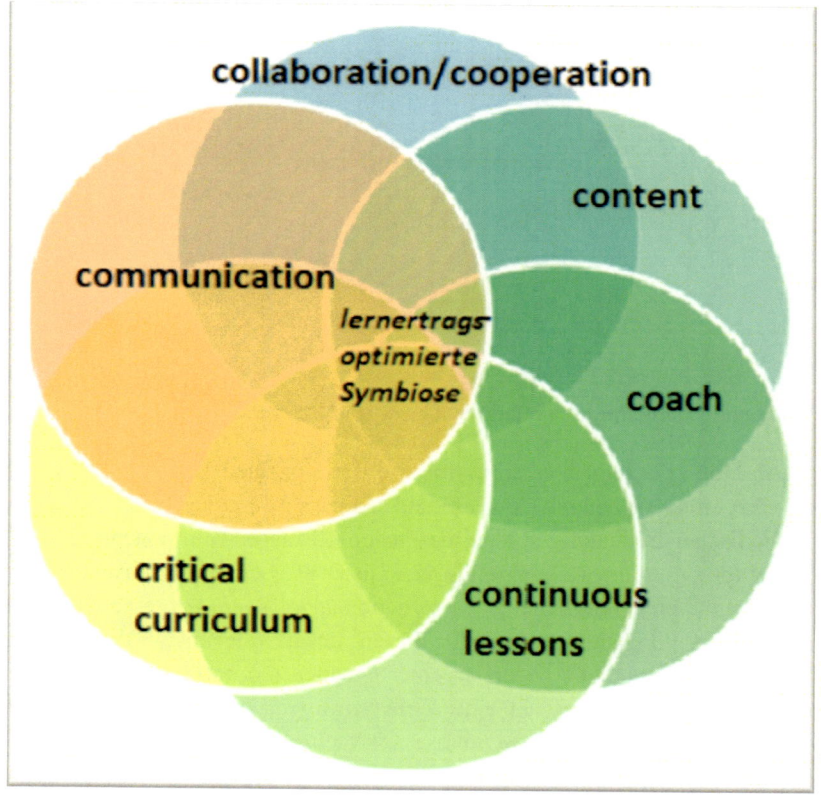

Abbildung 6: Lernertragsoptimierte Symbiose (bei Bestandteilsparität) im Kontext von Blended Learning

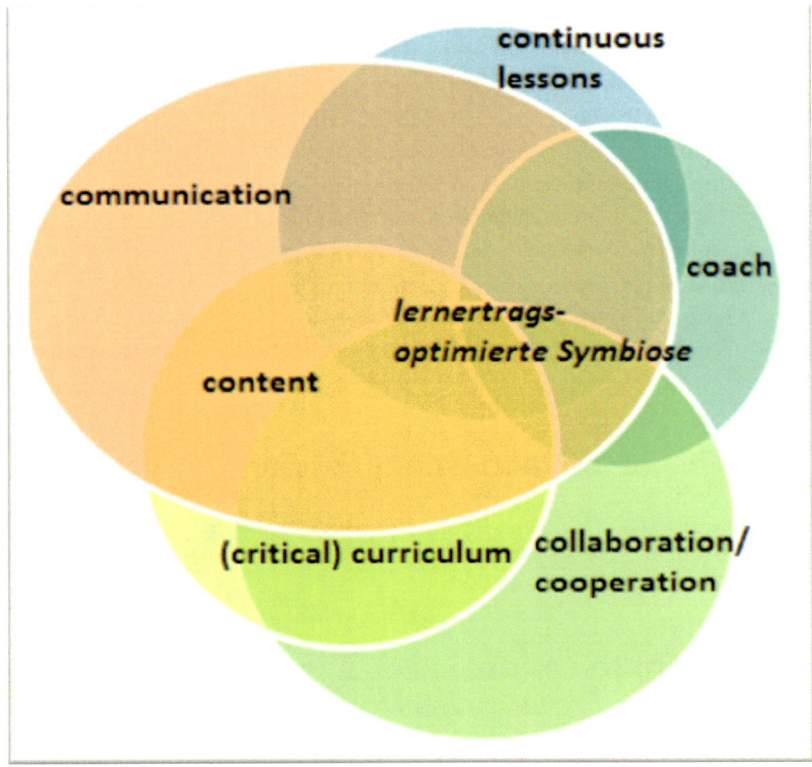

Abbildung 7: lernertragsoptimierte Symbiose (mit Bestandteilsinparität, Beispiel)

Abbildung 6 zeigt klar die Symbiose der einzelnen Bestandteile, welche für eine effektive Nutzung einer Blended-Learning-Sequenz von didaktisch-methodischer Bedeutung sind. Eine Fusion all dieser Komponenten, die für ein outputorientiertes, lehrzielindividualisiertes Lernen durchaus relevant sind, ergibt eine mögliche *lernertragoptimierte Symbiose*, einen Einklang aller bereits vorgestellten bzw. für diesen Ansatz relevanten Blended-Learning-Methoden. Jedoch bedarf es einer genauen terminologischen Differenzierung dieses Ansatzes, da eine *lernertragoptimierte Symbiose* nicht mit einer lernertragoptimalen Symbiose verwechselt werden darf. Unter *optimiert* wird hier eine qualitativ und quantitativ ausgeglichene Verschmelzung der sechs Cs verstanden, wobei alternierende Quantitätseinstellungen (d. h. z. B. intensivere Kommunikationsphasen und weniger intensive Kollaborationsphasen[144]) als durchaus legitim anzusehen sind. *Optimal* erscheint im Kontext einer sehr differenzierten terminologischen Diskussion der sechs fixen Bestandteile als durchaus oberflächlicher Begriff, der im Sinne der wissenschaftlichen Objektivität zu sehr polarisiert, denn schließlich erscheint es im Zuge einer didaktisch-pädagogischen Qualitätsdiskussion als diffizil, von gutem bzw. optimalem Unterricht bzw. Unterrichtsertrag zu sprechen.

In Anbetracht aller mit einzubeziehenden Faktoren dieses didaktisch-methodischen Konzeptes im Kontext von Blended Learning mit einer Lernplattform kann festgehalten werden, dass sich eine *lernertragsoptimierte Symbiose* durch ein Konglomerat an jenen sechs fixen Bestandteilen auszeichnet, welche einen essenziellen Beitrag für eine methodisch ausgewogene, den Bedürfnissen eines Einzelnen durchaus adaptierbare Unterrichtskonzeption fördert.

Bezüglich der Quantifizierung der einzelnen Bestandteile, d. h. wie viele Einheiten und wie viel Fokus z. B. auf Kommunikation, Kollaboration, etc. liegt, kann im Sinne einer klassen- bzw. leistungsheterogenisierten Bestandsaufnahme bzw. im Kontext der individualisierten Performanz der/des Einzelnen im Rahmen einer teils virtualisierten, teils präsenzunterrichtsorientierten Unterrichtskonzeption keine klare, universelle Empfehlung gegeben werden. Wichtig erscheint dennoch die Schwerpunktsetzung auf die Symbiose, d. h. die Fusion aller sechs fixen Bestandteile.

Abschließend – und in Anbetracht aller bereits diskutierten fixen Bestandteile – kann konstatiert werden, dass der Einsatz der fixen Komponenten bei unserem diskutierten Modell (i.e. *lernertragsoptimierte Symbiose*) mit all ihrem didaktischen Mehrwertpotenzial zur Förderung des kollaborativen/ kooperativen, explorativen und adaptierbaren Lernens in geeigneter, für eine fusionierte Lernumbebung aus Moodle und Präsenzunterricht förderlicher Weise beiträgt.

---

144 vgl. Abbildung 7

6.3   Differenzierte Terminologie der Didaktik — Lernplattformen und die Didaktik des 21. Jahrhunderts

> Erstes und letztes Ziel unserer Didaktik soll es sein, die Unterrichtsweise aufzu-
> spüren und zu erkunden, bei welcher die Lehrer weniger zu lehren brauchen,
> die Schüler dennoch mehr lernen; in den Schulen weniger Lärm, Überdruss und
> unnütze Mühe herrsche, dafür mehr Freiheit, Vergnügen und wahrhafter Fort-
> schritt.[145]

Die grundlegende Bestandsaufnahme der Unterrichtsarbeit und deren zeitgemäße didaktische, im weitesten Sinne den Lernplattformen angepasste
Applikationen sollen hier im Mittelpunkt stehen. Grundsätzlich kann von
einem gewissen Grad an „Multidimensionalität des Lernens"[146] beim Einsatz
von Lernplattformen ausgegangen werden. Oft wird E-Learning im wissen-
schaftlich-pädagogischen Diskurs mit einer „Pädagogik des 21. Jahrhunderts"[147] in Verbindung gebracht, „[...] eine Bewegung, die durch Web 2.0[148]
ausgelöst wurde."[149] Ferner plädiert Marc Prensky in seinem Artikel „Digital
Natives, Digital Immigrants"[150] für eine „lerngerechte Konzipierung der Didaktik".[151]

In weiterer Folge identifizierte er fünf wesentliche Fähigkeiten für das 21.
Jahrhundert und machte in diesem Zusammenhang die Wichtigkeit der persönlichen und sozialen Dimensionen des Lernens deutlich[152]:

1. *Knowing the right thing to do*
   (Die richtige Handlung selber erkennen)
2. *Getting it done*
   (Die Handlung selber angehen und durchführen; benötigt persönliche Pla-
   nungs-, Durchführungs- und Evaluierungsstrategien)
3. *Doing it with others*
   (Mit anderen handeln, benötigt Sozialkompetenzen)

---

145 Comenius 1985 [1632], S. 9
146 Radnitzky & Westfall-Greiter in: Schrack & Nárosy, S. 14
147 ebd.
148 Für eine ausführliche Behandlung des Themas Web 2.0 siehe Kapitel 7.2.
149 Radnitzky & Westfall-Greiter in: Schrack & Nárosy, S. 14
150 vgl. Prensky
151 Radnitzky & Westfall-Greiter in: Schrack & Nárosy, S. 14
152 Prensky in: Radnitzky & Westfall-Greiter in: Schrack & Nárosy, S. 14

4. *Doing it creatively*
(Kreativ handeln)
5. *Constantly doing it better*
(Im Wettbewerb mit sich selbst eigenes Handeln ständig verbessern)[153]

Wenn man also Prenskys essenzielle Fähigkeiten des 21. Jahrhunderts in Betracht zieht, so kann eindeutig konstatiert werden, dass „Lernen und Lehren im 21. Jahrhundert handlungsorientiert [...]"[154] ist. Im Mittelpunkt steht vor allem die individuelle Entscheidungsfindung der Lernenden, um ein „erwünschtes Ergebnis zu erreichen".[155] Die Handlungen der/des Lernenden sind persönlich, weil oftmals persönliche Entscheidungen getroffen und „[...] eigene Erfahrungen, Informationen und Konzepte während des Lernprozesses gedeutet bzw. gegebenenfalls revidiert werden müssen."[156] In den folgenden Kapiteln wird nun versucht wissenschaftlich-argumentativ aufzuzeigen, wie

> [...] eLearning-Umfelder [vor allem Lernplattformen, wie Moodle], die die individuelle und gemeinsame Gestaltung der Lerngemeinschaft, Lernumgebung und Lernaufgabe ermöglichen, ideal für die Förderung des Handelns und damit auch für die Belebung der persönlichen und sozialen Dimensionen des Lernens [sind].[157]

6.3.1 Die Lernplattform Moodle als Chance zur Individualisierung des Lernens

Erfahrungen im eLearning mit dem Einsatz von schülereigenen Notebooks im Unterricht (seit 1999) und der Verwendung von unterrichtsbegleitenden elektronischen Lernplattformen (2002) haben gezeigt, dass diese Unterrichtsmittel bei entsprechendem didaktischen Setting die Selbstorganisation und Individualisierung der Lernenden unterstützen können.[158]

Ziel dieses Kapitels wird es vorrangig sein, Referenzen zur Cyberschool herzustellen und zu zeigen, wie Individualisierung mit Lernplattformen bzw. im weitesten Sinne mit E-Learning funktionieren kann. Es soll somit am

---

153 Prensky in: Radnitzky & Westfall-Greiter in: Schrack & Nárosy, S. 14
154 Radnitzky & Westfall-Greiter in: Schrack & Nárosy, S. 14
155 ebd.
156 ebd.
157 ebd.
158 Schrack in: Schrack (2009), S. 22

vorigen Kapitel thematisch angeknüpft bzw. die terminologische Diskussion erweitert werden, indem hier nicht nur Individualisierung per se, sondern auch der Aspekt der *Individualisierung des Lernens* behandelt werden soll. Um die Individualisierung des Lernens im Allgemeinen kurz zu skizzieren, bieten sich folgende Prämissen[159] zur Präsentation an:

- *Heterogenität* ist unvermeidbar, unabhängig davon, welche Form der Homogenisierung man versucht. Heterogenität und Individualität sind grundsätzlich als bereichernde Vielfalt zu verstehen.

- *Differenzierung* von außen wird den Lernenden nicht gerecht. Darum muss Unterricht Raum für die Differenzierung von innen bereitstellen.

- *Integration* ist nicht der Umgang mit dem „Andersartigen", sondern das Gemeinsame von Individuen, Integration ist kein Selbstläufer, sondern die „aktiv gelebte Kultur" des Klassenzimmers und der Schule.

- *Individualisierung* ist nicht im Widerspruch zur Sozialisierung zu sehen, ganz im Gegenteil: Die Entwicklung des individuellen Selbstbewusstseins mit der Bewusstmachung der Einzigartigkeit und der Selbstkompetenz ist Bedingung für die Teilhabe an der Gemeinschaft. Anmerkung: An dem Lernen in und durch die Gemeinschaft setzt das kollaborative eLearning mittels Lernplattformen an.

Individualisierung des Lernens suggeriert sicherlich eine Kategorisierung des Lernens als „aktiver und selbstgesteuerter Prozess"[160]. Durch den Einsatz von Lernplattformen zur Forcierung des selbstorganisierten und kollaborativen Lernens, kann – in Anbetracht des Konzeptes des Blended Learnings (hier: E-Learning mit Moodle und Präsenzstunden) – davon ausgegangen werden, dass eine quantitative, aber auch ideologische Reduktion des Frontalunterrichts möglich ist.[161] Dennoch werden bei einschlägigen LehrerInnen-Fortbildungen diverse nicht-dynamisierende Faktoren hinsichtlich des Einsatzes dieser neuen Lernkultur (i.e. individualisiertes Lernen mit Moodle), wie „übervolle Klassen, schwierige SchülerInnen, Zeitdruck und die Sorge, mit dem Stoff nicht durchzukommen"[162] erwähnt. Im speziellen Fall der Cyberschool dürfte auch noch ein gewisser Grad an „Technophobie", einer Angst vor neuen Medien bzw. möglichen diffizilen Computersystemen, in das Kalkül der Applikationshemmer mit einzubeziehen sein. Dazu kommen:

---

159 Schrack in: Schrack (2009), S. 22
160 ebd.
161 vgl. ebd.
162 ebd.

[...] der Kontrollverlust und der Verlust des Wissensmonopols, den die LehrerInnen im Zusammenhang mit der Durchführung von offeneren Lehr-/Lernformen wie Projekten, Fallstudien [bzw. den Einsatz von Lernplattformen] erwarten. Im Zusammenhang mit eLearning wird hier in den Raum gestellt, dass sich der vermutete hohe Medienkonsum nachteilig auf die Jugendlichen auswirken könnte.[163]

Um das hohe Individualisierungspotenzial der Lernplattform Moodle explizit herauszuarbeiten, erscheint folgende Systematik der Individualisierung[164] als durchaus repräsentativ:

Tabelle 1: Systematik der Individualisierung

Formen	Ansatzpunkte und Beispiele
a) Individualisierung nach dem Lerntyp	• unterschiedliche Darbietungsformen des Wissens: schriftliche Form, auditiv, visuell (zB mit visuellen „Ankern" wie Abbildungen und Grafiken); erweiterter Medieneinsatz; Multimedia; Praxiserkundungen • personal nach Interessen und Neigungen differenzieren • Diversity- und Gender-gerechtes Lernen ermöglichen
b) Inhaltliche Individualisierung	• im Sinne eines Kür- und Pflichtprogramms (wie Bildungsstandards) im bestimmten Umfang Wahlfreiheit bei den Lerninhalten zulassen • gemessen am gleichen Workload unterschiedliche Vertiefungen zulassen • didaktische Differenzierung durch themendifferenten und zieldifferenten Unterricht
c) Zeitliche und örtliche Individualisierung	• Bei Aufgaben individuelles Lerntempo, Wahl der Lernzeit (durch virtuelle Labors) und Wahl des Lernorts (außerhalb der Schule, in Betrieben etc.) ermöglichen.
d) Soziale Individualisierung und Selbstkompetenz	• zur selbstständigen Wissensakquise mittels alter und neuer Medien anleiten • kollaboratives eLearning mit Sicherstellung eines gleichmäßigen Wissensangebots im Unterricht und auf der Lernplattform ermöglichen • zur Bildung von Learning Communities mit selbstorganisierten Projektmanagement anleiten • Peercoaching mit gegenseitiger Unterstützung im Unterricht und auf der Plattform initiieren • Reflexion des Lernens mit Lerntagebüchern, ePortfolios ermöglichen • die gestaltende Mitwirkung wie Schulpartnerschaft, pädagogisch geleitete Netzwerkbetreuung anregen
e) Individualisierung in der Leistungsfeststellung	• Beurteilung transparent machen • Kompetenzen gezielt ansprechen • Beurteilungskriterien der LBV im Hinblick auf die Selbstständigkeit ausschöpfen • Beurteilung der Teamarbeit im Instrument der Mitarbeitsbeurteilung (zB Teilhabe an der Community) weiter ausbauen • Selbstorganisation und Selbstverantwortung Lernender einfordern

Bei Punkt a) wird grundsätzlich der Aspekt des Lerntyps kurz skizziert und gezeigt, dass Moodle Wissen unterschiedlich darbieten kann. Hilfsmittel, wie (authentische) Texte, Podcasts/Radioshows oder YouTube-Videos bieten eine breite Palette für den lernertypheterogenen Wissenserwerb. Sämtliche Medien können mühelos in die Lernplattform implementiert werden, sodass sich jede/r SchülerIn ein lerntypenadäquates Wissensgenerierungskonzept zusammenstellen kann. Diese Freiheit der Wahl, welche die Lernplattform

---

163 Schrack in: Schrack (2009), S. 22
164 ebd., S. 23

stark forciert, liefert einen essenziellen Beitrag zur Individualisierung bzw. zum personalisierten Lernen.

Die inhaltliche Individualisierung stellt vor allem im Fremdsprachenbereich, bei dem eine unterschiedliche curriculare Wissensakquisition bzw. Progression bei den SchülerInnen festgestellt werden kann, eine große Herausforderung dar. In klassischen Präsenzstunden mit monodirektionalem Input (i.e. LehrerIn trägt vor), ist eine inhaltliche Adjustierung – ganz dem SchülerInnenpotenzial angemessen – nicht durchführbar. Hier kommt der konstruktivistische Ansatz des Blended Learnings mit Bezugnahme auf Moodle effektiv zur Geltung, da eben die TeilnehmerInnen im „virtual space" der Cyberschool selbst bestimmen können, welche dem Lehrplan konforme Inhalte erarbeitet werden können. Ein einheitlicher, den Mindeststandards angepasster Workload könnte theoretisch im Präsenzunterricht vermittelt bzw. festgesetzt werden, sodass ausreichend Zeit in den E-Learning-Phasen bleibt, den SchülerInnen den nötigen Raum frei zu geben, selbstgesteuert und individuell auf Inhalte zuzugreifen.

Eine weitere evidente Komponente der Systematik der Individualisierung ist die der Zeit und des Ortes. Da die Cyberschool zeitlich und örtlich delimitiertes Lernen[165] ermöglicht, ist es auch den TeilnehmerInnen der Lernplattform möglich, den Lern- bzw. Arbeitsprozess den eigenen Bedürfnissen angepasst, so individuell, wie möglich zu gestalten. Ob Übungseinheiten am Computer in der Schule oder – sofern die technische Infrastruktur es im elterlichen Haushalt zulässt – von zu Hause aus erfolgen, kann im autonomen Lernprozess selbst bestimmt werden.

Der Rolle der sozialen Individualisierung und Selbstkompetenz muss auf jeden Fall große Bedeutung zugemessen werden, da in Zeiten der Anleitung zur Anwendung sogenannter Schlüsselqualifikationen und *softskills* im Unterricht von Seiten des Lehrplans gewünscht ist, auch die soziale Komponente des Lernens im Unterricht – ganz fachunabhängig – zu forcieren. Schrack beschreibt die Thematik der sozialen Individualisierung und Selbstkompetenz[166] folgendermaßen:

- Bildung von selbstorganisierten Learning Communities, kollaboratives eLearning mit Sicherstellung eines gleichmäßigen Wissensangebots im Unterricht und auf der Lernplattform

---

165 vgl. Dewe, S. 75
166 vgl. Schrack (2008), S. 4

- Rollenbasiertes Lernen und eLearning: (Management-) Rollen übergeben statt Anweisungen verteilen bei der Projekt- und Teamarbeit.
- Selbsteinschätzung ermöglichen, Reflexion des Lernpfades, ePortfolio, Teamarbeit, Team- und Klassenportfolio
- Gegenseitige Hilfe; Peer-Coaching und -Evaluation, Mentoringsysteme bei Benachteiligungen
- Mitwirkung an der Organisation Schule, wir z. B. pädagogisch geleitete Netzwerkbetreuung
- Konzepte zur Gruppenbildung reflektieren

Diesen Konzeptionsrahmen in Betracht ziehend, ist der Einsatz von Lernplattformen (i.e. z. B. „Learning Communities") naheliegend und somit auch rein aus ministeriell-curricularer Sicht förderlich bzw. anzustreben.

In einem Schulsystem, das nach wie vor in vielen Fällen ein konstantes „Learning-to-the-Test-Schema" forciert und den Noten eine sehr große, wenn nicht zu große Bedeutung zumisst, erscheint die Komponente der Individualisierung in der Leistungsfeststellung in der Individualisierungssystematik als evident wichtige. Im Kontext Leistungsfeststellungsindividualisierung mit Lernplattformen kann klar konstatiert werden, dass sich einige Funktionen mit Evaluationscharakter in Moodle dafür bestens eignen. Durch das stringente und vor allem transparente TeilnehmerInnen-Performanz-Modul[167] kann Beurteilung transparent gemacht werden. Da TeilnehmerInnen im Moodle-Kurs sowohl zeitlich und örtlich als auch curricular „delimitiert"[168] sind, kann die Autonomie des Lernens gefördert bzw. gefordert werden, damit der Punkt „Selbstorganisation und Selbstverantwortung Lernender einfordern" erfüllt werden kann.

Der unmittelbare Vergleich der Individualisierungssystematik mit der Lernplattform Moodle streicht somit hervor, dass vor allem im applikativen Kontext weitestgehend Kongruenzen hervorgehen. Schrack & Nárosy[169] halten fest:

> Mit dem Aufkommen leistungsfähiger Lernplattformen ab 2001, die im Rahmen der bmukk eFIT Initiative der Schulen zur Verfügung gestellt wurden, tat sich im Hinblick auf die Individualisierung ein weiterer Quantensprung auf. Die Lernplattform wurde zur kooperativen Lern- und Wissensbasis. Entsprechende konstruktivistisch orientierte Lehr-/Lerndesigns ließen sich gut umsetzen. Das

---

167 vgl. Kapitel 7.1.8

168 vgl. Dewe, S. 73

169 Schrack & Nárosy in: Schrack (2009), S. 24

gilt sowohl für reine Online-Lehrveranstaltung, wie man sie aus der Weiterbildung kennt, wie auch Blended Learning Lehrveranstaltungen (Mischung aus Präsenz- und Online-Veranstaltung [...]).

Nach eingehender methodischer Diskussion zur Individualisierungssystematik im Bereich Blended Learning, sollte vor allem der versatile Individualisierungsnutzen von Lernplattformen, in unserem Falle von einer Moodle-Plattform, taxativ dargestellt werden:

- *Blended Learning durch Lernplattformen*
  Lernphasen werden so produktiv verlängert, „Schulübungen" und Hausübungen" fließen in Form durchlaufender Lernprojekte [...] ineinander, „Rüstzeiten" entfallen (z. B. mit Webkontakt an den Abenden).

- *Lernplattformen strukturieren offene Lernprozesse*
  Lehrende befürchten in offenen Lehr-/Lernformen eine Verlangsamung von Lernprozessen, Mehrarbeit und einen ev. Kontrollverlust. Lernplattformsysteme (LMS) können hier stark unterstützend, strukturierend und dokumentierend wirken. Der sog. rote Faden wird auch in offenen Lehr-/Lernformen durch die Lernplattform gut abgebildet, man könnte das als Rückgratsfunktion (Backbone) für alle offenen Prozesse betrachten.[170]

All jene exemplarisch dargestellten Applikationsschemata bzw. Symbiosen von Lernmanagementsystem und Individualisierung heben im Zuge dieser Diskussion die starke konstruktivistisch orientierte Lehr-/Lerndesignorientierung[171] von Blended-Learning-Sequenzen hervor:

Lernplattformen unterstützen die Selbstorganisation des Lernenden sowie der Lerngemeinschaften eines Kurses, sie dokumentieren offene Lernprozesse in nachvollziehbarer Weise, fördern damit den tutoriellen Austausch zwischen den Lernenden und regen zur Reflexion und zum gegenseitigen Feedback an.[172]

6.3.2 Rollenverständnis LehrerIn/Coach in virtuellen Lernumgebungen – ein Paradigmenwechsel

Der Paradigmenwechsel im Rollenverständnis des E-Coaches in Moodle

Oftmals suggeriert die „puristische Form von eLearning"[173], dass der Lehrperson, dem vermeintlichen E-Coach bzw. TutorIn/Tutor nach wie vor die

---

170 Schrack & Nárosy in: Schrack (2009), S. 24

171 vgl. Schrack (2008). S. 7

172 Schrack (2008), S. 7

173 vgl. Wustinger in: Schrack & Nárosy, S. 38

Rolle der/s klassischen WissenvermittlerIn bzw. Expertin/des Experten zukommt. „Der/Die LehrerIn bleibt Experte/Expertin, er/sie weiß, welcher Weg
zum Ziel führt, fordert diesen Weg auch ein und hat seine/ihre Gründe dafür."[174] Dieser Ansatz scheint aus rein konstruktivistischer Sicht im Lernprozess mit Moodle redundant: Die im Kapitel 5 erwähnten konstruktivistisch-
kollaborativen Komponenten der Lernplattform (i.e. Cyberschool) verlangen
einen klaren Paradigmenwechsel, weg von der/vom klassischen input-
orientierten, mono-direktional wissensvermittelten Expertin/Experten, hin
zum Coach bzw. E-Coach oder E-Tutor/E-Tutorin, die/der vor allem supportiv bei den SchülerInnen agiert, damit sie ihre „geeigneten Lernwege finden".[175] Dem Coach kommt ein vitale, kollaborative, stark interagierende
Funktion zu. Er versucht, weg von einer mono-direktionalen Curricularisierung zu kommen, um den bidirektionalen Austausch zu forcieren. Durch
diese Re-Konzipierung der Termini bzw. Lehrmethoden im virtuellen, LMS-
spezifischen Kontext erfolgt eine positive Konnotierung des Begriffs Coach
bei den SchülerInnen, da der Coach vor allem unterstützt, mitarbeitet und
nicht nur als „wissenstechnischer Lieferant" fungiert. In der virtuellen Lernumgebung der Cyberschool erfolgt somit eine Horizontalisierung der Lern-
hierarchien, SchülerInnen und LehrerInnen arbeiten gemeinsam an einer
Sache. Als Folge können oben erwähnte Lernwege durch die SchülerInnen
neu beschritten werden.

> Dabei werden sie unterstützt – von einer Lehrperson, die sich in dieser Phase
> als Coach erlebt. Sie gibt möglichst nicht Tipps und Ratschläge, sondern fördert
> durch die entsprechende – fragende – Gesprächsführung die eigenen Überle-
> gungen der Lernenden, durch die sie zu einer ersten Entscheidung finden. Ver-
> einbart wird, was am Ende gekonnt werden soll. Wie das gelingen soll, das ist
> die Entscheidung des Schülers/der Schülerin.[176]

Durch den von Wustinger beschriebenen Prozess kann auf jeden Fall Individualisierung stattfinden. Methoden können von der SchülerInnen erprobt
werden und „[...] [sie] können aus diesen Erfahrungen heraus selbst entscheiden, wie sie sich einem bestimmten Lernziel annähern wollen."[177]

Ein essenzieller Paradigmenwechsel zur Neuorientierung der LehrerInnenrolle, zumindest in virtuellen Bereichen, bedarf einiger Überzeugungsar-

---

174 Wustinger in: Schrack & Nárosy, S. 39
175 ebd.
176 ebd.
177 ebd.

beit. Grund dafür, dass eine Einstellung wie jene des Coaches momentan noch wenig Einzug in die österreichischen Klassenzimmer bzw. Computerräume hält, ist das „geheime LehrerInnenbild":[178]

> Viele von uns bewerten ihren Unterricht wie eine Performance auf einer Bühne. „Wir waren gut!" bedeutet in ähnlichem Sinn „gut" wie ein/e SchauspielerIn, der/die mit seiner/ihrer Darbietung zufrieden ist. Für die neue Rolle des Begleitens brauchen wir neue Kriterien unserer Selbsteinschätzung. Und dabei hilft das LehrerInnenbild der Gesellschaft nicht besonders, denn auch dort wird weitgehend noch der „spannende Vortrag" als besondere Qualität gesehen (zu Recht, wenn es eine Unterrichtsform unter anderen ist).[179]

Individualisierung, vor allem im virtuellen Kontext, kann als große Chance zur Neuadjustierung gewisser, nicht mehr dem Zeitgeist des Lernens entsprechender Unterrichtskonzepte gewertet werden. Die Theorie kann empirisch genau eine Vielzahl an Vorteilen bei dieser Einstellung belegen, dennoch scheitert es bis dato an der praktischen Implementierung beim Großteil der LehrerInnen:

> Der gleiche Lehrer, der eine Lanze für individualisierten Unterricht bricht, beschwert sich als Vater darüber, dass es sich die LehrerInnen seines Sohnes „schon sehr leicht machen mit ihren Arbeitsaufträgen".[180]

Neue Ideen, Konzeptionen, wie jene der Individualisierung finden im Allgemeinen großen Anklang, wenn es darum geht, theoretische Ansätze zu evaluieren. Wenn es aber darum geht, Individualisierung im virtuellen Klassenzimmer zu leben, stellt sich der Implementierungsprozess als durchaus diffizil dar, da alte Konventionen, lang praktizierte Methoden nur schwer loszuwerden sind.[181]

6.3.3   LehrerInnen-Kollaboration innerhalb virtueller Lernumgebungen

> „Für LehrerInnen ist die online Zusammenarbeit oft kein leichtes Unterfangen, es müssen manchmal zu viele Hürden und Lernkurven überwunden werden."[182]

---

178 vgl. Wustinger in. Schrack. & Nárosy, S. 39
179 ebd.
180 ebd.
181 vgl. ebd.
182 Buchegger in: Hornung-Prähauser, S. 170

In einer virtuellen Lernumgebung wie jener von Moodle kann dennoch gezeigt werden,

> [...] wie ein virtuelles Team aus Lehrer/innen vorleben kann, dass diese Form der Vernetzungen einen Mehrwert bringt und das Team so nicht nur arbeitsfähig macht, sondern auch zur persönlichen Weiterentwicklung der einzelnen Mitglieder und deren Schützlinge beiträgt.[183]

Um generell kollaboratives Arbeiten in virtuellen Lernumgebungen, in diesem Falle in Moodle, zu forcieren bzw. positiv zu konnotieren, bedarf es sicherlich einer goutierenden Grundhaltung gegenüber webbasiertem Lernen bzw. virtueller Kommunikation. Essenziell ist dabei die Rolle jener Person, die als DesignerIn der Moodle-Plattform fungiert. Buchegger erwähnt die folgenden Moodle-integrierten Tools bzw. Lern-/Lehrmodule[184], welche für eine prozess- bzw. outputorientierte Kollaboration unter KollegInnen von Nöten sind:

> In Wikis wird gesammelt, strukturiert und gebrainstormt. In Foren wird diskutiert und es erfolgen die inhaltlichen Abstimmungen. In Glossaren werden Inhalte gesammelt und strukturiert. Bilder machen die Plattform angenehm und der regelmäßige Austausch sorgt dafür, dass nicht nur inhaltlich immer was Neues da ist ...[185]

Ferner suggeriert Buchegger, dass „[die] Plattform [...] barrierefrei gestaltet [ist] [...]"[186],

> [...] was bedeutet, dass der relevante Inhalt gleich links zu finden ist und alles Administrative in den rechten Teil des Bildschirms untergebracht ist. Die Diskussionen werden sofort per eMail verschickt, das Hauptkommunikationsinstrument ist ein Nachrichtenforum. So wird gewährleistet, dass alle schnell mit der nötigen Information versorgt werden.[187]

All jene kollaborativen Tools sind als essenzieller Bestandteil der Moodle-Plattform anzusehen und tragen zur kohärent-stringenten Kommunikation bzw. Kollaboration beim Kollegium bei. Die Moodle-Plattform besteht somit als „Kernstück der Zusammenarbeit"[188].

Um die Moodle-Plattform als zentrales Kollaborationstool innerhalb des Lehrkörpers zu verwenden, sollte – in der Regel von der/vom Plattformde-

---

183 Buchegger in: Hornung-Prähauser, S. 170
184 vgl. Kapitel 7.1
185 Buchegger in: Hornung-Prähauser, S. 170
186 ebd.
187 ebd.
188 ebd., S. 171

signerIn – ein gemeinsamer Zweck bzw. eine Grundintention zur Verwendung der Plattform deklariert werden. Um die effiziente Kollaborationsper-
formanz der einzelnen KollegInnen nachvollziehbarer zu illustrieren, gehen
wir von einem konkreten, im Schulalltag bereits erprobten Szenario aus.

7 Moodle[189] im Fremdsprachenunterricht (Italienisch) — praktische Überlegungen[190]

7.1 Funktionale Moodle-integrierte Lehr-/Lernmodule

In folgendem Kapitel wird eine bestimmte Auswahl von ausschließlich Moodle-integrierten Lehr-/Lernmodulen gezeigt und in einem didaktisch-methodischen Kontext diskutiert, aber auch kritisch reflektiert. Ziel dieses essenziellen Abschnittes der vorliegenden Arbeit ist es, die jeweiligen Module kurz mit ihren Features vorzustellen, mehr jedoch die praktische, i.e. im schulspezifischen Kontext gegebene (in unserem Beispiel Italienischunterricht 5.–8. Klassen Oberstufe) Anwendbarkeit bzw. usability/Funktionalität auf ihren didaktischen Mehrwert zu untersuchen und im wissenschaftlichen Diskurs zu behandeln. An dieser Stelle scheint es von großer Relevanz zu sein zu unterstreichen, dass sich die Anwendung exemplarisch auf den Italienischunterricht bezieht, jedoch eine inhaltlich-didaktische Synchronisierung der Ausführung aufgrund der didaktischen Homogenität der verschiedenen Übungen/Module mit anderen Fächern im Fremdsprachenunterricht erfolgen kann. Die Auswahl der Module hat keinen Anspruch auf Vollständigkeit, sondern analysiert die in der Cyberschool am öftesten verwendeten Tools.

Aus funktionaler Sicht lassen sich die Einsatzmöglichkeiten der integrierten Moodle-Module folgendermaßen kategorisieren[191]:

- Informationsvermittlung
- Kommunikation
- Kooperation und Kollaboration
- Prüfung
- Selbstreflexion

---

189 Die Moodle-Plattform der AHS Heustadelgasse heißt *Cyberschool*; erreichbar unter: http://cyberschool.heustadelgasse.at.

190 Alle dargestellten Beispiele (i.e. Screenshots) aus der Cyberschool sind mittels schriftlicher Einverständniserklärung der TeilnehmerInnen zur Veröffentlichung legitimiert.

191 vgl. Höbarth, S. 64

- Aufsicht und Evaluierung

- Feedback

Die nachfolgende Tabelle[192] soll anfänglich einen kurzen Überblick über die pädagogischen Funktionen der Lernaktivitäten innerhalb der Moodle-integrierten Lernmodule geben, auf welche dann im didaktisch-methodischen Diskurs näher eingegangen wird.

Tabelle 2: Pädagogische Funktionen der Lernaktivitäten im Überblick

Lern-Aktivität	Informa-tion	Kommu-nikation	Koopera-tion / Kol-laboration	Prüfung	Selbst-refle-xion	Aufsicht und Evalu-ierung	Feed-back
Abstimmung	X		X			X	X
Aufgabe				X			X
Befragung					X	X	X
Chat		X	X				X
Forum	X	X	X				X
Glossar	X	X			X		X
Test				X			X
Wiki	X	X	X		X		X
Journal	X	X	X		X		X

7.1.1 Aufgabe

Features

Die Aktivität Aufgabe ermöglicht es dem Trainer, Arbeiten von den Teilnehmern einzusammeln, zu bewerten und Feedback zu geben.

Die Teilnehmer können ihre Arbeiten in elektronischer Form einreichen (beliebige Arten von Dateien: Word-Dokumente, Excel-Sheets, Bilder, Audio- oder Videodateien u.a.). Als Alternative zum Einreichen von Dateien kann der Trainer seine Teilnehmer auch bitten, ihre Ausarbeitungen direkt in Moodle einzugeben (Online-Texteingabe). Darüber hinaus gibt es auch eine Offline-Aktivität, bei der die Teilnehmer ihre schriftliche Ausarbeitung direkt beim Trainer abgeben (klassische Hausarbeit). Der Vorteil, diese Aufgabe dennoch als Aktivität in Moodle einzustellen, besteht darin, dass die Bewertung der Aufgabe in Moodle vorgenommen werden kann. Somit können alle Bewertun-

---

192 vgl. Hilgenstock, S. 38 in: Höbarth, S. 63

gen im Kurs zentral und elektronisch verwaltet werden, unabhängig davon, ob es sich um Online- oder Offline-Aktivitäten handelt.[193]

- Aufgaben können mit einem Abgabedatum und einer maximalen Punktzahl definiert werden.

- In Abhängigkeit vom Aufgabentyp können Teilnehmer/innen ihre Arbeiten in einem beliebigen Dateiformat hochladen (eine oder mehrere Dateien) oder als Text direkt in Moodle eingeben.

- Spätere Abgaben sind möglich. Trainer/innen werden über die Verspätung informiert.

- Für jede einzelne Aufgabe (auch für Gruppenarbeiten) erfolgt die Bewertung auf einer Übersichtsseite durch die Trainer/innen (Bewertung und Kommentar).[194]

- Das Feedback der Trainer/innen wird den Teilnehmer/innen angezeigt und eine Benachrichtigung per E-Mail versendet.

- Trainer/innen können wiederholtes Einreichen erlauben.[195]

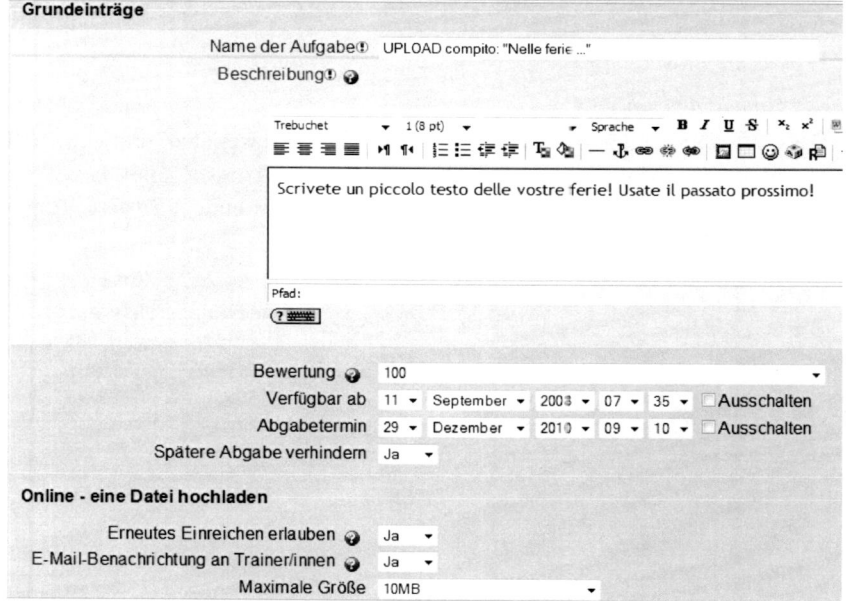

Abbildung 8: Grundeinstellungen Aufgabenmodul

---

193 http://docs.Moodle.org/de/Aufgabe, letzter Zugriff: 12. Juli 2010

194 vgl. Abbildung 9

195 http://docs.Moodle.org/de/Funktionalit%C3%A4t#Lernaktivit.C3.A4t_Aufgabe, letzter Zugriff 12. Juli 2010

Abbildung 9:
Oberfläche für die Bewertung der Arbeiten bei einem Aufgabenmodul

Praktische Anwendung

- *Hausübungsupload*

Das Aufgabenmodul bei Moodle ist sehr leicht anwendbar und innerhalb kürzester Zeit eingerichtet. Im folgenden Anwendungsbeispiel lautet der Auftrag für eine 6. Klasse[196] Italienisch eine Hausübung mit dem Thema „Nelle ferie" (dt. in den Ferien) zu verfassen.

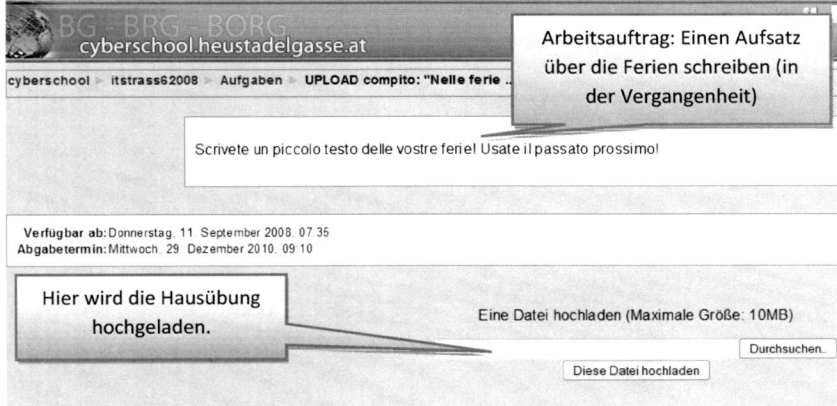

Abbildung 10: Hochladen einer Aufgabe bzw. Hausübung.

196 Schulform AHS: Gymnasium, Realgymnasium und Oberstufenrealgymnasium

Die SchülerInnen haben somit die Möglichkeit ihre Hausübung über Fe-
rienerlebnisse innerhalb eines gewissen, mit Moodle vorgegebenen Zeitraums, elektronisch (z. B. mit Word) zu verfassen und dann auf die Moodle
Plattform hochzuladen.[197]

Didaktischer Mehrwert

Grundsätzlich bietet das Aufgabenmodul keine drastische Modifikation der
Vorgehensmuster bei der Erstellung von Hausübungen bzw. Aufgaben, da
sowohl bei der Abgabe von Hausübungsheften und Worddateien gewisse
Fristen von SchülerInnenseite eingehalten werden müssen. Dennoch stellt
das Aufgabenmodul vor allem für SchülerInnen mit kreativem Gestaltungspotenzial im IT-Sektor eine interessante Alternative dar. Diverse Aufsätze
können durch das Einfügen von Grafiken, Formatieren von Absätzen, Setzen
von unterschiedlichen Designs (Zeitungslayout) visuell kontextualisiert bzw.
dargestellt werden. Freilich wird das gestalterische Können nicht über mögliche sprachliche Insuffizienzen hinweg täuschen können, aber allein der
Ansatz, dass durch das graphische Gestaltungspotenzial von diversen Text-
verarbeitungsprogrammen die Motivation die Hausübung generell zu verfassen bzw. rechtzeitig abzugeben, gesteigert werden kann, darf nicht unterschätzt werden. Letztendlich ist fehlende Motivation, einer der primären
Gründe, Hausübungen nicht zu machen. Das Aufgabenmodul setzt ein modernes didaktisches Zeichen und ist vor allem bei Kindern und Jugendlichen
als zeitgemäße Methode anzusehen.
    Aus rein administrativ-bewertender Sicht könnte sich das Aufgabenmodul
als durchaus effizient herausstellen, da der Computer bzw. im weitesten Sinne die Lernplattform keine Hausübungen mehr akzeptiert, welche eine Minu-
te nach der ursprünglich gesetzten *deadline* hochzuladen versucht werden. Im
Idealfall sieht die/der SchülerIn ein, dass es keine Verhandlungsbasis mit
dem Computer gibt und lernt somit konsekutiv, dass beim nächsten Mal gewisse Fristen eingehalten werden müssen. In der Praxis stellte sich die rigide
Fristensetzung von Moodle als sehr bestimmtes bzw. kontinuierliches Hilfsmittel zur Neuadjustierung der Auffassung der SchülerInnen bezüglich ver-
antwortungsvollen Abgebens von verlangten Arbeiten heraus.

---

197 vgl. Abbildung 10

Didaktische Kritikpunkte

Ein evidenter, wahrscheinlich nicht zu unterschätzender Nachteil dieses Features ist sicherlich die Problematik der „Online-Korrektur", d. h. das Verbessern oben genannter Texte am Bildschirm, was ohne Zweifel einen höheren Zeitaufwand als die konventionelle Blattkorrektur bedeutet. Selbstverständlich ist es mit dem Aufgabentool möglich, die von den SchülerInnen *upgeloadeten* Texte auszudrucken und dann zu korrigieren. Dieses Prozedere stellt aber auch einen nicht unerheblichen Zeitaufwand dar.

Resümee

Die Aufgabenfunktion kann als einfaches Tool zur Sammlung bzw. Rückverfolgung von Hausübungen, Referaten, etc., welche von SchülerInnen produziert worden sind, herangezogen werden. Ein großer Vorteil bei diesem Modul besteht sicherlich darin, dass sämtliche Dateitypen auf die Lernplattform hochgeladen werden können. Somit kann die aktive Partizipation unterschiedlicher UserInnen mit diversen Betriebs- bzw. Office-Systemen (Microsoft, Apple, OpenOffice etc.) beim Aufgabenupload gewährleistet werden. Dem gegenüber steht, wie schon oben erwähnt, ein relativ intensives zeitliches Prozedere der Onlinekorrektur, das sicherlich ein evidentes Hemmnis für den Gebrauch sein könnte. Ein weiterer, relativ profan wirkender, aber den heutigen Umweltschutzmaßnahmen korrespondierender Grund für die Verwendung dieses Tools ist jener der Vermeidung „unnötiger Papierstapel"[198].

7.1.2   Chat

Features

In der Aktivität Chat können alle Kursteilnehmer in Echtzeit online in Moodle miteinander diskutieren, Meinungen und unterschiedliche Perspektiven austauschen. Der Austausch findet hier im Gegensatz zu den Foren gleichzeitig, d. h. synchron statt. Das Chat-Modul enthält eine Anzahl von Funktionen, um die Diskussionen zu verwalten und nachzubereiten.[199]

Chats ermöglicht den einfachen synchronen Austausch von Textinformationen. URLs, Smilies, HTML-Text und Bilder werden unterstützt.[200] Chatsitzungen werden protokolliert und können später wieder eingesehen werden.[201]

---

198 Cole, S. 130
199 http://docs.Moodle.org/de/Chat, letzter Zugriff: 12. Juli 2010
200 vgl. Abbildung 11

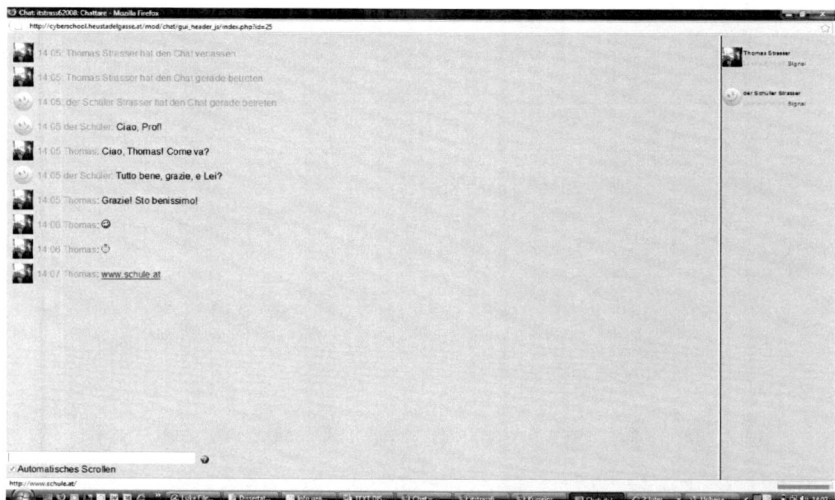

Abbildung 11: Chatroom

Praktische Anwendung

- *Online-Sprechstunde*

Eine der evidentesten Anwendungsmöglichkeiten dieses Moodle-Tools stellt
sicherlich die sogenannte „Online-Sprechstunde"[202] dar. Sie kann im Schulalltag als ein sehr effektives und innovatives Feature angewandt werden.
Ein/e LehrerIn kann sich beim Einsatz unserer Lernplattform dafür entscheiden, virtuelle Sprechstunden zu einem regelmäßigen bzw. unregelmäßigen
Zeitpunkt den SchülerInnen anzubieten, um diverse curriculare aber auch
extra-curriculare, administrative (als Klassenvorständin/Klassenvorstand)
Fragestellungen im bidirektionalen Diskursverfahren zu diskutieren bzw.
behandeln. Ein unter den SchülerInnen sehr beliebtes und effektives Szenario
ist jenes des „Schularbeitsvorbereitungschats". Hierbei bietet die Online-
Tutorin/der Online-Tutor an, kurz vor einer Schularbeit bzw. einem Test die
letzten, im praktisch titulierten Diskurs genannten „brennenden Fragen" zu
beantworten.[203]

---

201 http://docs.Moodle.org/de/Funktionalit%C3%A4t#Lernaktivit.C3.A4t_Aufgabe,
    letzter Zugriff: 12. Juli 2010
202 Cole, S. 88
203 vgl. Abbildung 12

19:34 der Schüler: **Buona sera prof!**

19:35 Thomas: **Ciao, Thomas, come va?**

19:35 der Schüler: **Tutto bene, grazie e Lei?**

19:35 Thomas: **Bene! Dimmi ...**

19:35 der Schüler: **Ho una domanda per il secondo compito in classe!**

19:35 Thomas: **Sì, dimmi...**

19:35 der Schüler: **Allora, devo imparare i verbi regolari?**

Abbildung 12: Online-Sprechstunde

- *Der Chat als Quiz*

Um eine gewisse Dynamik im Kontext von Kommunikation, Zusammenarbeit und Überprüfung im Fremdsprachenunterricht, vor allem bei so genannten „Lücken- bzw. Leerminuten" (i.e. übergebliebenes Zeitbudget am Ende
der Stunde) zu initiieren, bietet sich der Chat als Quizplattform in der Praxis
sehr gut an. In der jeweiligen Zielsprache kann die Lehrerin/der Lehrer auf
synchronem Niveau unterschiedliche Fragestellungen aufgeben, die diverse
curriculare, pragmatische, inhaltliche und lexikalische Fähigkeiten der SchülerInnen evaluieren können. Die Online-Tutorin/der Online-Tutor formuliert
eine Frage, die die TeilnehmerInnen erst beim Absenden bzw. Freigeben in
den Chat sehen und in weiterer Folge beantworten können. Entweder in Einzelarbeit oder – im infrastrukturell weit realistischeren Falle – in Partner-
bzw. Gruppenarbeit, können die SchülerInnen die Frage beantworten und
absenden. Die Online-Tutorin/der Online-Tutor sieht sofort, welche Person/
Gruppe zuerst die richtige Frage abgeschickt hat.[204]

---

204 vgl. Abbildung 13

14:57: Thomas Strasser è entrato nella chat

14:58 Thomas: ciao a tutti!

14:58 der Schüler: ciao prof!

14:58 Thomas: facciamo un piccolo quiz?

14:58 der Schüler: sì, volentieri!

14:58 Thomas: allora, la prima domanda ...

14:59 Thomas: la capitale d'Italia è ....?

14:59 der Schüler: Roma!

14:59 Thomas: bravo! questa è la risposta giusta!

Abbildung 13: Quiz

- *Chatdiskussion*

Eine weitere, im Fremdsprachenunterricht sehr relevante und im Vergleich zum Regelunterricht unkonventionelle Anwendungsmöglichkeit des Chats ist die Chatdiskussion. Ganz im Sinne stringenten Blended Learnings[205] sollten unterschiedlichste kommunikative, dem Lehrplan angepasste Diskussionsse-quenzen auch in den virtuellen Raum verlegt werden. Vor allem im Fremd-sprachenunterricht bzw. hier im konkreten Fall im Italienischunterricht bieten sich – je nach Lernjahr – unterschiedliche, dem Lehrplan angepasste Diskus-sionssituationen an. In unserem konkreten Beispiel verwendet der Lehrer den Chat, um mit einer 6. Klasse Realgymnasium das Thema „Principe/principes-sa azzurro/azzurra" (dt. Märchenprinz/Traumfrau) zu behandeln. Wieder ent-weder in Einzelarbeit oder in Partner- bzw. Gruppenarbeit können die SchülerInnen verschiedene, curricular-adäquate Kommentare bzw. Assozia-

---

205 vgl. Kapitel 6.2

tionen zum Thema formulieren. Es werden somit – ganz im Sinne des kollaborativen Lernens – Inhalte gemeinsam wiederholt bzw. neu erarbeitet.
Durch die Chatprotokoll-Funktion bei Moodle haben die SchülerInnen die
Möglichkeit, den Chat so oft wie möglich anzuschauen bzw. auszudrucken,
um somit in weiterer Folge eine durchaus solide Lernunterlage (sofern die
Lehrerin/der Lehrer mögliche Fehlerquellen innerhalb des Chats reflektiert)
kreiert zu haben.[206]

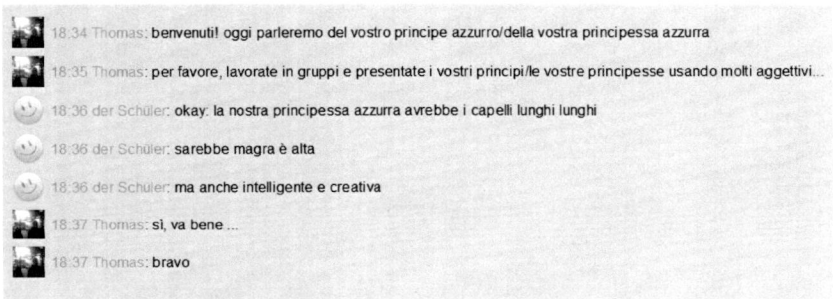

Abbildung 14: Chatdiskussion

Didaktischer Mehrwert

Ein konsekutiver Mehrwert dieses virtuellen Diskurses, z. B. beim Schular-
beitschat oder der Online-Sprechstunde besteht darin, dass hier nicht nur
ausschließlich die Lehrerin/der Lehrer auf monodirektional-synchrone Art
und Weise diverse curricular relevante Fragen beantwortet, sondern im Kurs-
verband auch SchülerInnen auf synchroner, wechselseitiger Ebene, i.e. gemeinsam, Lösungsstrategien entwickeln und das auch außerhalb der regulären Unterrichtszeiten. Dieser dynamische, stark interaktive Prozess unterstreicht erneut die evidente konstruktivistische Komponente der Lernplattform. Wenn dann unterschiedliche Fragen in der Zielsprache artikuliert
werden, gewinnt dieser Übungsmodus aus fachdidaktischer Sicht an enormen
remedialen, die Sprachkompetenz steigernden Wert.

Beim Übungsszenario Quiz ist sicherlich der Faktor Spaß beim Lernen
am evidentesten. Dennoch hat die Spaßkomponente einen durchaus soliden,
didaktisch-versatilen Background anzubieten. Durch die Quizfunktion wird
curricular-adäquates, wiederholendes, lernzielorientiertes Wissen im zeitgemäßen, einer gewissen Jugendkultur entsprechenden Kontext abgefragt.

---

206 vgl. Abbildung 14

Bei der Verwendung bzw. konzeptuellen Adaptierung/Modifikation des Chats für die Diskussion sollte vor allem die inhaltlich-sprachliche Komponente vorrangig sein. In unserem konkreten Beispiel der „principessa azzurra" ist eindeutig der curricular-sprachliche Übungsmodus erkennbar. Neben dem lexikalischen Input von unterschiedlichen deskriptiven Adjektiva wird versucht, die grammatikalischen Formen des *condizionale semplice* (i.e. einfacher Konditional) im themenspezifischen Kontext zu üben bzw. festigen. Die stark remediale Funktion der Chatdiskussion ist hiermit eindeutig gegeben.[207] Um eine gewisse diskursiv-interaktive Dynamik, die Fehler rückmelden kann, im Chat zu garantieren, hat die Online-Tutorin/der Online-Tutor ständig im synchronen Modus die Möglichkeit die sprachlichen Inputs der SchülerInnen zu reflektieren bzw. rückzumelden. In der Abbildung 14 ist deutlich zu sehen, dass sprachliche Korrekturen bis dato nicht von Nöten sind, aber durchaus ein supportives, positiv konnotiertes Feedback angewandt wird (z. B. *sì, va bene; bravo*). Wie bereits oben konstatiert, erscheint die kollaborative Komponente der Chatdiskussion als durchaus evident, da gemeinsam gewisse curriculare Vorgaben geübt bzw. erweitert werden, indem LehrerInnen, z. B. sprachlich adaptieren oder SchülerInnen im Verband Lösungsstrategien erarbeiten können (z. B. gemeinsame Kreation der Märchenprinzessin). Es sollte somit darauf Wert gelegt werden, dass die Lehrerin/der Lehrer nicht versucht kontinuierlich zu korrigieren, sondern die SchülerInnen durch dezente Hilfestellungen bzw. supportives Feedback dahingehend anregt, unterschiedliche sprachlich-thematische Adaptionen bzw. Modifikationen in Richtung korrekte Erfüllung der Aufgaben vorzunehmen. Dadurch kann ein fast automatisierter Shift der LehrerInnenrolle hin zur Online-Tutorin/zum Online-Tutor bzw. E-Coach gehen. Diese Rollentransformation würde ganz dem Moodle-Ideal eines kollaborativ-supportiven Coaches anstelle einer fehlersuchenden Lehrperson entsprechen. Durch das neue Rollenbild im virtuellen Klassenzimmer könnte auch der vor allem im Fremdsprachenunterricht sehr negativ konnotierte Begriff der „Sprachhemmungen" durch bidirektionale, supportive Interaktion aufgehoben werden.

Didaktische Kritikpunkte

Ein durchaus relevanter Faktor für eine mögliche Negation des Einsatzes des Chats ist jener der Zeit. Eine Online-Sprechstunde bzw. eine Chatdiskussion bietet sich vor allem im dislozierten Kontext, i.e. außerhalb des Schulgebäu-

---

207 vgl. Abbildung 14

des bzw. Präsenzunterrichts, an. Aktives Engagement außerhalb der „regulären" Arbeitszeiten stehen generell an der Tagesordnung einer Lehrkraft, stellen aber trotzdem eine quantitative und qualitative Belastung dar. SchülerInnen z. B. auch von zu Hause aus vom eigenen Computer zu betreuen, könnte unter Umständen für viele LehrerInnen abschreckend wirken, sodass einer kontinuierlichen und konsequenten Verwendung des Chats einiges im Weg stehen könnte. Kollaborative, lernertragsfördernde, aber auch lehrstoffwiederholende Chats brauchen zeitliches und vor allem ideelles Engagement, was in Anbetracht der multiplen Aufgabenbelastung einer Lehrkraft nicht immer vorausgesetzt werden kann.

Um auf effiziente Art und Weise[208] mit einem Chat zu arbeiten, bedarf es distinktiver Expertisen, wie zum Beispiel einschlägiger Fortbildung im Bereich „E-Tutoring oder Chat-Hosting". Chats zu moderieren verlangt von den Lehrkräften schnelles, stringentes und pragmatisches Handeln und Reagieren auf einem synchronen Niveau. Somit ist ein gewisser Grad an Routine und ExpertInnenwissen gefragt, um zum Beispiel einen Chat mit ca. 20 TeilnehmerInnen zu leiten und zu moderieren. Die Chatfunktion kann so gesehen nicht ad hoc im Unterricht seriös eingesetzt werden, da sie eine fundierte Fortbildung suggeriert, was in Anbetracht der knappen zeitlichen Ressourcen diverser Lehrkräfte nicht gerade für den Einsatz dieses Moduls förderlich ist. Darüber hinaus kann Apel einen weiteren Nachteil festhalten:

> Als nachteilig erweist sich in der Praxis virtueller Lehrangebote, dass Lernende die virtuelle Form häufig deshalb wählen, weil sie Schwierigkeiten mit der Einhaltung fester Termine haben. Legt man einen Chat-Termin fest, dann ist in aller Regel nur eine Minderheit der Teilnehmenden zu diesem Zeitpunkt online. Ob man zur Kommunikation per Internet erst den Rechner starten, das Modem einschalten, den Provider anwählen, im Browser eine Adresse eingeben und Username und Passwort eintragen muss oder ob der auf dem Schreibtisch stehende, mit dem Internet vernetzte Rechner ohne eigenes Zutun plötzlich leise piepst und ein Brief-Icon die Ankunft einer Mail signalisiert – dies ist nicht nur eine technische Vereinfachungsfrage, sondern wirkt sich prägend auf das Kommunikationsverhalten im Netz aus. Erst wenn Technologie in die gewöhnlichen Arbeitsgänge technisch und inhaltlich harmonisch eingebunden ist, wird ihre Nutzung nicht mehr als Zumutung oder als Sonderakt empfunden.[209]

---

208 vgl. didaktischer Mehrwert, S. 82f.
209 vgl. Apel, S. 114 ff.

Resümee

Chats bieten grundsätzlich die Möglichkeit – unter gewissen Voraussetzungen – auf relativ unkomplizierte Art und Weise lehrplangemäße, lexikalisch anspruchsvolle Konversationen auf simultanem Niveau (i.e. in Echtzeit) durchzuführen. Im 21. Jahrhundert sind eindeutige Massentrends erkennbar, bei denen Jugendliche verstärkt virtuell kommunizieren, sodass der Moodle-Chat gewissermaßen den diskursiven Zeitgeist eben genannter Zielgruppe trifft. Ein gezieltes, curricular-durchdachtes Einsetzen dieses Mediums im Fremdsprachenunterricht kann sicherlich zu einem gewissen Grad an Motivation unter den SchülerInnen sorgen, sodass gewisse Lerninhalte mit mehr Spaß erarbeitet werden können. Chats ermöglichen simultane, lehrplangemäße Kommunikation mit den LehrerInnen und SchulkollegInnen außerhalb des Klassenzimmers auf ungebundene, relativ unkomplizierte Art und Weise. Die Fähigkeit des Schreibens in der jeweiligen Fremdsprache wird forciert und gefördert, ohne dabei sofort Fehler zu unterstreichen, sondern um konstruktivistisch-kollaborativ auf diskursiv-lexikalische Stärken gemeinsam einzugehen. Als finales Produkt können gemeinsam erarbeitete Inhalte mit der Chatprotokoll-Funktion als Lernunterlage verwendet werden.

7.1.3 Forum

Features

Die Aktivität Forum kann einen entscheidenden Beitrag zur erfolgreichen Kommunikation und Bildung einer Lerngemeinschaft in einer Online-Lernumgebung leisten. Sie können Foren auf vielfältigste Weise in einem Lernkontext einsetzen. Die beiden häufigsten Einsatzmöglichkeiten sind jedoch zweifelsohne Lehr-Foren, die vom Trainer moderiert werden und das Online-Pendant zum „klassischen Unterrichtsgespräch" darstellen und Lern-Foren, die den Lernenden zum freien Austausch untereinander dienen.[210]

- Ein Forum ermöglicht den asynchronen Austausch der Kursteilnehmer/innen untereinander.[211]
- Verschiedene Forumstypen können ausgewählt werden (z. B. Standardforum, Nachrichtenforum, Frage-Antwort-Forum). Der Forumstyp legt fest, wer neue Diskussionen starten kann und wer antworten darf.

---

210 http://docs.moodle.org/de/Forum, letzter Zugriff 15.3.2011
211 http://docs.Moodle.org/de/Forum, letzter Zugriff: 16. August 2010

- Alle Beiträge zeigen das hinterlegte Bild des Autors mit an.[212]
- Diskussionen können in verschiedenen Ansichten gezeigt werden.
- Die Anmeldung zu einem Forum kann jede/r selbst vornehmen. Einstellungen können individuell vorgenommen werden, wie z. B. eine E-Mail-Benachrichtigung über neue Beiträge. Trainer/innen können die automatische Eintragung aller Teilnehmer/innen vornehmen.
- Trainer/innen können Beiträge zwischen Foren verschieben.
- Beigefügte Bilder werden in den Beitrag integriert.
- Die Bewertung von Forumsbeiträgen ist möglich und kann auf einen bestimmten Zeitraum beschränkt werden.
- Foren unterstützen die Gruppenfunktion.
- Trainer/innen können festlegen, dass ein Forum geschlossen wird und keine neuen Einträge mehr möglich sind.[213]

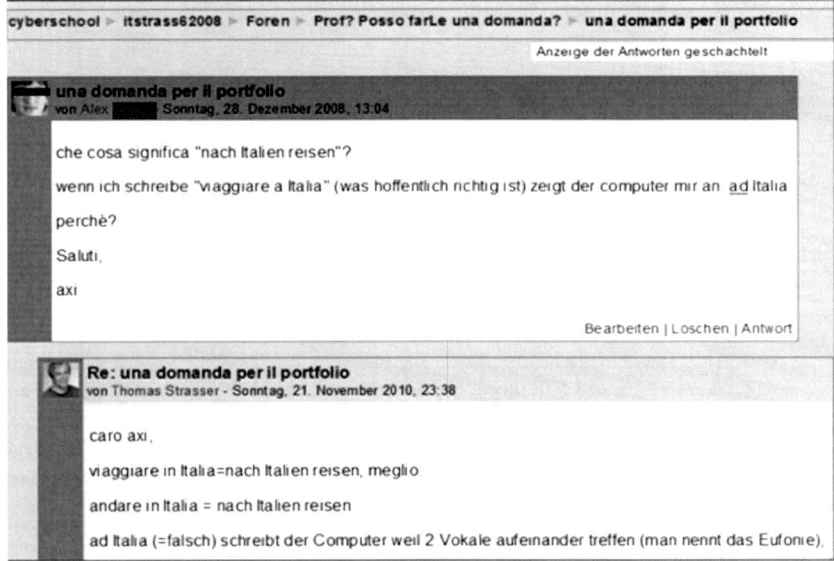

Abbildung 15: Forumseintrag

Höbarth[214] zitiert Apel & Kraft und hält Folgendes über das Forum fest:

---

212 vgl. Abbildung 15

213 http://docs.Moodle.org/de/Funktionalit%C3%A4t#Lernaktivit.C3.A4t_Aufgabe,
   letzter Zugriff: 16. August 2010

214 Apel & Kraft, S. 102 ff. in: Höbarth, S. 76 ff.

[das Forum ist] ein Instrument für interaktive Schreibakte, das verschiedene Funktionen erfüllen kann. [Es] unterscheide[t] folgende Ausprägungen der jeweils spezifischen Kommunikationsanforderungen an die Teilnehmer und an die Moderatoren mit variierendem Grad der Selbststeuerung:

- *Das Forum als kollektive Gedankenschmiede:* Hier werden Beiträge und Argumente gesammelt, die die Teilnehmer in unterschiedlichen Zeitintervallen eintragen können.

- *Das Forum als Rollenspiel:* Aus Gründen des Methodenwechsels oder aber auch als Möglichkeit einer Lernkontrolle kann das Forum als Rollenspiel organisiert werden. Eine Person kann vordefinierte Funktionen und Einstellungen übernehmen.

- *Das Forum als Diskussionsersatz:* Alternativ zum Chat kann das Forum zur Meinungsbildung verwendet werden. „Dialogisch agieren und reagieren" an Stelle von „Argumente sammeln" ist in dieser Form das Prinzip.

- *Das Forum als Statementsammlung („Brainstorming/Brainwriting"):* Soll in einer Lernphase einfach nur gesammelt werden (z. B. Links oder Literaturangaben) kann dies in einem Forum praktiziert werden. *Moodle* stellt alternativ dazu die integrierte Social Software „Wiki" zur Verfügung, die sich gerade für das Sammeln von Informationsquellen bzw. für die kollektive Gestaltung eines Merkstoffes eignet [...].

Praktische Anwendung

- *Prof.? Posso farLe una domanda?*

Bezug nehmend auf die praktische Applikabilität dieses Moodle-Moduls ist die Verwendung des „Prof.? Posso farLe una domanda?"-Forums (dt. „Herr Professor, kann ich Ihnen eine Frage stellen?") in der Cyberschool vor allem im Hinblick auf die Frequenz eine der häufigsten. Bei dieser Forumssektion haben die TeilnehmerInnen die Möglichkeit, unterrichtsspezifische Fragen an die Lehrkraft zu stellen. In jenem konkreten Beispiel zu „Abbildung 16: Prof.? Posso farLe una domanda?", ist eine sehr oft vorkommende Situation ersichtlich: Der Schüler ist sich bei einem bestimmten, sich auf den Lehrplan beziehenden Vokabular nicht sicher und erhofft sich durch seinen Eintrag eine Antwort vom Lehrer. In diesem konkreten Fall antwortet die Lehrperson ca. zwei Stunden später und entspricht somit der supportiven Vorgehensweise des Forums.

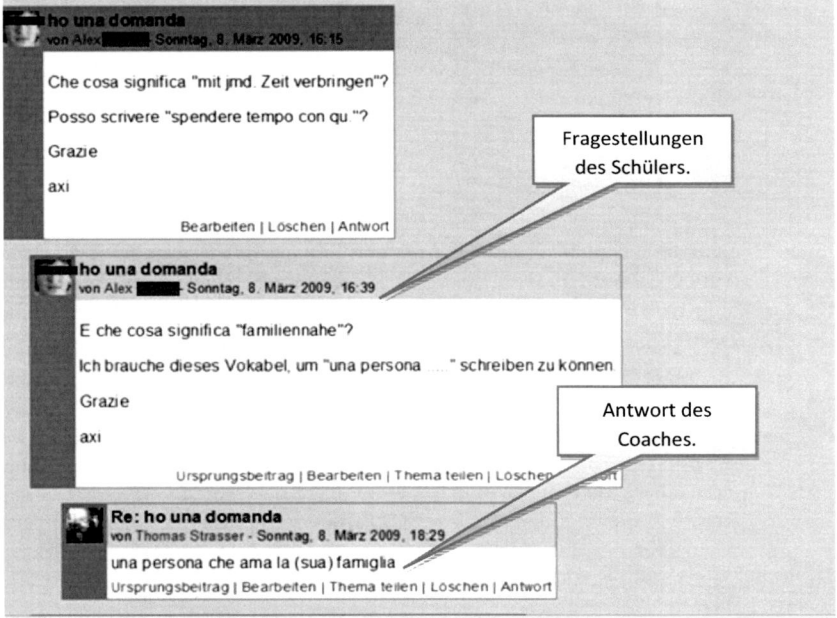

Abbildung 16: Prof.? Posso farLe una domanda?

- *Le news*

Eine weitere, womöglich profanere, aber aus administrativer Sicht effiziente Anwendungsmöglichkeit des Forums im Unterricht ist jene der allgemeinen Ankündigungen, in diesem konkreten Fall „le news" (dt. die Neuigkeiten) genannt. Hier hat die Lehrkraft die Möglichkeit, quasi in Echtzeit unterschiedliche Informationen auf die Plattform hoch zu laden, um somit die TeilnehmerInnen über unterrichtspezifische bzw. allgemein-organisatorische Angelegenheiten zu instruieren. In der praktischen Anwendung gäbe es folgende Publikationsmöglichkeiten:

- Ankündigung von Terminen (Schularbeiten, Lernzielkontrollen, etc.)
- Ankündigung von Schularbeits- bzw. Wiederholungsstoffen
- Ankündigung von Terminen bzw. Entfällen von Unterrichtseinheiten
- Ankündigung von organisatorischen Maßnahmen (Mitbringen von Kreativmaterialien, wie z. B. Flipchartstifte, Scheren, etc. oder Treffpunkten bei Lehrveranstaltungen)

In jenem konkreten Praxisbeispiel von Abbildung 17 verlautbart der Lehrer die Struktur des Schularbeitsstoffes. Falls die SchülerInnen die Möglichkeit aus unterschiedliche Gründen nicht wahrgenommen haben, der LehrerIn/dem Lehrer spezifische Fragen zum Schularbeitsstoff zu stellen, so haben sie innerhalb des virtuellen Raums im Kontext des Forums immer die Möglichkeit, dies mittels lehrstoffadäquaten *posts* zu tun.

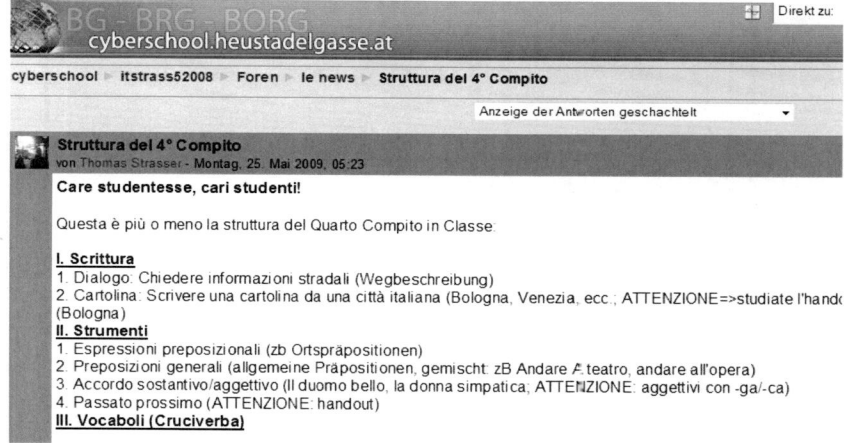

Abbildung 17: Verlautbarung des Schularbeitsstoffes

- *Diario elettronico – das elektronische Tagebuch*

Der Einsatz des „diario elettronico", zu Deutsch des elektronischen Tagebuchs im Kontext des Forums empfiehlt sich vor allem aus sprachpädagogisch-kreativer bzw. sprachlicher Sicht. Im Rahmen eines landeskundlichen Projektes durften die SchülerInnen bei einer Exkursion nach „tracce italiane a Vienna" (italienische Spuren in Wien) suchen und im Vorhinein unterschiedliche Präsentationen zu Gebäuden, KünstlerInnen, etc. in Wien vorbereiten. Nach diesem Lehrausgang gab es den expliziten Arbeitsauftrag, sämtliche Impressionen und sich angeeignetes landeskundliches Wissen in Kombination mit weitestgehender, dem individuellen Sprachniveau angepasster sprachlicher Akkuranz in Form eines elektronischen Tagebuches als Forumseintrag Revue passieren zu lassen bzw. zu präsentieren. Dieser Arbeitsauftrag konnte in Paar- bzw. Gruppenarbeit vollzogen werden, sodass erneut die kollaborativ-kreative Seite des Forums zur Geltung kommen könnte.

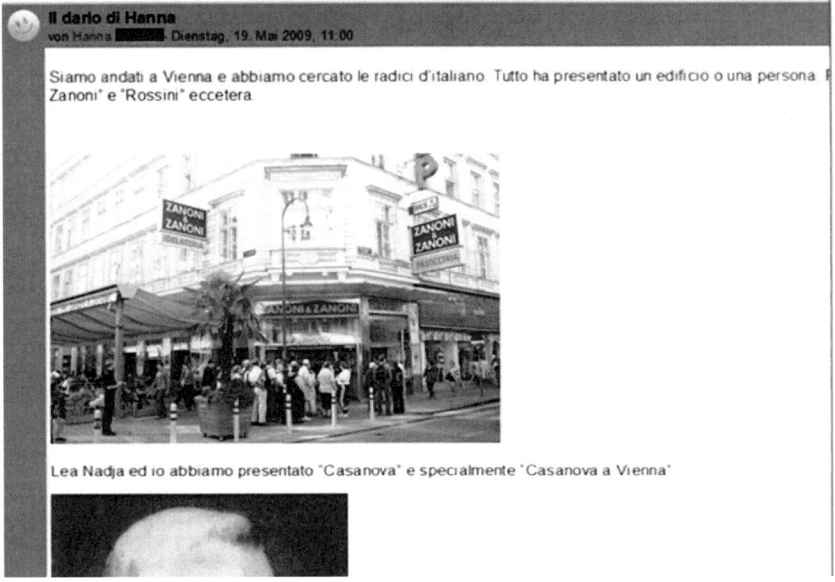

Abbildung 18: Elektronisches Tagebuch

- *Das Forum als Quiz*

Die große kreative, fremdsprachendidaktische Versatilität des Forums spiegelt sich in einem die Grundintention etwas modifizierten Anwendungsbeispiel wider. Das Forum an sich kann eben nicht nur zur reinen asynchronen Kommunikation im klassischen Sinne verwendet werden, sondern auch als simples Quiz *designt* werden. In jenem unten abgebildeten Beispiel stellt der E-Tutor eine fachspezifische Frage, um curriculares bzw. kognitives Wissen abzufragen. Die SchülerInnen haben in einem von der Lehrperson vorgegebenen Zeitrahmen die Möglichkeit, die Antwort zu liefern. In unserem Cyberschool-Beispiel kann der Moderator sehr einfach feststellen, welche/r TeilnehmerIn zuerst die richtige Antwort gegeben hat und kann bzw. soll mit supportivem Feedback belohnen. Falsche Antworten können durch impulsgebendes Feedback kommentiert werden, sodass die SchülerInnen an der richtigen Antwort weiterarbeiten können.

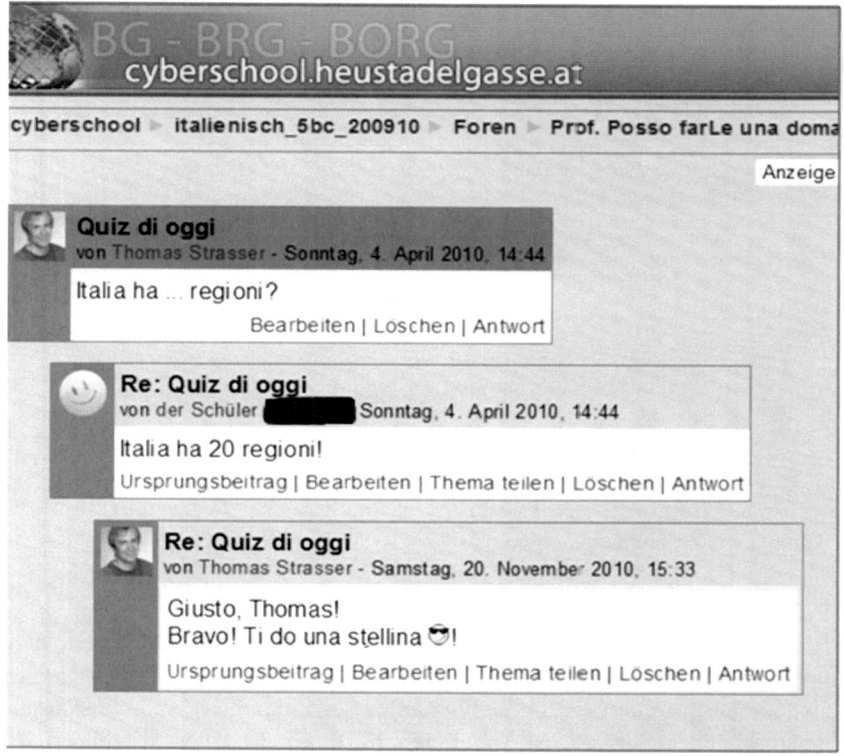

Abbildung 19: Forum als Quiz

- *Forumsdiskussion*

Ähnlich wie bei der Chatfunktion eignet sich das Forum als ideale, protokollierbare, oft lehrplankonforme Plattform, die Kommunikation fördert, mit dem einzigen Unterschied, dass die Kommunikation bzw. der Austausch von Kommunikation auf asynchroner (i.e. nicht in Echtzeit stattfindender) Ebene abläuft. Die asynchrone Komponente besitzt den Vorteil des *zeitlichen und thematischen Reflexionspuffers,* d. h. die TeilnehmerInnen haben den „naturgemäßen" zeitlichen Puffer, um gewisse Statements curricular adäquat zu beantworten. Das Forum setzt so gesehen keine zeitliche Immediadität bei der Response-Gebung voraus. Die praktische Anwendung funktioniert ähnlich jene der Chatdiskussion, dass über ein gewisses Thema in der Zielsprache einschließlich ideologischer Emotivität und möglicher sprachlicher Akkuranz kommuniziert wird (siehe Abbildung folgende Seite).

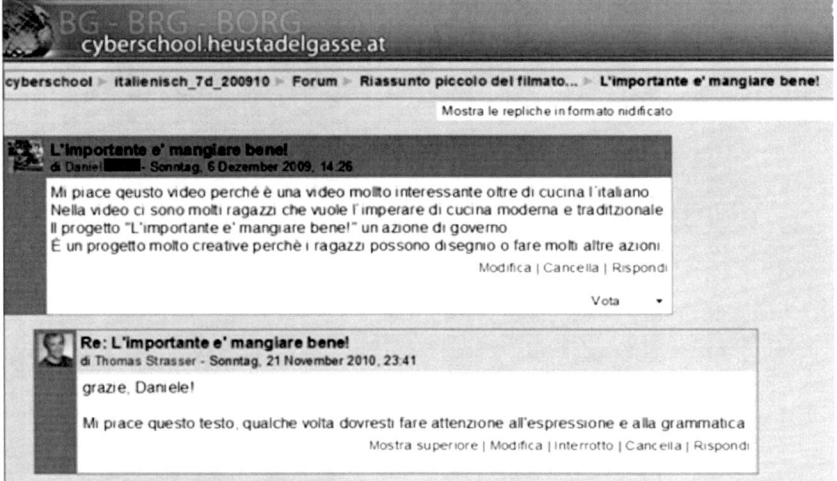

Abbildung 20: Forumsdiskussion

Didaktischer Mehrwert

Im Falle der Cyberschool-Forumsfunktion „Prof.? Posso farLe una domanda?" kann eindeutig der explizit supportive Charakter dieses bidirektionalen
Interaktionsprozederes festgestellt werden. Als durchaus nicht der Regel
entsprechendes Service der jeweiligen E-Tutorin bzw. des jeweiligen E-
Tutors darf die/der SchülerIn abseits des Präsenzunterrichts essenzielle, ih-
ren/seinen Lernbedürfnissen angepasste Informationen akquirieren. Das Forum stellt eine dynamische, auch für andere KursteilnehmerInnen protokollierbare Diskursform dar, die durch ihren klar strukturierten, stringenten,
chronologischen Verlauf ein effizientes Informationsakquisitionsverfahren
unterstützt. Durch die kontinuierliche Betreuung durch die Lehrerin/des Lehrers auf der Plattform entsteht das Gefühl der Erreichbarkeit und supportiven
Proximität, ganz im Sinne von Blended Learning. Eine zeitlose Dimension
eröffnet sich, sodass vernetztes, kollaboratives und vor allem zeitlich unab-
hängiges disloziertes Lernen stattfinden kann. Ein weiterer aus zeitlich-
administrativer Sicht höchst effektiver Vorteil des „Fragen und Antworten"-
Forums besteht darin, dass eine z. B. curricular-spezifische Frage nur einmal
beantwortet werden muss, damit ein mögliches Maximum an KursteilnehmerInnen die Antwort lesen kann. Im Gegensatz zur klassischen E-Mail-Beant-
wortung kann dies sehr viel Zeit sparen. Durch diese „Serviceeinrichtung"

unterstreicht die Lehrkraft explizit ihre Bereitschaft als Coach im individuellen Lernprozess der/des Schülers/SchülerIn – ganz im Sinne des konstruktivistischen Blended Learnings – supportiv und wertschätzend beitragen
zu wollen.

Die Forumsadaption „le news" repräsentiert zeitgemäße Kommunikati-
ons- bzw. Informationspolitik und ermöglicht SchülerInnen, die aus unterschiedlichen Gründen teilweise nicht am Präsenzunterricht teilnehmen
konnten, unterrichtsadministrativ bzw. curricular relevante Informationen
über die Plattform zu akquirieren. Erneut relativiert sich die zeitlich bindende
Komponente vom Präsenzunterricht durch den zeitlich unabhängigen Einsatz
des Forums als „bulletin board".

Der didaktische Mehrwert des elektronischen Tagebuches spiegelt sich
vor allem im sprachlich übenden Förderpotenzial wider. Durch die generelle
„Gesichtslosigkeit" des Forums durch das Fehlen einer gewissen Frontalprä-
sentationsatmosphäre und die geschulte, supportive Feedbackeinstellung der
E-Tutorin/des E-Tutors stellte sich in der Praxis heraus, dass vor allem
schüchterne SchülerInnen, die Angst vor Fehlern haben, das Forum mit
Überzeugung nützen können, da im virtuellen Kontext keine Scheu gegenüber dem Formulieren in der Zielsprache, in unserem konkreten Fall Italienisch, herrscht. Das Forum bietet eine unter Jugendlichen zeitgemäße Kommunikationsform, die durch ihr gestalterisches Potenzial (z. B. Einfügen von
Bildern, Emoticons, Hyperlinks, etc.) dynamische, individuelle Textproduktion fördern kann. Durch die Kombination mit einem möglicherweise emoti-
onalisierenden, der Schulstufe angemessenen Thema mit dieser modernen
Kommunikationsform kann durchaus produktives Schreiben im curricularen,
sprachlich-adäquaten Kontext erfolgen. Die Wichtigkeit bzw. Evidenz des
korrektiven Feedbacks liegt im Ermessen der Lehrkraft, sollte aber in Anbetracht eines initiierenden, stark motivierten Schreibimpulses einer „schreibgehemmten" Schülerin/eines „schreibgehemmten" Schülers vorsichtig zur Geltung kommen.

Der didaktische Mehrwert beim Forumsquiz bzw. der Forumsdiskussion
ist nahezu inhaltlich kongruent zu dem des Forumchats, mit der einzigen
Ausnahme, dass – wie schon des Öfteren konstatiert – die Kommunikation
beim Forum asynchron abläuft. Dennoch ist neben dem Spaßfaktor eines
zeitgemäßen Kommunikationstools erneut die sprachliche Übungskompo-
nente des Prozederes vom Verfassen von Forumseinträgen hervorzuheben, da
kontinuierlich-kollaborative Schreibpraxis im virtuellen Kontext mit der
Einbindung von supportivem Feedback der Lehrperson die Verbesserung der

produktiven Fähigkeiten, wie z. B. Schreiben in der Fremdsprache fördern kann.

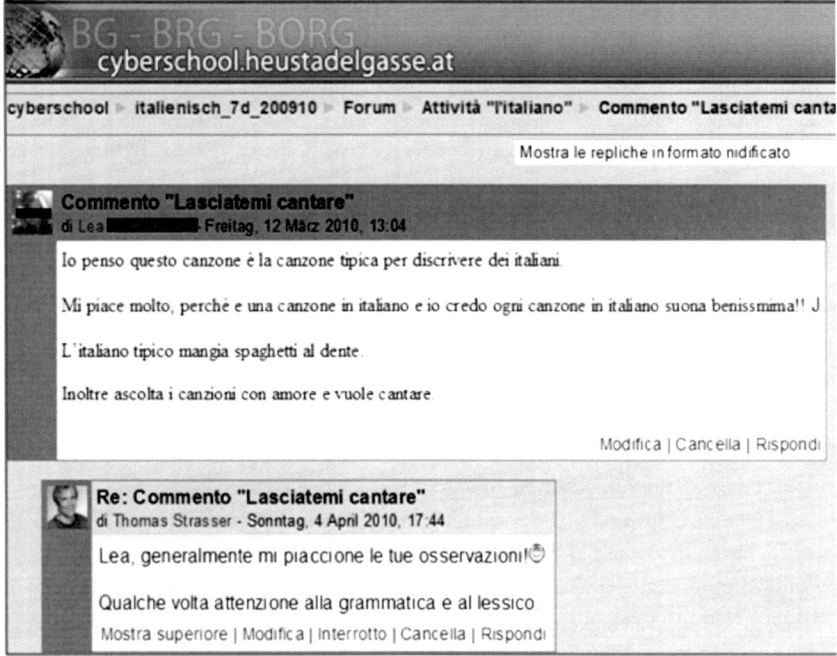

Abbildung 21: Motiviertes Schreiben im curricularen Kontext

Didaktische Kritikpunkte

Vor allem das schülerInnenorientierte „Prof.? Posso FarLe una domanda?"-Forum könnte einen gewissen Abschreckungseffekt auf das Lehrerkollegium im Allgemeinen haben, da diese Forumsapplikation indirekt zeitlich bindet. Das Angebot dieses Services suggeriert mehr oder minder eine gewisse implizite Verpflichtung der Lehrkraft, unterschiedliche, womöglich inhaltlich anspruchsvolle und zahlreiche Forumsanfragen baldigst zu beantworten. Diese implizite Forcierungssituation kann bei vielen E-TutorInnen Stress erzeugen, sodass in weiterer Folge der seriöse Einsatz des Forums nicht mehr gewährleistet werden kann.

Ein weiterer evidenter Nachteil des Forums liegt sicherlich in der nicht vorhandenen „Ad-hoc-Anwendung", was bedeutet, dass ein gewisses fundiertes Wissen über „E-Moderation" bei der Lehrkraft vorausgesetzt wird, um das Forum stringent, curricular-kohärent und der allgemein gültigen Diskursetiquette entsprechend zu leiten bzw. moderieren. So gesehen bedarf es ganz im professionellen Fortbildungssinne zumindest eines Seminars, wenn nicht Lehrgangs, um die Grundprinzipien der E-Moderation zu erlernen. Intensive Fortbildungspakete können – wie schon des Öfteren konstatiert – in Anbetracht der relativ limitierten zeitlichen Ressourcen einer HS/AHS-Lehrkraft abschreckend wirken.

Abgesehen von all diesen allgemeinpädagogischen, fachdidaktischen und schulpolitischen Aspekten bedarf es der dringenden Involvierung nicht zu unterschätzender hemmender technischer Faktoren. Wie bei allen Moodle-integrierten und extern implementierbaren Tools kommt der Rolle der technischen Zuverlässigkeit der Plattform bzw. des Servers eine große Bedeutung zu. Vor allem im dislozierten, zeitlich unabhängigen Lernkontext einer virtuellen Plattform erscheint es mehr als relevant, ein sicheres, kontinuierlich laufendes System bzw. einen stabil laufenden Server zu haben, da laufende Ausfälle die extrem wichtige Kontinuitätskomponente innerhalb eines seriösen Lernprozesses gefährden können.

Apel konstatiert, dass vor allem Neulinge (in unserem Falle ist anzunehmen, dass dies sowohl SchülerInnen und LehrerInnen betrifft) Defizite im Forumshandling haben, „die aus der Unerfahrenheit mit dieser Kommunikationsform entstehen."[215] Es bestehen:

- Schwierigkeiten, den Überblick im Forum zu behalten
- Unsicherheiten bezüglich der Länge und des Sprachduktus von Forumsbeitragen
- Verweigerungen, Beiträge auf das Forum zu schicken
- Ängste davor, dass ein Beitrag dauerhaft dokumentiert ist
- Neigungen, sich wie bei einer Diskussion jeweils nur auf aktuelle Beiträge zu beziehen.[216]

Ferner hält Apel fest, dass

Zum Teil diese Probleme für „Neulinge" deshalb da [sind], weil ihnen die Kommunikationsform „Diskussion" aus früheren Lernprozessen, Alltagssituationen oder dem beruflichen [bzw. schulischen] Umfeld bestens vertraut ist und sie sich im Forum auf die völlig andersartige Situation erst einstellen müssen. Wenn ein Forumsteilnehmer glaubt, sich in einer Diskussionssituation zu befinden, sucht er verzweifelt nach der Gesprächsführung, ist verunsichert wegen

---

215 Apel, S. 101
216 ebd.

fehlender Rückmeldung, bedauert, nicht sofort den roten Faden zu sehen, ist irritiert, dass sein Beitrag für alle sichtbar für immer ausgestellt ist.[217]
Eines der im schulpraktischen und wissenschaftlichen Diskurs erwähnten Argumentationssujets gegen den Einsatz von Foren ist der unmittelbare Vergleich mit der „realen" (i.e. Face-to-Face) Kommunikation. Apel[218] hält in seinem Artikel fest:

> [w]enn eine „reale" Diskussion zum Maßstab erhoben wird, dann führen die voranstehenden Argumente zu einem Defizitkatalog in der Forenkommunikation:
> * Mangel an sozialer Präsenz
> * Fehlende Gruppenkoordination
> * Fehlende Abstimmung über gemeinsamen Wissenshintergrund
> * Überangebot von Informationen
> * Fehlende Nachrichtenverbundenheit[219]

Die oben stehenden Mängel analysierend, hält Apel fest, dass „dieser sehr verbreitete Defizitansatz [...] aber nur dann seine Rechfertigung [hat], wenn man mit der computergestützten Kommunikation Diskussionen ersetzen will."[220]

Diese oben genannten Nachteile eines Forumsdiskurses sind generell als redundant zu kategorisieren, da virtuelle Kommunikation im Fremdsprachenbereich ohnehin keinen direkten Vergleich mit der „realen" Kommunikation braucht. Es gilt vielmehr „[...] die computergestützten Kommunikationsmöglichkeiten mehr als eigenständige Form mit eigenen Kommunikationsschemata zu betrachten."[221]

Resümee

Neben dem Chat kommt dem Forum als asynchronem Kommunikationsraum schon rein aus Gründen der höheren Nutzung in Lernplattformen generell und vor allem in der Cyberschool mehr Bedeutung zu. Allein der intensive wissenschaftliche Diskurs mit seinen gesamten Pro- und Kontra-Argumentationslinien bezüglich computervermittelter Kommunikation bzw. im weiteren Sinne Foren legitimiert eine gewisse Signifikanz bzw. Präsenz dieses

---

217 Apel, S. 101
218 ebd., S. 100ff.
219 vgl. Hesse et al. in: Apel, S. 101
220 Apel, S. 101
221 ebd.

Interaktionsortes, auch in der Disziplin der Fremdsprachendidaktik. Die folgende Auflistung soll noch einmal das kontroversielle Diskussionspotenzial reflektieren und einen Überblick über wissenschaftliche Ausführungen bzw. Argumentationen geben. Bloh und Lehman tragen in ihrem Artikel „Online Pädagogik – der dritte Weg?" einige Pro und Kontras zusammen:

Vorteile und Potenziale werden beschrieben durch:[222]

- Die (relative) zeitliche und örtliche *Flexibilität* (anytime/anywhere) und *Konvenienz,*

- die erweiterten (auch: interkulturellen) Interaktions-, Kommunikations- und Kooperationsmöglichkeiten (der Lehrender und Lernenden sowie der Lernenden untereinander),

- die Kombination von schriftlicher Form und damit Permanenz/Verfügbarkeit der Kommunikationsbeiträge (die u.a. Disziplin und Strenge in Denken und Kommunizieren erfordert und fördern kann) und digitaler Übertragungsgeschwindigkeit, [...]

- die potenzielle Reflexions- und Analysetiefe der Beiträge (aufgrund der Asynchronität und Permanenz) und die korrespondierende Entwicklung eines reflektierenden, argumentativen Diskurses sowie

- die Möglichkeit für gemeinsame Projekte, Wissensaustausch und -konstruktion,

- die Möglichkeiten zur Reduktion sozialer Isolation und transaktionaler Distanz[223] sowie zur Bildung von Lerngemeinschaften,

- den erweiterten Zugang zu (prinzipiell: reziproken) Hilfen und Unterstützungen,

- die erhöhte Aufgabenbezogenheit (infolge der eingeschränkten Kommunikationsmodalität), verknüpft mit einer

- potenziellen Tendenz zur Egalisierung und Demokratisierung (d. h. Reduktion von Differenzen aufgrund der nicht sichtbaren sozialen Statusmerkmale),

- die besseren Möglichkeiten, aufgrund der schriftlichen Mitteilungsform Denk- und Verstehensprozesse der Lernenden rekonstruieren zu können,

- die zusätzlichen Datenverarbeitungsoptionen (z. B. Speicherung, Archivierung, Wiederabrufbarkeit),

---

222 Bloh und Lehmanns Argumentationslinie wird hier vom Autor der vorliegenden Arbeit an die Bedürfnisse des Forums adaptiert.

223 Zum Konzept der transaktionalen Distanz vgl. Moore/Kearsley.

- eine multiple Fokussierung, d. h. die Möglichkeiten multithematisch-strukturierter und „multistimmiger" Diskussionen (mehrere Themen können zugleich in verschiedenen Strängen eines Forums oder verschiedenen Foren bearbeitet werden, wobei mehrere „Sprecher" zugleich beitragen können),
- die evtl. Überwindung von Partizipationsbarrieren (z. B. Schüchternheit).[224]

Ferner konterkarieren Bloh und Lehmann die evidenten Vorteile mit einer Aufzählung unterschiedlichster „Schwächen und Limitationen"[225]. Problembereiche [...] beziehen sich insbesondere auf:

- *das Fehlen physischer Präsenz* (Einschränkung verfügbarer Kommunikationskanäle bzw. Mangel an situativen, sozialen und nonverbalen Hinweisreizen, Ausfall der Regulationspraktiken direkten kommunikativen Handelns),
- ggf. dadurch mitbedingte *kommunikative/instruktionale Ambiguitäten* und entsprechende Konfusionen,
- die Schwierigkeiten der *Gruppenkoordination* (inhaltliche, funktionale und zeitliche Abstimmungen),
- das oft mangelhafte *Hintergrundwissen* (z. B. über Person, Kenntnisse, Fähigkeiten, Einstellungen, aktuelles Verstehen der Kommunikationspartner),
- eventuelle *Partizipationshemmungen* (aufgrund der „permanenten Öffentlichkeit" eingestellter Nachrichten) sowie *Ablenkungs- und Aufschiebungsmöglichkeiten* (aufgrund der relativen Zeitindependenz)
- die potenzielle *Informationsüberlastung* (Nachrichtenanzahl und -länge, Vielzahl zusätzlicher Informationsquellen) und den damit verbundenen Druck zum häufigen/regelmäßigen Einloggen, evtl. verknüpft mit *Rückzugs-, Dominanz- und Kompetitivitätsphänomenen,*
- die oft unzureichende *Nachrichtenverbundenheit* bzw. *mangelnde thematische Kohärenz* (unzureichende inhaltliche und zeitliche Bezüge von Nachrichten) sowie evtl. damit verknüpfte

---

224 vgl. Kaye 1989; Harasim 1989, 1990; Paulsen, Berge & Collins, Burge, Bates, Romiszowski/Mason, du Bois, Funaro & Montell, Winiecki, McConnell in: Bloh & Lehmann, S. 34

225 Bloh & Lehmann, S. 35

- thematische *Fragmentierungen,* Diskontinuitäten, zeitliche Verzögerungen bzw. Überlappungen und unvollständige Austauschsequenzen, was zugleich

- *spezifische Abhängigkeiten* (mitbedingt durch die relative Flexibilität der jeweils anderen Personen) indiziert; hinzu kommen können

- ein (im Vergleich zu traditionellen Seminaren) erhöhter *Zeit- und Arbeitsaufwand* (Aufgabenbearbeitung, Lesen und Verfassen von Beiträgen, etc.),

- Frustrationen aufgrund *technischer Probleme* (z. B. Zugang, Hard- und Softwarevoraussetzungen und -einstellungen, Systemzuverlässigkeit) sowie

- Formen emotionaler Absorption (i.S. einer exzessiven Involviertheit).[226]

Das Forum im virtuellen Kontext einer Lernplattform stellt einen *zentralen Ort des Lernens*[227] dar und leistet mit all seinen oben erläuterten didaktisch-versatilen Anwendungsmöglichkeiten einen essenziellen Beitrag zur stark dynamisierten, curricular-adäquaten, kollaborativen Interaktion mit evident konstruktivistischen Merkmalen im Blended-Learning-Prozess. Es ist genau die Terminologie bzw. die Anwendung des Blended-Learning-Prinzips (i.e. in unserem Falle die Mischung Präsenzstunden mit Moodle-Einheiten), welche einen direkten Vergleich mit der klassischen „Face-to-Face"-Kommunikation nicht zulassen kann, da die reale Kommunikation mit all ihren Vorteilen genug Anwendungsgebiete im Präsenzunterricht findet. Dennoch erscheint es – ganz im Sinne eines wissenschaftlich weitestgehend objektiven Diskurses – als legitim, auch grundsätzliche Nachteile der Forumsdiskussion zu erläutern. In jeder Kommunikationsform – vor allem im relativ jungen Kontext des E-Learnings – werden – gemäß des wissenschaftlichen Diskurses – „defizitäre Aspekte"[228] aufgedeckt.

Man sollte vielmehr Computerkommunikationen als Ergänzungen und methodisch neuartige Kommunikationsformen betrachten. Erst ein solcher Ansatz kann mögliche Potenziale dieser neuen Kommunikationsformen sinnvoll entfalten.[229]

---

226 vgl. Paulsen, Berge & Collins, Burge, Bates, Romiszowski & Mason, du Bois, Hesse et al., Wegerif, Cornelius & Boos, Herring, Hara & Kling, Mason & Weller, McConnel in: Bloh & Lehmann, S. 35

227 vgl. Apel, S. 93

228 vgl ebd., S. 94

229 vgl. ebd., S. 94ff.

7.1.4 Abstimmung

Features

Eine Abstimmung ist eine einfache Aktivität: Der Trainer stellt eine Frage und gibt verschiedene Antwortmöglichkeiten vor. Sie kann als Einstieg in die Auseinandersetzung mit einem bestimmten Thema genutzt werden. Oder Sie lassen Ihre Teilnehmer entscheiden, welches Thema vertieft werden soll. Sie können Abstimmungen auch nutzen, um ein Meinungsbild zu einer bestimmten Frage zu gewinnen.

Abstimmungen erfordern eine gewisse Vorbereitungszeit, um die Aktivität in Moodle anzulegen und geeignete Auswahloptionen festzulegen. Der Aufwand bei der eigentlichen Durchführung der Abstimmung (also das Abstimmen der Teilnehmer) ist dagegen minimal.[230]

- Kann verwendet werden, um eine Bewertung durchzuführen oder ein Feedback bzw. Meinungsbild einzuholen.[231]
- Abstimmungen können anonym oder namentlich durchgeführt werden.
- Teilnehmer/innen können die Ergebnisse in einer Balkengrafik sehen.[232]
- Abstimmungen können wiederholt werden (Option).
- Trainer/innen können Abstimmungsergebnisse als Datei (Text, ODS, CSV) herunterladen.[233]

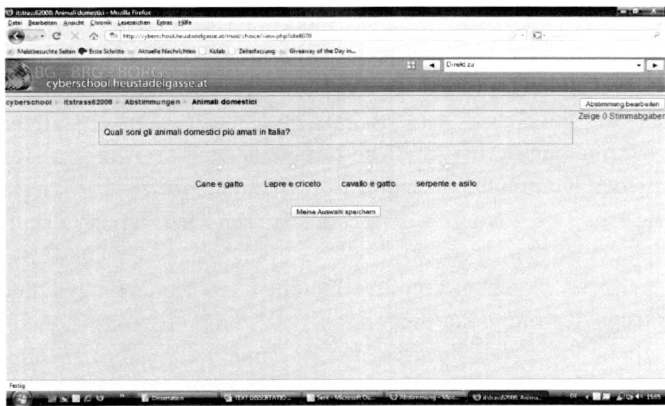

Abbildung 22: Abstimmungsmodul

---

230 http://docs.Moodle.org/de/Abstimmung, letzter Zugriff: 16. August 2010

231 vgl. Abbildung 22

232 vgl. Abbildung 23

233 http://docs.Moodle.org/de/Funktionalit%C3%A4t#Lernaktivit.C3.A4t_Aufgabe, letzter Zugriff: 16. August 2010; vgl. Abbildung 24

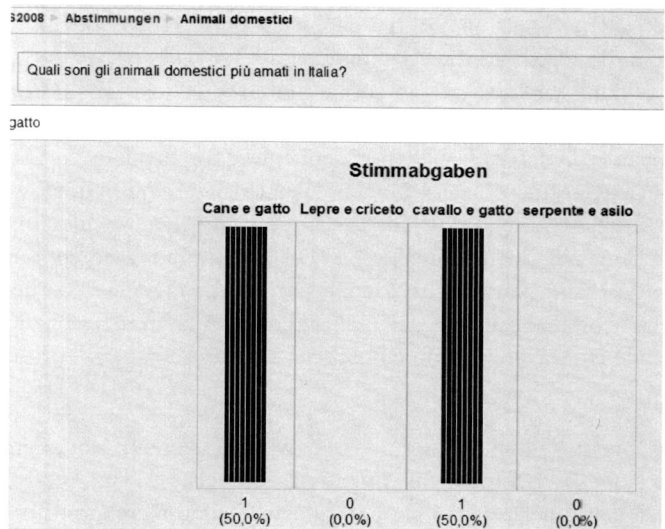

Abbildung 23: Abstimmungsergebnis

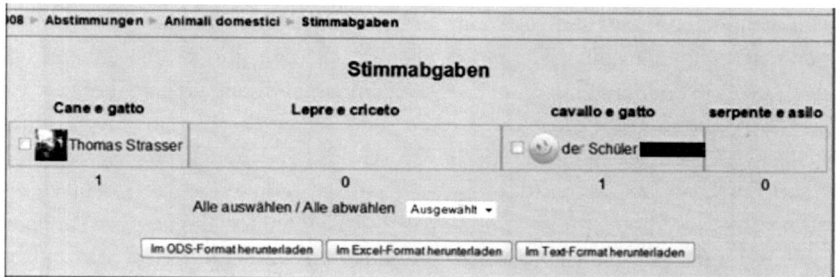

Abbildung 24: Stimmabgaben und Herunterladen der Ergebnisse

Praktische Anwendung

Ein nahe liegendes, unkompliziertes, aber durchaus effizientes Werkzeug zur
Abfrage curricularen Wissens ist jenes der Abstimmung. Im konkreten Falle
des Unterrichts bzw. einer Moodle-Sequenz wird das Abstimmungstool für
die Überprüfung von textuellem Wissen verwendet. Vorausgegangen ist ein
Lesetext über die Lieblingshaustiere der ItalienerInnen („Animali domestici
più amati"), dessen Inhalt detailbezogen auf diese Art und Weise abgefragt
werden kann.[234]

_____
234 vgl. Abbildung 22

Bei kontroversiellen Inputs in Form von Lesetexten, Videosequenzen, Liedern, etc., kann die Lehrkraft die Abstimmung als Folgeübung zur generellen Meinungsbildung verwenden, um somit „unterschiedliche Positionen der einzelnen Teilnehmer [...] als Diskussionsgrundlage einzuholen."[235] Als konsekutiv-stringentes Unterrichtskonzept können weitere thematisch adäquate Impulse (Texte, Videos, etc.) in den Blended-Learning-Sequenzen behandelt werden, um „während des Kursverlaufes [...] Meinungsänderungen zu einem Thema zu dokumentieren."[236] Die Abstimmungsergebnisse können dann im Verbund beurteilt bzw. analysiert werden. Sowohl in der fachdidaktischen Theorie, als auch in der Praxis können Abstimmungsergebnisse als initiierende Diskursstimulatoren durchaus effektiv sein.

Didaktischer Mehrwert

Abstimmungsergebnisse sind meinungsbildend bzw. polarisierend. Vor allem in der Oberstufe sieht der Lehrplan für romanische Sprachen[237] vor, kontroversielle Diskussionen mit Bezugnahme auf zu erwerbende Kernkompetenzen (z. B. dialogischer Diskurs/Interaktion) zu führen. Die Frage des Ortes des kontroversiellen Diskurses wird hier nicht explizit erwähnt und kann somit mühelos im virtuellen Raum, z. B. in der Cyberschool, vonstatten gehen. Meinungen zu polarisierenden Themen, die eng im Zusammenhang mit der zu erwerbenden Zielsprache des jeweiligen Landes stehen, können im Klassenverband stark emotionalisieren, was zu einer Dynamisierung eines gewissen Diskurses innerhalb der Cyberschool (z. B. mit Chats, Foren, etc.) beitragen kann. Zu sehen, dass eine Anzahl an KursteilnehmerInnen zu einem gewissen Thema einen argumentativ-differierenden Zugang haben, kann SchülerInnen unter Umständen dazu veranlassen, ihren konträren Standpunkt explizit zu unterstreichen.

Didaktische Kritikpunkte

Da dieses Modul sehr einfach, unkompliziert und fast selbsterklärend zu designen ist, somit einen geringen zusätzlichen konzeptionellen Zeitaufwand bedeutet und hervorragend als Impulsgeber bzw. thematischer Stimulus für sämtliche, für den Fremdsprachenunterricht relevante Interaktionen eingesetzt werden kann, sind evidente Nachteile weitgehend nicht eruierbar.

---

235 Höbarth, S. 66
236 ebd.
237 http://www.bmukk.gv.at/medienpool/782/ahs8.pdf, letzter Zugriff: 16. August 2010

Resümee

Das Abstimmungsmodul ist ein effizientes Werkzeug, um unterschiedlich angelegtes, z. B. meinungsäußerndes, aber auch lehrstoffüberprüfendes Feedback von den SchülerInnen einzuholen. Abstimmungen können, wie des Öfteren erwähnt, auf einfache Weise in kurzer Zeit erstellt werden. Sie können nützliche Daten über die TeilnehmerInnen, deren persönliche Meinung zum Thema bzw. über deren sprachliches/lehrstoffspezifisches Wissen der jeweiligen E-Moderatorin/dem jeweilige E-Moderators liefern. Abgesehen vom schulisch-virtuellen Kontext, werden Abstimmungen, so genannte *polls,* auch bei verschiedenen medialen Institutionen, z. B. Zeitungen (sowohl in der Print- als auch in der Onlineausgabe), im nicht wissenschaftlichen Zusammenhang verwendet um die öffentliche Meinung „herauszulocken". Abstimmungen unterliegen keinen lehrplanspezifischen Einschränkungen, was bedeutet, dass man im Falle der Cyberschool Abstimmungen sowohl über Kursinhalte, aber auch über Schulveranstaltungen durchführen kann. Ferner regen Abstimmungen die SchülerInnen an, über ein bestimmtes, dem Fremdsprachenunterricht angepasstes Thema im Vorhinein zu reflektieren.

7.1.5 Wiki

Features

Ein Wiki ist eine Aktivität in Moodle. Allgemein versteht man unter einem Wiki eine Kollektion von gemeinschaftlich erstellten Webseiten. Ein bekanntes Wiki ist Wikipedia, [...].

Bei einem Wiki stellt jede einzelne Wiki-Seite eine Webseite dar, die von jedem direkt im Browserfenster bearbeitet werden kann, ohne Kenntnisse über die Markup-Sprache HTML zu besitzen. Ein Wiki beginnt mit einer Startseite. Jeder Autor kann weitere Seiten dem Wiki hinzufügen. Dazu muss nur ein Link auf eine Seite gesetzt werden, die noch nicht existiert.

„Wiki wiki" bedeutet in Hawaiisch „besonders schnell", und die Schnelligkeit beim Erstellen und Hochladen von Seiten ist eine der bemerkenswertesten Eigenschaften der Wiki-Technologie. Im Allgemeinen gibt es keine vorherige Überprüfung, ob Veränderungen akzeptiert werden, und die meisten Wikis sind für die Öffentlichkeit oder zumindest alle Personen, die einen Zugang zum jeweiligen Wiki-Server haben, frei zugänglich.

Das Moodle-Wiki basiert auf dem Erfurt-Wiki (Ewiki), einem WikiWikiWeb in Hypertext-Sprache als Open Source, siehe http://erfurtwiki.sourceforge.net.

Das Moodle-Wiki erlaubt es den Teilnehmern, kollaborativ zusammenzuarbeiten: Die Teilnehmer können gemeinsam den Inhalt der Wiki-Seiten erstellen, erweitern und verändern. Alte Versionen werden nie gelöscht und können jederzeit wieder hergestellt werden. Alternativ kann der Trainer jedem Teilnehmer sein eigenes Wiki zur Verfügung stellen.

Sinnvoll ist es, wenn die Startseite des Wikis eine strukturierte Übersicht über den Inhalt des Wikis bietet, denn ein Wiki ist durch viele einzelne Links organisiert. Eine strukturierte Inhaltsübersicht auf der Startseite hilft insbesondere Anfängern, die Übersicht zu behalten.[238]

- Ein Wiki ist eine Sammlung von Webseiten. Es ermöglicht Trainer/innen und Teilnehmer/innen, gemeinsam Informationen aller Art zusammenzutragen und damit eine gemeinsame Wissensbasis im Kurs zu erarbeiten.[239]
- Wiki-Seiten können neu erstellt und bearbeitet werden. Alle Versionen und Änderungen einer Seite werden mit Datum und Autor gespeichert.[240]
- Trainer/innen haben Zugriff auf alle Versionen einer Wiki-Seite. Sie können ältere Versionen wiederherstellen oder Seiten löschen. [241]

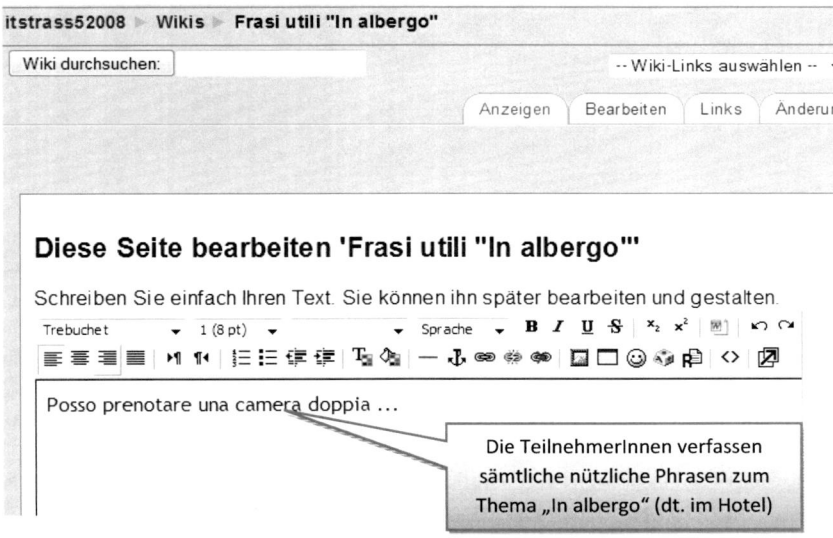

Abbildung 25: Wiki gemeinsame Wissensbasis

---

238 http://docs.Moodle.org/de/Wiki, letzter Zugriff: 19. August 2010

239 vgl. Abbildung 25

240 vgl. Abbildung 26

241 http://docs.Moodle.org/de/Funktionalit%C3%A4t#Lernaktivit.C3.A4t_Aufgabe, letzter Zugriff: 19. August 2010

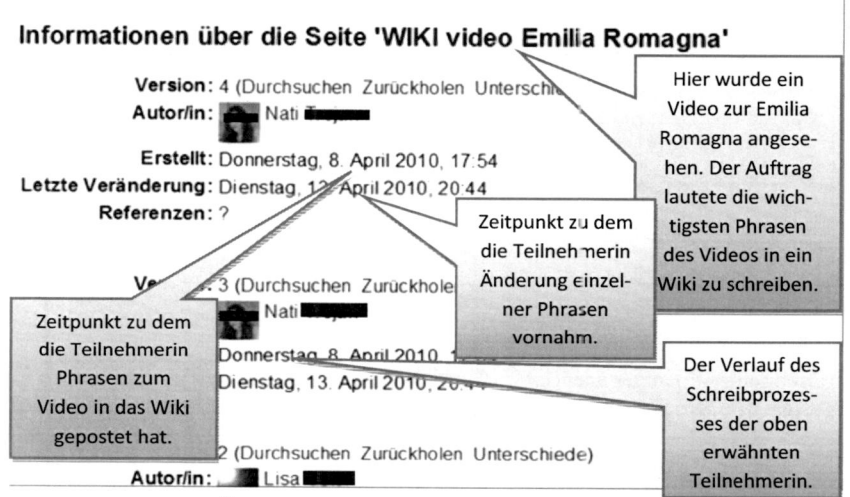

Abbildung 26: Wiki: Änderungen/Vergleiche

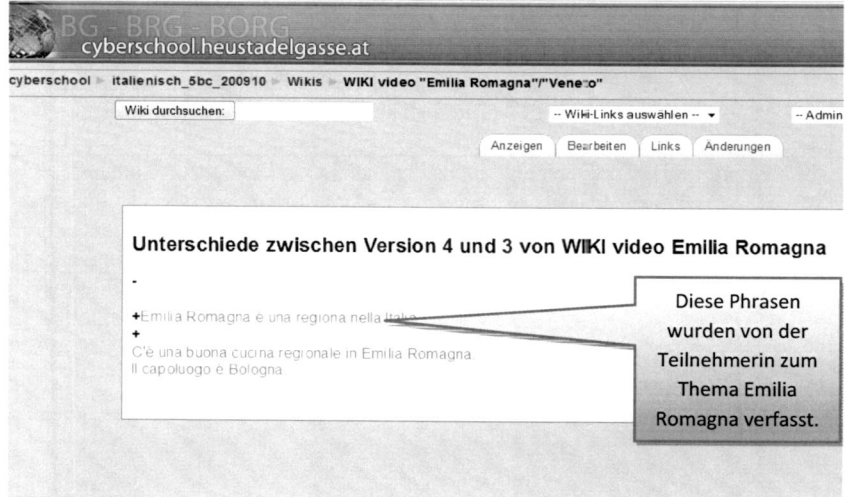

Abbildung 27: Eintrag der jeweiligen Person

Im Unterkapitel „Praktische Anwendung" werden die unterschiedlichen Wiki-Typen erwähnt. Es erscheint somit als durchaus legitim, die folgende, die jeweiligen Typen erklärende Tabelle[242] zu präsentieren:

---

242 Höbarth, S. 98

Tabelle 3: Zugriffsberechtigungen eines Wikis

	Keine Gruppen	Getrennte Gruppen	Sichtbare Gruppen
Trainer-Wiki	Trainer erstellen und bearbeiten das Wiki. Teilnehmer können die Texte des Wikis lesen, aber nicht bearbeiten.	Jede Gruppe hat ein eigenes Wiki, das nur vom Trainer bearbeitet werden kann. Die Teilnehmer können nur das Wiki der eigenen Gruppe sehen.	Jede Gruppe hat ein eigenes Wiki, das nur vom Trainer bearbeitet werden kann. Die Teilnehmer können alle Wikis aller Gruppen sehen. Mit einer Auswahlbox wählen sie aus, welches Wiki sie sich ansehen.
Gruppen-Wiki	Trainer und Teilnehmer können das Wiki lesen, ergänzen und bearbeiten.	Jede Gruppe hat ein eigenes Wiki, das von ihr gesehen und bearbeitet werden kann. Teilnehmer können nur das Wiki der eigenen Gruppe sehen und bearbeiten. Mit einer Auswahlbox wählen sie aus, welches Wiki sie sich ansehen wollen.	Jede Gruppe hat ein eigenes Wiki, das von ihr gesehen und bearbeitet werden kann. Die Teilnehmer können alle Wikis aller Gruppen sehen. Mit einer Auswahlbox wählen sie aus, welches Wiki sie sich ansehen wollen.
Teilnehmer-Wiki	Jeder Teilnehmer hat ein eigenes Wiki und kann es bearbeiten.	Jeder Teilnehmer kann ein eigenes Wiki bearbeiten und die Wikis der anderen Teilnehmer der eigenen Gruppe sehen. Eine Auswahlbox ermöglicht den Wechsel zwischen den Wikis.	Jeder Teilnehmer hat ein eigenes Wiki und kann die Wikis aller anderen Teilnehmer einsehen. Eine Auswahlbox ermöglicht den Wechsel zwischen den Wikis.

Praktische Anwendung

Vor allem bei den TeilnehmerInnen-Wikis erstellt jede/r SchülerIn

[…] seine [/ihre] eigene Abhandlung zur gestellten Aufgabe. Alle Kollegen [/Kolleginnen] haben die Möglichkeit, Einsicht in die Entstehung aller Artikel zu nehmen, können jedoch nur ihren eigenen Bereich bearbeiten, korrigieren und ergänzen.[243]

---

243 Höbarth, S. 97

- *Gemeinsame Merktexte*

Ein mögliches praktisches Beispiel für die Anwendung des Wiki-Moduls im Fremdsprachenunterricht wäre die gemeinsame Erstellung eines „gemeinsamen Merktext[es] zu einem vorgegebenen Lerninhalt.“[244]. Ein rein formalistischer, aber durchaus nützlicher Ansatz im Umfeld der Zusammenarbeit in der Cyberschool ist jener, z. B. gemeinsam im Wiki-Umfeld grammatikalisches Regelwerk zu erörtern. Im unten abgebildeten Beispiel versuchen die TeilnehmerInnen gemeinsam mit dem Lehrer, das Regelwerk vom *passato prossimo* (Vergangenheit) bzw. *imperfetto* (Mitvergangenheit) zu verschriftlichen, um somit eine dokumentierbare Lernunterlage zu kreieren. In diesem Beispiel wird vor allem auf das explanatorische Regelwerk inklusive formaler Kontextualisierung Wert gelegt. Um das relativ trocken anmutende formalistische Regelwerk in einen zeitgemäßen Kontext zu setzen und um auch in weiterer Folge mehr Motivation durch kreatives Gestaltungspotenzial hervorzurufen, werden mit Hilfe von Hyperlinksetzung oder dem Einfügen von Grafiken zusätzliche curricular-externe Stimulatoren geschaffen.[245]

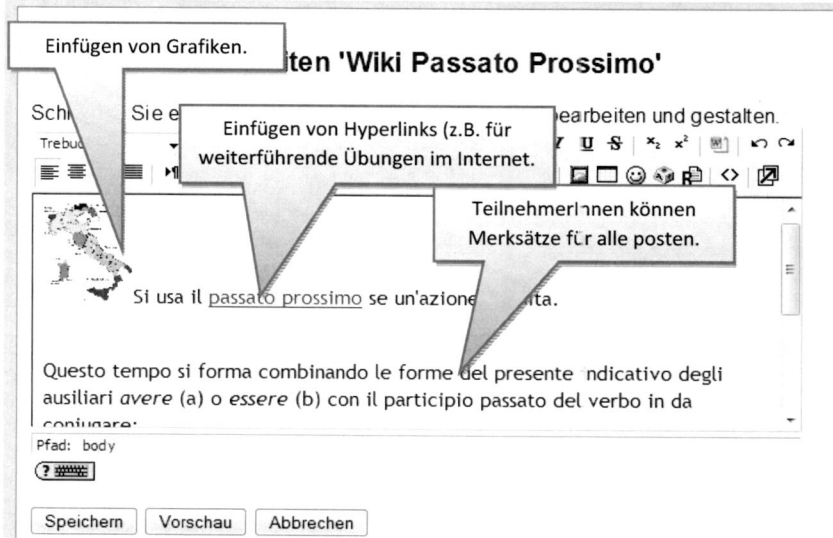

Abbildung 28: Wiki für grammatikalisches Regelwerk

---

244 Höbarth, S. 97

245 vgl. Abbildung 28

- *Schreibwerkstatt*

Höbarth erwähnt eine weitere praktische Anwendungsmöglichkeit des Wiki-Moduls in Moodle:

> Ein weiterer methodisch-didaktischer Einsatz bietet sich im Bereich der Gestaltung von Geschichten oder Aufsätzen an. Im Sinne einer Schreibwerkstatt entsteht auf diese Art und Weise ein gemeinsames Werk.[246]

Im Kontext der Cyberschool wird im unten abgebildeten Beispiel ein gemeinsamer Text mit dem Titel „Le avventure di Giorgio a Venezia" (Die Abenteuer von Giorgio in Venedig) verfasst. In dieser Schreibwerkstatt gibt es keine konkreten Vorgaben, außer der Einbindung der in der Überschrift erwähnten Schlagwörter im Wiki-Text. Hauptziel ist es – wie es der Grundintention des Wiki(pedia)-Konzeptes entspricht – gemeinsam mit sämtlichen offerierten Feedbacks und Modifizierungsimpulsen der TeilnehmerInnen einen thematisch kohärenten und sprachlich adäquaten (i.e. dem globalen Lernniveau der Klasse entsprechenden) Text zu verfassen.

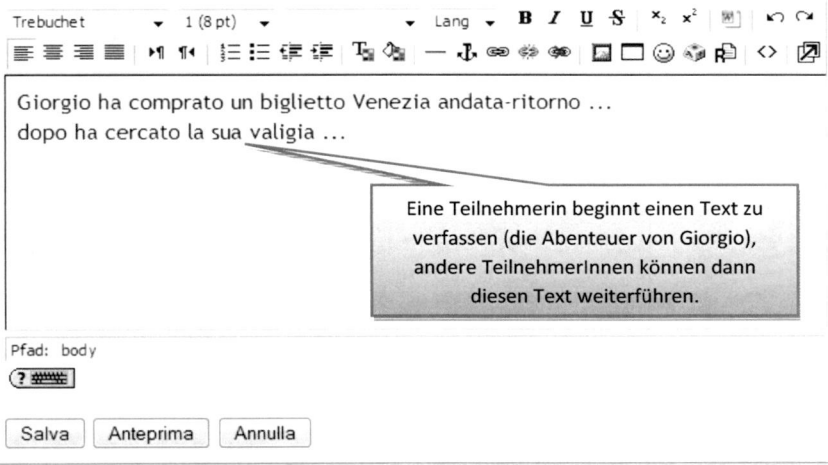

Abbildung 29: Schreibwerkstatt

- *Lerntagebuch*

Häfele & Maier-Häfele schlagen „die Führung eines Lerntagebuchs, um das eigene Lernen zu reflektieren"[247] vor.

---

246 Höbarth, S. 99

247 Häfele & Maier-Häfele, S. 12

Diese Methode stammt aus der Aktionsforschung und soll die Handelnden dazu anhalten, die eigene Praxis zu erkunden, zu überprüfen und möglicherweise zu verändern. Als Werkzeug dafür bestens geeignet ist der Einsatz eines TeilnehmerInnen-Wikis: Jede/r TeilnehmerIn verfügt über sein/ihr eigenes Wiki, das nur von ihr/ihm selbst bearbeitet, korrigiert und ergänzt werden kann. Im unten dargestellten Beispiel ist ein von einem Teilnehmer geführtes Lerntagebuch ersichtlich. Der Schüler führt in diesem konkreten Fall individuelle Aufzeichnungen über die Lernprogression zur Vorbereitung für eine Schularbeit. Der abgebildete Schularbeitsstoff wird prozessuell erarbeitet und – ganz im Sinne einer linearen Lernstoffakquisition – geübt bzw. gefestigt.

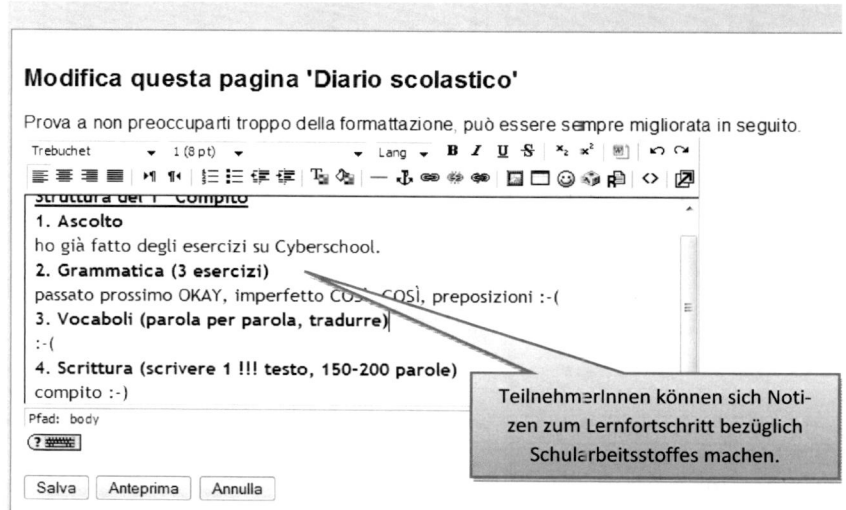

Abbildung 30: Lerntagebuch/diario scolastico

- *Themeneinträge – Wikipediasimulation*

Weiters können Einträge zu unterschiedlichen, für den Italienischunterricht relevante Themen, die jener in Wikipedia verfassten gleichen, von den TeilnehmerInnen gemeinsam verfasst, adaptiert und modifiziert werden. Beim Beispiel aus der Cyberschool wurde das landes- und kulturkundliche Thema „Roma" erarbeitet. Alle bisher im Unterricht akquirierten Informationen bezüglich der Hauptstadt Italiens können im Wiki auf kohärente Art und Weise verarbeitet werden und von anderen TeilnehmerInnen und vom Lehrer auf Richtigkeit bzw. ganz in der Diktion von Wikipedia auf „Vertrauenswürdigkeit" geprüft werden. Kriterien für diese Vertrauenswürdigkeit können selbstverständlich im Rahmen eines Moodle-Wikis definiert werden. Diese sind z. B. Quellenangaben, Bildnachweise, etc. und können auf einfache Art und Weise von den TeilnehmerInnen angewandt bzw. auf der Wiki-Oberfläche eingebettet werden.

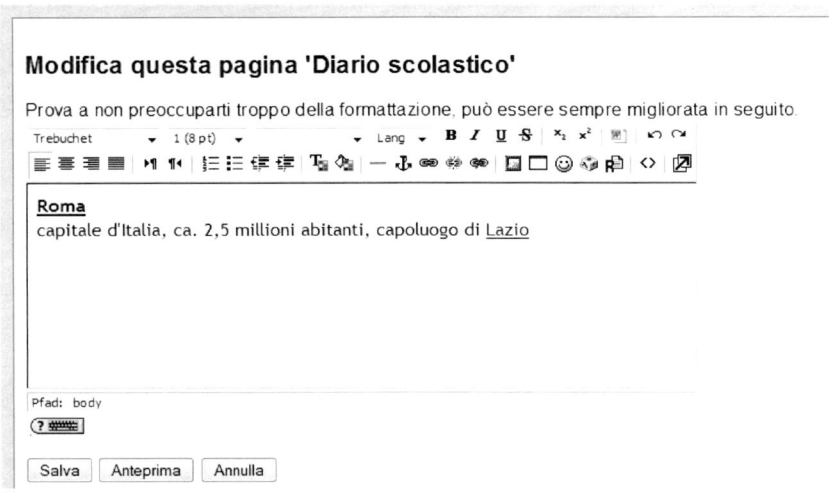

Abbildung 31: Themeneintrag – Wikipediasimulation

Didaktischer Mehrwert

Allgemein festzuhaltende Vorteile können sich – laut Höbarth – auf folgende Faktoren beziehen:

- *Zeitliche Komponente:* Ein Wiki steht den Anwendern ohne zeitliche Begrenzung zur Bearbeitung zur Verfügung.
- *Kollaboratives Arbeiten mithilfe eines Gruppen-Wikis:* Wikis erlauben den Mitgliedern einer Gruppe, ein einzelnes Textstück gemeinsam zu gestalten. Die Inhalte können von jedem einzelnen Mitarbeiter beliebig oft korrigiert und ergänzt werden, bis die gesamte Gruppe mit der erreichten Lösung zufrieden ist. Endergebnis ist ein gemeinsam erarbeiteter Text, der die Bewältigung der gestellten Aufgabe beschreibt.
- *Kooperatives Arbeiten mithilfe eines Teilnehmer-Wikis:* Jeder Lernende beginnt ein eigenständiges Wiki, das er zur Gestaltung der eigenen Inhalte explizit bearbeitet. Die Einträge, Änderungen und Ergänzungen in den Wikis der anderen Gruppenmitglieder können beobachtet und eingesehen werden. Das Endergebnis besteht aus mehreren unterschiedlichen Lösungsvorschlä-

gen zu einem Thema, die erst zusammengeführt werden müssen, um ein einziges Textstück zu erhalten[248].

Bei den *gemeinsamen Merktexten* – im Falle des Cyberschool-Beispiels die Erarbeitung des Regelwerkes „passato prossimo" und „imperfetto" (i.e. Differenzierung zwischen Vergangenheit und Mitvergangenheit) – steht vor allem der dynamische Kollaborationsprozess des gemeinsamen curricular-sprachlichen Endprodukts im Vordergrund. Die soeben genannte Dynamik ist positiv konnotiert, da durch kontinuierliche Adaption und befürwortendes Feedback (in der Tradition des konstruktivistischen, kollaborativen Lernens) unter Umständen sprachliche und themenspezifische Kreativitätsimpulse der TeilnehmerInnen hervorgerufen werden können. Trocken-formalistisch anmutendes Regelwerk erhält prozessuelle Velozität durch kontinuierlich kollaboratives Arbeiten.

Ein weiterer evidenter Mehrwert des Wikis besteht sicherlich in der Tatsache, dass durch den demokratischen Produktionsprozess ein konsensuelles, protokollierbares und archivierbares Lerndokument kreiert wird. Durch die ständigen Modifikations- und Adaptionsmechanismen in Richtung inhaltlich-sprachlicher Akkuranz kann ein gewisser Grad an Vertrauenswürdigkeit des Lerndokuments gewährleistet werden.

Die produktive Komponente des Wikis entspricht auch einem grundsätzlichen, kontinuierlichen und inhaltlichen Qualitätsoptimierungsprozess, da in der Regel zeitlich unabhängig und örtlich disloziert (d.h. nicht nur im EDV-Raum der Schule) kreative, themenadäquate Inputs der SchülerInnen auf das Wikiportal gestellt werden können. Der auf das Klassenzimmer bzw. den EDV-Raum beschränkte Kreativitätsertrag relativiert sich im Kontext des Wikis, da TeilnehmerInnen von überall aus relevante, sich für eine Gesamtbeurteilung positiv auswirkende Einträge tätigen können.

Schlussendlich impliziert der Terminus des „gemeinsamen Merktextes" die dynamische Gruppenkomponente und bietet jeder/m TeilnehmerIn die Möglichkeit, aktiv zum anvisierten lehrplanadäquaten Thema sprachlich und thematisch passend beizusteuern. Als Resultat kann sich ein „erhebendes" Gefühl der „Nützlichkeit" des „ExpertInnentums" einstellen.

Bei der Schreibwerkstatt wird der konventionelle Prozess einer Textsortenproduktion auf Papier alternierend bzw. zeitgemäßer angewandt. In unserem Cyberschool-Beispiel steht vor allem der kreative Schreibprozess im Vordergrund. Mit wenigen kreativ-limitierenden Vorgaben soll vor allem

---

248 Höbarth, S. 99

sprachliches Wissen im virtuellen Kontext präsentiert bzw. verbessert werden. Die Textsortenvorgabe – in jenem konkreten Beispiel „le avventure di Giorgio a Venezia" (i.e. eine Abenteuergeschichte) soll lediglich den Schreibimpuls bzw. die Schreibrichtung initiieren. Durch den kollaborativen Prozess, eine Abenteuergeschichte im technologisch zeitgemäßen, kreativ-stimulierenden Kontext zu verfassen (z. B. Textstellen mit Hyperlinks versehen, Einfügen von Bildern), können bei bestimmten Lernertypen gewisse Schreibbarrieren genommen werden, da noch dazu das Korrekturschema der Aufsatzproduktion nicht der klassischen Korrektur durch LehrerInnen auf Papier entspricht, sondern auf gemeinsamer, wertschätzender Feedbackorientierung basiert (z. B. mögliche Fehler werden nicht wirklich markiert, sondern sprachlich korrekt paraphrasiert).[249]

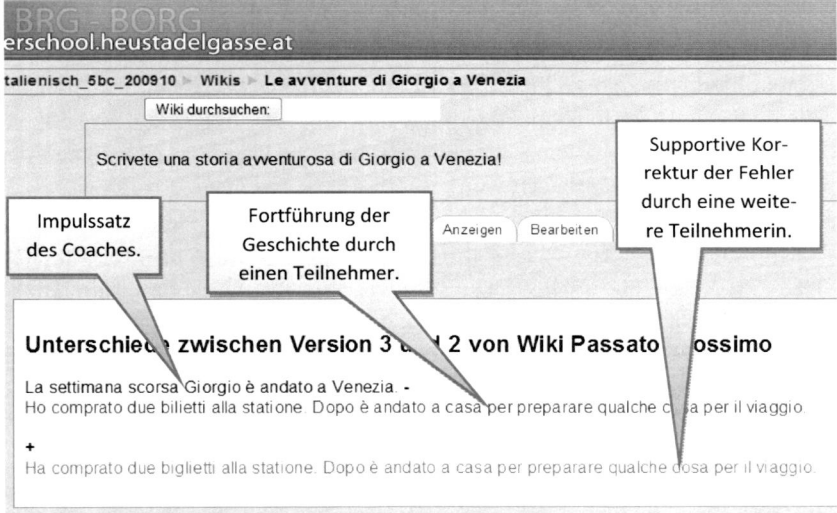

Abbildung 32: Gestaltungsmöglichkeiten der Wiki-Schreibwerkstatt

Die gruppendynamische Erfahrung ist in diesem Beispiel durchaus evident. Sprachliche Strukturen, Kohärenz und Textsortenadäquatheit werden somit gefördert bzw. in einem seriösen Produktionsprozess gefordert.

Das Lerntagebuch offeriert den großen Vorteil der Forcierung der LernerInnen-Autonomie. In dem in Abbildung 28 erläutertem Beispiel kann ein distinktives „Step-by-Step"-Prozedere hinsichtlich Lerninhaltsakquisition

---

249 vgl. Abbildung 30

bzw. remedialem Lernen festgehalten werden. Das schrittweise, strukturierte Wiederholen geforderter Lerninhalte liefert einen essenziellen Beitrag zum selbstgesteuerten, autonomen Lernen bzw. im weitesten Sinne zum individualisierten Lernmanagement, was für einen weiteren Bildungsweg, z. B. Universität, Fachhochschule, etc. förderlich sein kann, da diese Bildungsinstitutionen Selbstständigkeit im Lernen bzw. Organisieren des Studiums voraussetzen. Das Lerntagebuch als TeilnehmerInnen-Wiki ermöglicht somit eine lehrplanspezifische Prozessanalyse und trägt zu einer emotiv-positiven Konnotation des Lernens, des „guten" Gefühls des „Abhakens", bei.[250]

Die Funktion der Themeneinträge bzw. Wikipediasimulation findet in der praktischen Anwendung in der Cyberschool große Anwendung. In starker Anlehnung an das Produktionsprozedere von Wikipedia werden die TeilnehmerInnen zur seriösen Recherche inklusive formal korrekter Zitierregeln, Quellenangaben und Bildnachweise angehalten, um – abgesehen von einer gewissen inhaltlichen Qualität – die ersten zugegebenermaßen rudimentären, akademischen Forschungsversuche zu tätigen. Die Grundintention liegt gewissermaßen darin, inhaltlich dem jeweiligen Lerngebiet adaptierte Lexikoneinträge in einem zeitgemäßen Kontext zu generieren, die einer allgemeinen, akademisch halbwegs vertretbaren Form korrespondieren.

Didaktische Kritikpunkte

Höbarth stellt Folgendes fest:

> Die in *Moodle* integrierte Variante des *Erfurt Wiki* hat gegenüber anderen Wiki-Programmen den großen Nachteil, dass bei gleichzeitiger Bearbeitung einer Seite das Wiki nicht erkennt, welche Version die aktuellere ist. Derjenige, der zuletzt seine Einträge abspeichert, erhält eine Fehlermeldung. Um zu große Verluste zu vermeiden, sollte man:
> - öfters abspeichern
> - den geschriebenen Text vor dem Speichern in die Zwischenablage kopieren,
> - nachschauen, ob weitere Gruppenmitglieder auch online sind und schnell mittels interner Message abklären, wer im Wiki arbeitet[251].

Vor allem dieses technische Defizit wirkt sich auch auf die didaktische Dimension negativ aus. Längere, akribisch genaue, sprachlich versatil gestaltete Beiträge können aufgrund dieser technischen Unsicherheiten ohne die oben genannten „Sicherheitsvorkehrungen" ad hoc verschwinden, was natürlich

---

250 vgl. Abbildung 30
251 Höbarth, S. 100

einen Demotivations- bzw. Frustrationsimpuls unter den VerfasserInnen bewirken kann.

Resümee

Durch den Einsatz der Wiki-Technologie in Moodle und deren versatile didaktische Applikationen (i.e. Merktexte, Schreibwerkstatt, Lerntagebuch, etc.), ist eine prominente Komponente des kooperativen Lernens evident. Ein Wiki stellt ferner ein klassisches Kollaborationstool dar. Jadin konstatiert:

> Im Hinblick auf den primären Verwendungszweck, ein gemeinsames Dokument zu erstellen, würde sich […] ein Wiki eignen. Hier gilt es aber zu beachten, dass bei einer kollaborativen Zusammenarbeit auch Kommunikationsmedien zum gegenseitigen Austausch benötigt werden.[252]

7.1.6   Glossar

Features

> Die Aktivität Glossar ermöglicht es Teilnehmern, eine Liste von Definitionen zu erstellen und zu pflegen, ähnlich einem Wörterbuch.
> Die Einträge können in vielen verschiedenen Formaten durchsucht oder durchstöbert werden. Einträge können vom Trainer oder als kollaborative Arbeit von den Kursteilnehmern erstellt werden. Glossareinträge können kategorisiert werden. Trainern ist es möglich, Einträge von einem Glossar zu einem anderen (dem Hauptglossar) zu übertragen. Wenn der Trainer bei einem Glossar automatische Verlinkung aktiviert, so werden innerhalb des Kurses automatisch Links zu Einträgen erzeugt. Voraussetzung dafür ist, dass die Moodle-Administration diese Funktionalität systemweit aktiviert hat. Es gibt die Möglichkeit, systemweite Glossare zu erstellen, deren Einträge in allen Kursen verfügbar sind.[253]

- Glossare dienen als Wissenssammlung, Nachschlagewerk oder Lexikon im Kursraum.
- Trainer/innen und Teilnehmer/innen können Glossareinträge vornehmen.
- Trainer/innen können Glossareinträge von Teilnehmer/innen vor der Veröffentlichung prüfen.
- Glossare können in verschiedenen Anzeigeformaten dargestellt werden.
- Glossareinträge können kategorisiert werden
- Das Glossar kann nach verschiedenen Kriterien durchsucht werden: nach Alphabet, Autor, Erstellungsdatum und Kategorie.

---

252 Jadin (2008b), S. 180

253 http://docs.moodle.org/de/Glossar, letzter Zugriff: 30. November 2010

- Die Kommentarfunktion erlaubt Trainer/innen und Teilnehmer/innen, Glossareinträge zu kommentieren.[254]
- Glossare können im XML-Format importiert und exportiert werden.[255]

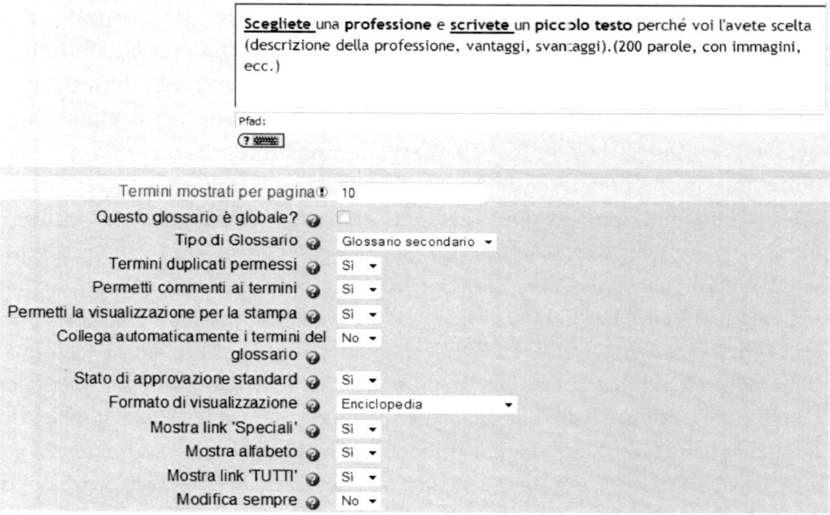

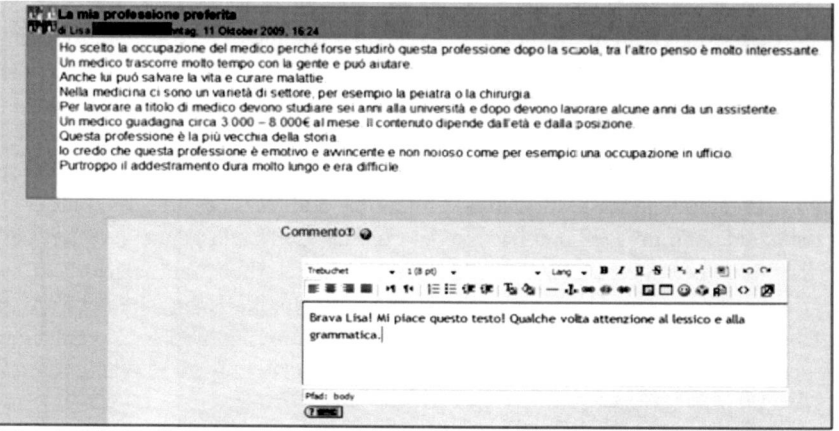

Abbildung 33: Grundeinstellungen Glossar

Abbildung 34: Kommentar-/Feedbackfunktion Glossar

---

254 vgl. Abbildung 34

255 http://docs.moodle.org/de/Glossar, letzter Zugriff: 30. November 2010

Praktische Anwendung

- *Thematisches Brainstorming bzw. thematische Wiederholung*

In der allgemeinen Fremdsprachendidaktik bzw. im Italienischunterricht wird remediales, themenzentriertes Lernen stark forciert. Vor allem wenn es darum geht, gewisse lernzieldefinierte curriculare oder extra-curriculare Inhalte zu wiederholen, eignet sich das Moodle-Glossar hervorragend. Zum Beispiel kann man einen zur Schreibproduktion anregenden Impuls als Arbeitsauftrag ins Glossar stellen. Die Aufgabe lautet: „La mia professione preferita – Scegliete una professione e scrivete un piccolo testo perché voi l'avete scelta (descrizione della professione, vantaggi, svantaggi, 200 parole, con immagini, ecc.)". Es geht dabei darum, dass die SchülerInnen zum Thema Berufe unterschiedliche Gedanken, Themen oder Einfälle in Form eines Glossars festhalten sollen. Den SchülerInnen sind in dieser Übung bewusst keine thematischen Grenzen gesetzt, da es hauptsächlich darum geht, bereits Gelerntes bzw. selbstständig akquiriertes Wissen im themenspezifisch-multimedialen Kontext zu posten. Zusätzlich zu den einfachen inhaltlichen Posts können die SchülerInnen Hyperlinks setzen, Bilder, Videos oder unterschiedlichste Web-2.0-Anwendungen[256] einfügen um den curricularen Produktionsprozess vor allem für konstruktivistische Lernszenarien zu forcieren.

- *Creare un dizionario – thematisches Wörterbuch*

Bei dieser Lernsequenz steht vor allem die lexikalische Wiederholung im Vordergrund. Der Tutor gibt ein lexikalisches Themenfeld vor, und die SchülerInnen können entweder gemeinsam oder in Einzelarbeit curricular-adäquate Vokabeln, die für gewisse Lern- bzw. Prüfungssituationen relevant sind, hinzufügen. Dabei muss nicht nur die klassische L1-L2-Übersetzungsmethode (i.e. Deutsch-Italienisch) angewandt werden, es können die Vokabeln in einem intensiven Maße sprachlich, auditiv und visuell kontextualisiert werden um – ganz im Sinne der eigenen Lernbedürfnisse – vielen LernerInnentypen gerecht zu werden und Vokabelarbeit multisensorisch zu erleben. In unserem konkreten Beispiel ist das lexikalische Themenfeld „la famiglia" (i.e. die Familie) vorgegeben, und die SchülerInnen versuchen thematisch stark konnotierte Schlagwörter zu finden bzw. zu bearbeiten.

---

256 vgl. Kapitel 7.2

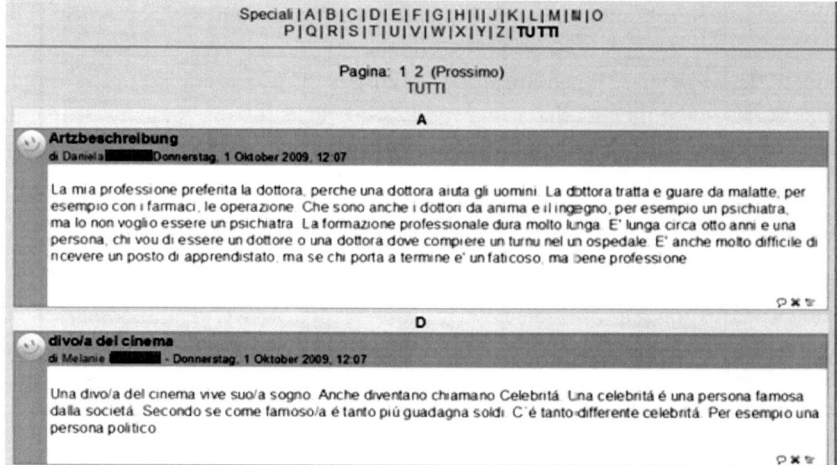

Abbildung 35: Arbeiten mit dem Glossar: „La mia professione"

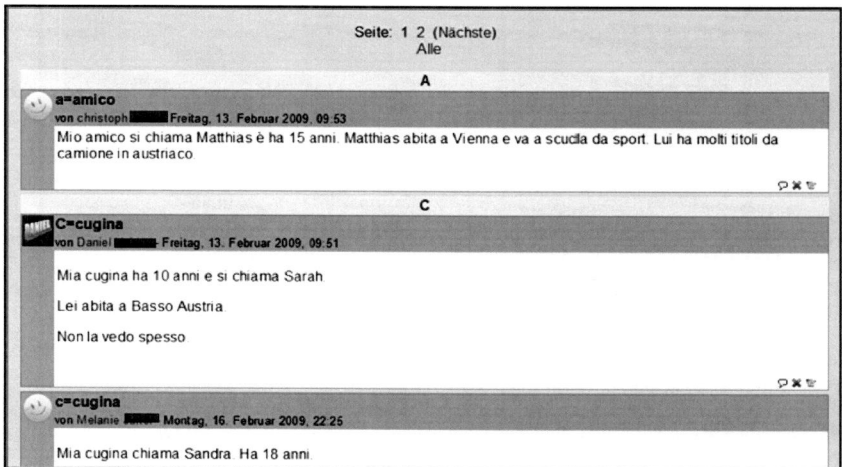

Abbildung 36: thematisches Wörterbuch

Didaktischer Mehrwert

Die didaktische Vorteilhaftigkeit des Glossars ist aus fremdsprachendidaktischer Sicht klar ersichtlich: Ohne jegliche Vorgaben (außer jener des Themas) können SchülerInnen das Glossar effizient nutzen, ihre Vorstellungen zum Wissenserwerb gewisser curricularer oder lexikalischer Themen explizit der gesamten Lernumgebung bzw. dem Team darlegen. Erneut ist die vor allem sozial-konstruktionistische Komponente dieses Moodle-Tools evident, denn die TeilnehmerInnen konstruieren bereits aktiviertes Wissen, Lerntipps, besonders wichtige Eckdaten zur Wissensakquise für die anderen KursteilnehmerInnen. Der autonome Lernprozess wird zum versatilen, gemeinschaftlichen Prozess mit Breitenwirkung. Das kollaborative Naturell des Glossars kann zum Beispiel durch Kommentare, Anhänge bzw. Adaptionen von Glossareinträgen anderer intensiviert werden. Kontinuierliche Reflexion bzw. Feedback auf curricularen Ebenen findet statt. Im Fall von positiv konnotierten Rückmeldungsprozessen zu Glossareinträgen von KursteilnehmerInnen, entweder durch den E-Coach oder durch „virtuelle Kommilitonen", kann eine derartige Wertschätzung zu weiteren konstruktiven Beiträgen beflügeln und auch soziale Kompetenzen wie „Feedbackkultur" fördern.

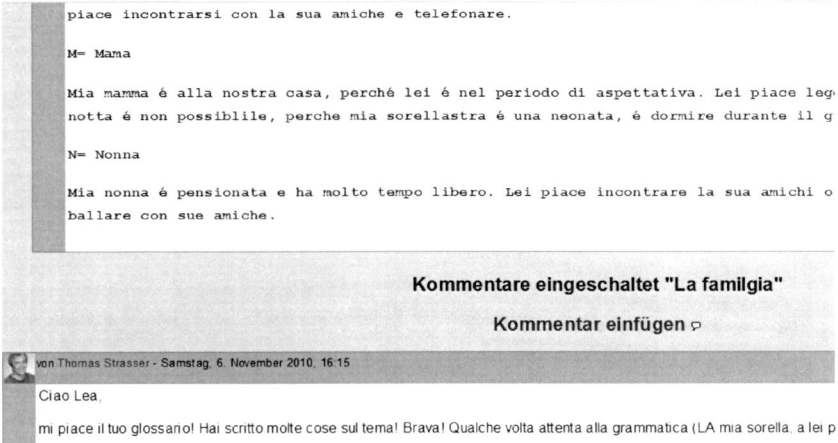

Abbildung 37: Feedbackkultur mit dem Glossar

Rein aus didaktisch-pragmatischer Sicht fördert das Glossar selbstverständlich die Schreibproduktion in der jeweiligen Zielsprache, in diesem Fall Italienisch, da sämtliche Einträge in der L2 zu verfassen sind. Um thematische Kohärenz zu den Einträgen zu gewährleisten, muss die/der TeilnehmerIn auf bereits bestehendes bzw. kürzlich akquiriertes Fremdsprachenwissen zurückgreifen und dieses möglichst adäquat einsetzen.

Ferner eignet sich das Moodle-Glossar als nicht digitale Lernunterlage, d.h. sämtliche Einträge können als Ganzes bzw. gefiltert als .xml exportiert bzw. ausgedruckt werden, sodass man auch eine solide Lernunterlage in Papierform hat.[257]

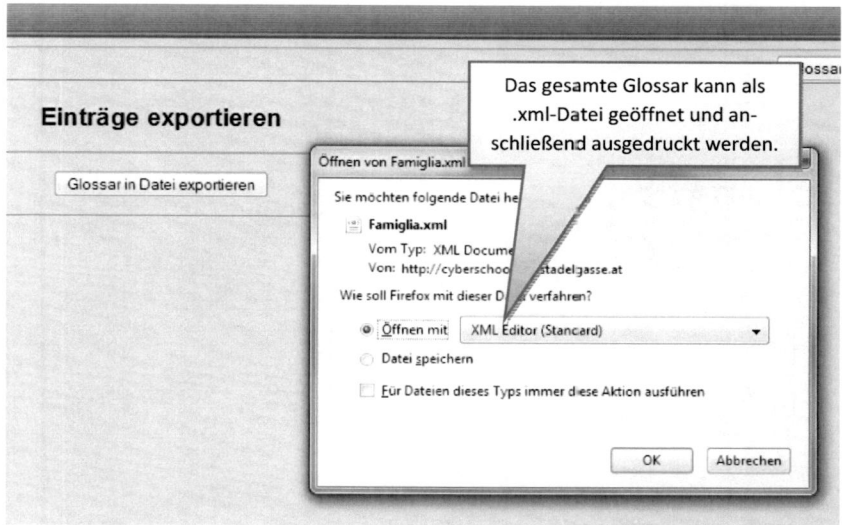

Abbildung 38: Export des Glossars als xml-Datei bzw. Ausdruck

Eines der wohl aus TeilnehmerInnensicht attraktivsten Charakteristika des Glossars ist jenes des „Multimedialisierungspotenzials". Wie in „Praktische Anwendung" bereits kurz behandelt, kann jeder Eintrag, passend zur jeweiligen Aufgabe bzw. zum jeweiligen Lerntypus, medialisiert werden. In der Regel wird darauf geachtet, dass Glossareinträge generell die thematische Quintessenz wiedergeben sollen, somit bieten sich additive Medien wie Videos, Tondokumente, Bilder bzw. Hyperlinks für die Akquisition weiterführenden Wissens an. Als Folge steht es jeder/m TeilnehmerIn in der virtuellen Umgebung frei, wie, wann und warum sie/er gewisse curriculare Anforderungen/ Bedürfnisse extendiert bzw. intensiviert.[258]

---

257 vgl. Abbildung 38
258 vgl. Abbildung 39

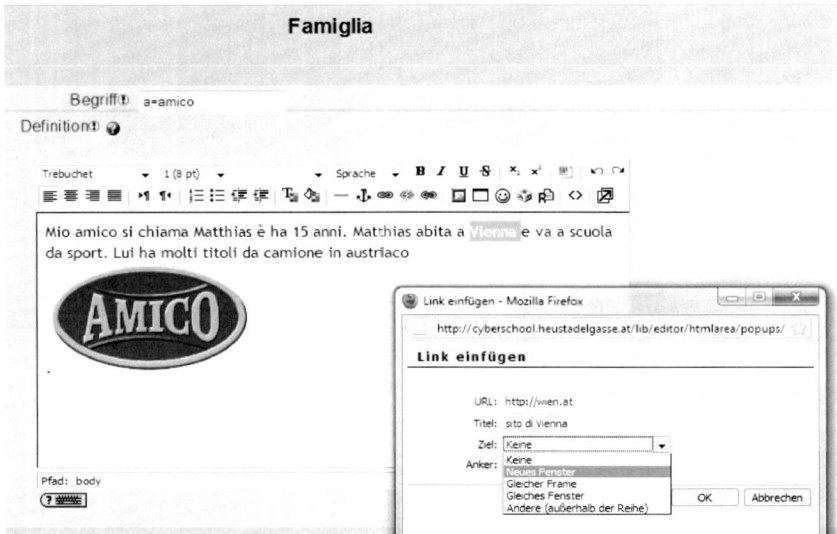

Abbildung 39: Einsatz additiver Medien im Glossar

Didaktische Kritikpunkte

In Anbetracht der grundsätzlichen Vorteilhaftigkeit des Glossars müssen aber auch folgende problematische Arbeitsszenarien betrachtet werden: Da der Arbeitsprozess des Glossars in der Grundidee sehr kollaborativ und transparent gestaltet ist, können gewisse Einträge einfach kopiert werden. Da das Glossar allen auf der Plattform registrierten TeilnehmerInnen frei zugänglich ist, können inhaltlich-lexikalisch ansprechende, von anderen SchülerInnen verfasste Einträge einfach kopiert und als eigenes Produkt tituliert eingefügt werden. Der sogenannte „Cheat-Faktor" ist somit ein generell hoher bei der Arbeit mit diesem kollaborativen Medium. Im Falle evidenter Plagiatsindikationen wird sich der E-Tutor wahrscheinlich verpflichtet fühlen zu kontrollieren, wer sich nun das „copy & paste"-Verfahren zu Nutze gemacht hat, um in weiterer Folge Sanktionen zu setzen. Dies widerspricht freilich dem grundsätzlichen Prinzip des autonomen, selbstgesteuerten und vor allem konstruktivistischen Lernens. Die „Überwachungskomponente" sollte daher in Erwägung gezogen werden, aber nur in äußersten Fällen zum Einsatz kommen.

Sobald TeilnehmerInnen bzw. SchülerInnen an einem Projekt arbeiten, werden unterschiedliche Arbeitshaltungen evident, das virtuelle Klassenzimmer macht hier keine Ausnahme: Auf der einen Seite agiert die/der „eifrige" TeilnehmerIn im Arbeitsprozess durchaus effizient und produziert mit großer Methodenkompetenz inhaltlich wertvolle Beiträge. Die Versatilität dieser Produkte machen sich auf der anderen Seite die/der TeilnehmerIn mit „nihilistischer" Arbeitsweise zu Nutze, indem sie/er die Beiträge kopiert bzw. als Lernunterlage hernimmt, ohne selbst – konträr im Sinne der kollaborativen Wissensproduktion – etwas beizutragen.

Resümee

Das Glossar bietet ein breites Spektrum an Didaktisierungsmöglichkeiten unterschiedlicher curricular-adäquater Inhalte. Ohne großen Vorbereitungsaufwand können im virtuellen Klassenverband durch sprachlichen Input themenorientierte Arbeitsprozesse durchgeführt werden. Die lediglich durch Thema und Glossarbuchstaben eingeschränkte Aufgabenstellung wirkt relativ frei und ungezwungen und stimuliert des Öfteren „losgelöste" Schreibprozesse der SchülerInnen, die durch gezieltes Feedback des Coaches bzw. der TeilnehmerInnen konkretisiert und in eine bestimmte Richtung gebracht werden können. Sowohl für einen thematischen Initialisierungsprozess als auch für inhaltlich remediales bzw. rekapitulierendes Arbeiten eignet sich das Glossar sehr gut, da sämtliche (in sprachlicher und inhaltlicher Sicht) Lernerträge virtuell dokumentiert aber auch analog ausgedruckt werden können.

7.1.7 Test

Die Aktivität Test erlaubt es dem Trainer, Tests mit einer Vielzahl unterschiedlicher Fragetypen (u.a. Multiple-Choice-Fragen, Wahr-falsch-Fragen und Kurzantwort-Fragen) zu gestalten und im Kurs einzusetzen. Diese Fragen werden in der Fragen-Datenbank des Kurses gespeichert. Sie stehen im gesamten Kurs zur Verfügung und können auch für andere Kurse zur Wiederverwendung bereitgestellt werden. Tests können so konfiguriert werden, dass sie von den Teilnehmern mehrfach bearbeitet werden können. Jeder Bearbeitungsversuch wird automatisch bewertet, und der Trainer kann entscheiden, ob er zu einer Antwort des Teilnehmers eine Rückmeldung geben und/oder die richtige Lösung anzeigen möchte.

Die Leistungsbewertung ist ein entscheidender Bestandteil einer Lernumgebung, und entsprechend ist die Lernerfolgskontrolle eine der wichtigsten Aktivitäten im Lernprozess. Als Pädagogen können wir nicht sagen, was in den Köpfen der Lernenden vorgeht. Deshalb müssen wir ihnen die Möglichkeit geben zu zeigen, was sie verstanden haben und was nicht. Ein gut gestalteter Test, selbst ein Multiple-Choice-Test, kann wichtige Informationen über den Leistungsstand der Lernenden liefern. Wenn die Rückmeldung zeitnah erfolgt, können Tests ein entscheidendes Hilfsmittel zur Selbsteinschätzung für die Lernenden sein und ihnen zu mehr Erfolg verhelfen.

Die Lernaktivität Test stellt eine große Anzahl an Möglichkeiten und Werkzeugen zur Verfügung und bietet dadurch eine große Flexibilität bei der Gestaltung von Tests. Sie können Tests mit verschiedenen Fragetypen erstellen, Fragen aus einer Fragensammlung nach dem Zufallsprinzip auswählen und zu einem Test zusammenstellen, die wiederholte Beantwortung einer Frage erlauben oder die mehrfache Bearbeitung von Tests durch die Teilnehmer erlauben. Die Bewertung erfolgt stets automatisch durch den Computer.

Diese Eigenschaften ermöglichen eine Reihe von Strategien, die bei herkömmlichen Tests „mit Papier und Stift" nicht möglich sind. Es ist aufwendig genug, einen Stapel Tests zu korrigieren und beinahe unmöglich, dies zehn Mal für jeden Lernenden zu machen. Wenn der Computer uns diese Korrekturarbeit abnimmt, können wir den Lernenden die Möglichkeit geben zu üben oder häufig kleine Tests zu bearbeiten.[259]

Features

- Trainer/innen können im Kurs eine Sammlung von Fragen anlegen, die in verschiedenen Tests wiederverwendet werden können.[260]
- Die Fragensammlung kann mittels Fragenkategorien strukturiert werden, d. h., Fragen können kategorisiert werden.[261]
- Tests werden automatisch bewertet. Sie können neu bewertet werden, wenn die Fragen verändert wurden.
- Tests können zeitgesteuert werden (Verfügbarkeit des Tests und der Bearbeitungsdauer).
- Trainer/innen können festlegen, dass Tests wiederholt werden dürfen. Ein Feedback auf eine Antwort oder die richtige Antwort kann angezeigt werden.[262]
- Testfragen und Antwortvorgaben können nach dem Zufallsprinzip ausgewählt oder in zufälliger Reihenfolge angezeigt werden.
- Fragen können mittels HTML gestaltet werden und Bilder enthalten.
- Die Ergebnisse mehrerer Versuche der Testbearbeitung können addiert werden. Tests können in mehreren Durchläufen bearbeitet werden.
- Es stehen verschiedene Fragetypen zur Verfügung: Multiple-Choice-Fragen mit einer oder mehreren richtigen Antworten, Kurzantwort-Fragen, Wahr-

---

259 http://docs.Moodle.org/de/Test, letzter Zugriff: 7. November 2010
260 vgl. Abbildung 40
261 vgl. Abbildung 40
262 vgl. Abbildung 41

Falsch-Fragen, Freitext-Fragen, Zuordnungsfragen, Lückentext-Fragen, numerische Fragen, zufällige Kurzantwort-Zuordnung. Informationstexte können in Tests integriert werden.[263]

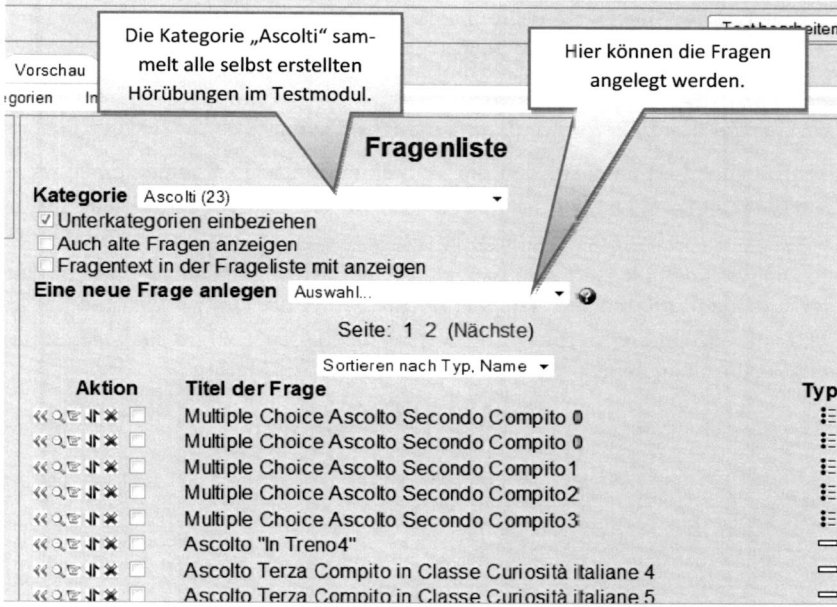

Abbildung 40: Fragen erstellen/zuordnen im Testmodul

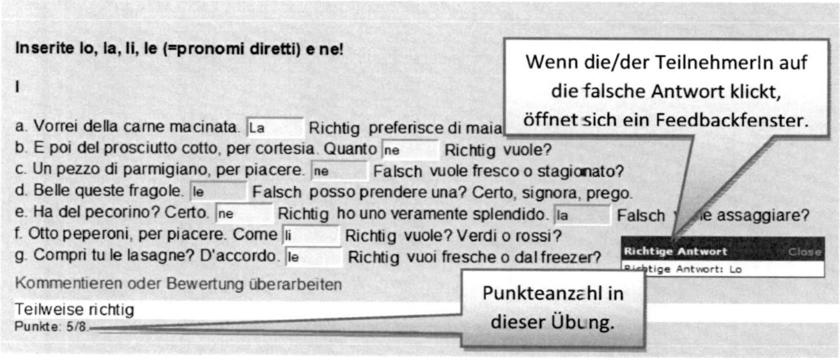

Abbildung 41: Feedback auf Fragen im Testmodul

263 http://docs.Moodle.org/de/Funktionalit%C3%A4t#Lernaktivit.C3.A4t_Aufgabe,
letzter Zugriff: 7. November 2010

7.1.7.1 Freitext

Dieser Fragentyp eignet sich für Fragen, bei denen eine kurze, aber frei formulierte Antwort gefordert ist, z. B. die Definition eines Fachbegriffs. Wenn die geforderte Antwort umfangreicher ist, dann bietet sich als Alternative die Lernaktivität Aufgabe an, insbesondere die Aufgabentypen „Online-Texteingabe" oder eine „Datei hochladen".[264]

Praktische Anwendung und didaktische Überlegungen

Im folgenden Beispiel wurden die TeilnehmerInnen im Rahmen eines remedialen Testmoduls aufgefordert, eine kurze Freitextaufgabe zu lösen.[265] Vordergründiger Sinn dieser Übung ist es, textsortenspezifisches Schreiben zu üben, aber auch im virtuellen Kontext rückzumelden. Nachdem die/der SchülerIn den geforderten Text (ricetta, dt. Rezept) in die Online-Matrix eingegeben hat, besteht die Möglichkeit für den Coach, den Text zu analysieren und ein Feedback zu geben.[266]

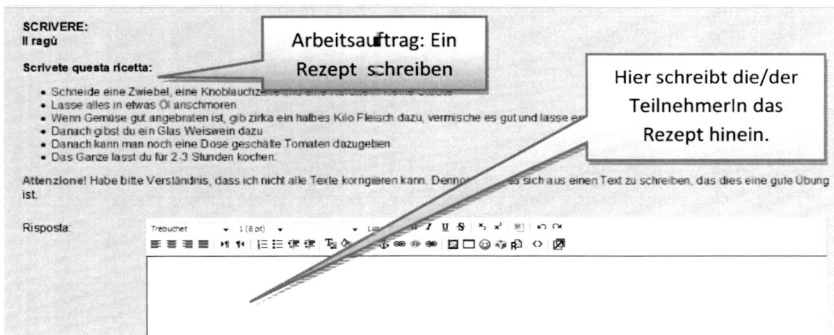

Abbildung 42: Freitextaufgabe im Testmodul

---

264 http://docs.Moodle.org/de/Freitext-Fragen, letzter Zugriff: 7. November 2010; vgl. Kapitel 7.1.1

265 vgl. Abbildung 42

266 vgl. Abbildung 43

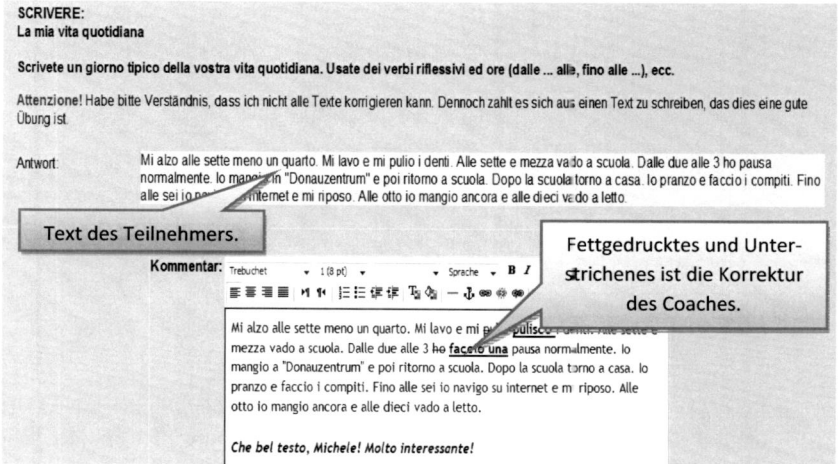

Abbildung 43: Rückmeldung des Coaches im Testmodul

7.1.7.2 Zuordnung

Zuordnungsfragen haben einen Fragetext und eine Liste mit Elementen, denen die entsprechenden Elemente einer zweiten Liste zugeordnet werden. Z. B. könnte die Aufgabe lauten: „Ordnen Sie den Ländern die jeweiligen Hauptstädte zu!" mit zwei Listen „Kanada, Italien, Japan" und ‚Ottawa, Rom, Tokio"[267].

Praktische Anwendung und didaktische Überlegungen

Im Italienischunterricht kann dieser simple Aufgabenmodus sehr gut für die Festigung diverser sprachlicher Strukturen herangezogen werden. Bereits geübte, situationsadäquate Redemittel können erneut im remedialen Kontext wiederholt bzw. überprüft werden.[268]

---

267 http://docs.Moodle.org/de/Zuordnungsfragen, letzter Zugriff: 2. August 2010
268 vgl. Abbildung 44

Abbildung 44: Zuordnungsfragen im Testmodul

7.1.7.3 Lückentext

Ein Lückentext stellt einen Text in einem speziellen Moodle-Format zur Verfügung, in dem die Teilnehmer verschiedene Fragen beantworten müssen. Die Fragen sind als Lücken in den Text eingebaut und können vom Typ Multiple-Choice-Frage, Kurzantwort oder numerische Frage sein.[269]

Praktische Anwendung und didaktische Überlegungen

Der Lückentext per se stellt wohl zweifellos eines der meist genutzten Überprüfungs-/Übungsformate im Fremdsprachenunterricht dar. Nicht zuletzt wegen seiner akkuraten Vergleichsmöglichkeit, vor allem im Bereich der Grammatik, erfreut sich dieser Aufgabentypus bei FremdsprachenlehrerInnen und Online-TutorInnen großer Beliebtheit. Das folgende Beispiel soll veranschaulichen, dass in der Cyberschool dem Übungscharakter mittels Einsatz remedialer Übungsszenarien große Bedeutung zugemessen wird, da grammatikalische „Drillschemata" bei den SchülerInnen insbesondere vor Prüfungen/Schularbeiten durchaus angenommen werden. In jenem konkreten Beispiel geht es um die Festigung des *presente* (i.e. Gegenwart).[270]

---

269 http://docs.Moodle.org/de/L%C3%BCckentext-Fragen, letzter Zugriff: 2. August 2010

270 vgl. Abbildung 45

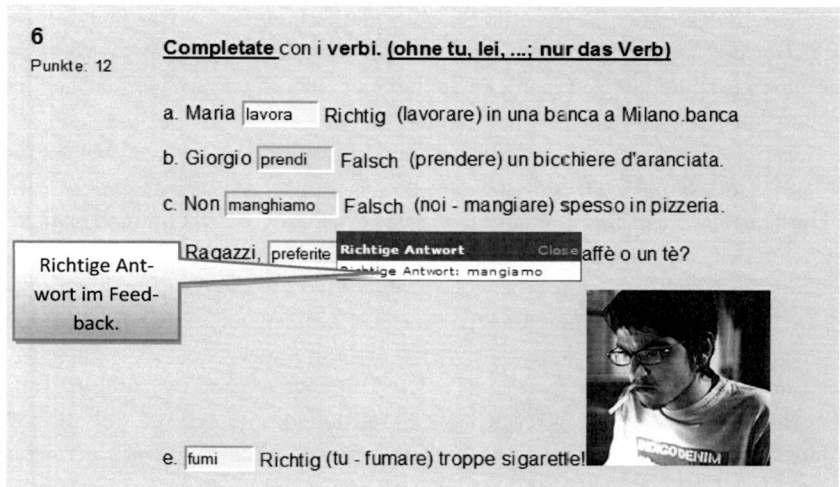

Abbildung 45: Lückentext im Testmodul

7.1.7.4 Multiple Choice

In einer Multiple-Choice-Frage erhält der Student eine Frage und eine Liste von Antworten. Moodle kann die Antwortliste jedes Mal mischen, wenn die Frage einem Teilnehmer vorgelegt wird.

Die Fragen können Bilder enthalten. Zwar können Bilder auch als Antworten benutzt werden, jedoch muss man den HTML-Editor einschalten und die Seite neu laden.

Jede Antwort in einer Multiple-Choice Frage kann getrennt bewertet werden. Es besteht die Möglichkeit eine negative Punktzahl für eine falsche Antwort zu geben oder eine teilweise Anerkennung für eine teilrichtige Antwort. Der Trainer kann Feedback zu den verschiedenen Antworten hinterlegen. [...]

Es gibt zwei Arten von Multiple-Choice-Fragen: mit einer richtigen Antwort oder mit mehreren richtigen Antworten[271].

Praktische Anwendung und didaktische Überlegungen

Der Multiple-Choice-Test stellt in der Fremdsprachendidaktik sowohl im analogen (i.e. z. B. Präsenzunterricht) als auch im digitalen Kontext (z. B. auf Lernplattformen) ein klassisches Format dar. Der gezielte Einsatz zu bestimmten curricularen Themen ist schier unbegrenzt. Der Coach hat mittels einfacher Programmierungsmatrix von Moodle die Möglichkeit, unterschied-

---

271 http://docs.Moodle.org/de/Multiple-Choice-Fragen, letzter Zugriff: 2. August 2010

liche Übungs- bzw. Überprüfungssequenzen zu kreieren.[272] Das nachfolgende Beispiel verweist auf ein „ascolto" (d. h. ein Hörbeispiel), bei dem die TeilnehmerInnen jene Ausdrücke ar klicken sollen, die von ihnen tatsächlich gehört bzw. im Hörtext erwähnt wurden.[273]

Ein evidenter Vorteil des digitaisierten Hörbeispieles ist es, bei häufig vorkommenden Verständnisschwierigkeiten im rezeptiven Bereich (hier Hörbeispiel), das „ascolto" mit dem integrierten Player des Öfteren abspielen zu können, um ein höchstmögliches Maß an Hörverständnis zu erreichen. Die Möglichkeit, inhaltlich bzw. sprachlich unklare Stellen oftmals anzuhören, dabei genau auf jene Passagen zu steuern, die Verständnisprobleme verursachen, unterstreicht erneut das enorm hohe Potenzial von Moodle, selbstgesteuertes, autonomes Lernen bei den TeilnehmerInnen zu fördern. Dennoch sollte hinzugefügt werden, dass es im Italienischunterricht mittel- bzw. längerfristiges Ziel sein sollte, Hörbeispiele lediglich zweimal vorzuspielen.[274]

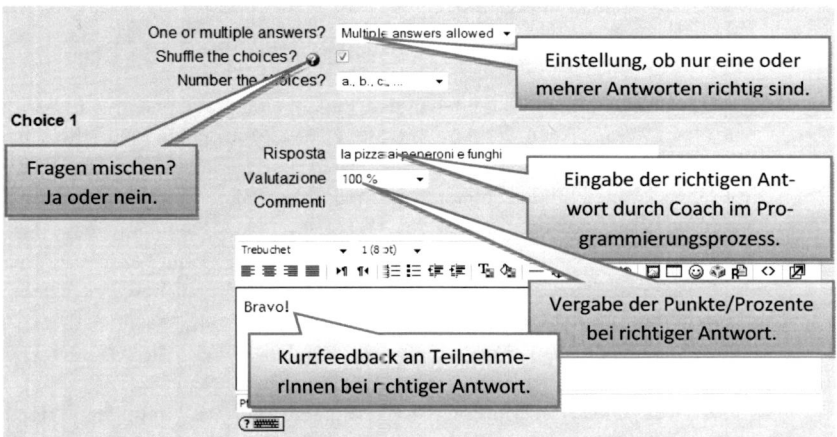

Abbildung 46: Programmierungsmatrix für Multiple-Choice fragen im Testmodul

---

272 vgl. Abbildung 46
273 vgl. Abbildung 47
274 vgl. italienische Reifeprüfung schriftlich, 4 Jahre; http://www.bifie.at/schulversuche-standardisierten-kompetenzorientieren-reifepruefung-lebenden-fremdsprachen (letzter Zugriff: 25. November 2010)

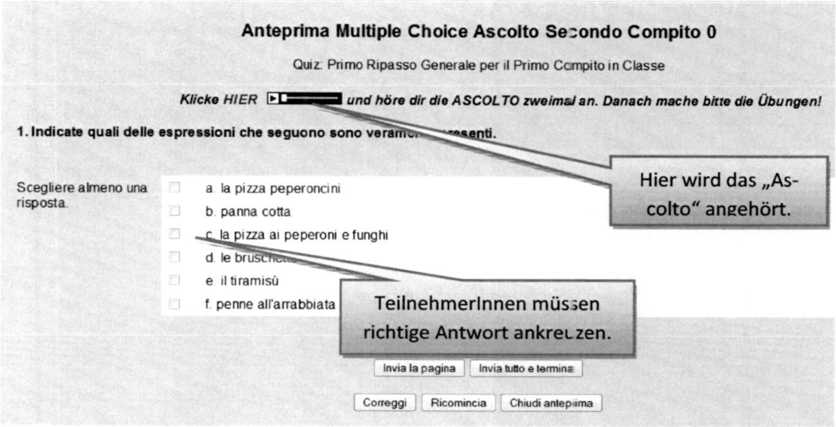

Abbildung 47: Hörbeispiel im Multiple-Choice-Format im Testmodul

7.1.7.5 Kurzantwort

Bei einer Kurzantwort-Frage muss der Teilnehmer die Antwort in Form eines Wortes oder einer Wortgruppe angeben. Die Antwort des Teilnehmers muss mit einer der vom Trainer vorgegebenen möglichen Antworten exakt übereinstimmen. Der Trainer legt fest, ob bei der Antwort Groß-/Kleinschreibung berücksichtigt wird oder nicht. Es empfiehlt sich, die gesuchte Antwort so kurz wie möglich zu halten, um Fehlern in der Formulierung vorzubeugen.[275]

Praktische Anwendung/didaktische Überlegungen

Das Kurzantwortmodul bietet eine durchaus interessante und effektive Möglichkeit bzw. Alternative zum Präsenzunterricht z. B. grammatikalische (bestimmte Konjugationen, Präpositionen, Artikel, etc.), curricular-relevante Inhalte (z. B. landeskundliche Informationen) und/oder Hörbeispiele abzufragen bzw. zu üben.[276]

---

275 http://docs.moodle.org/de/Kurzantwort-Fragen, letzter Zugriff: 20. November 2010
276 vgl. Abbildung 48

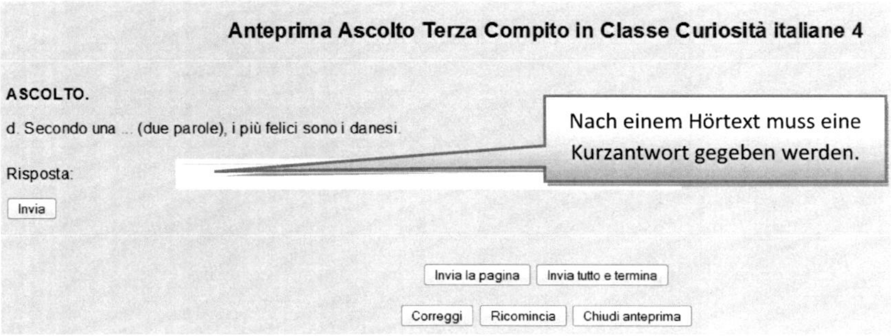

Abbildung 48: Kurzantwort im Testmodul

In obigem Beispiel ist klar ersichtlich, dass es sich hierbei um das Abprüfen gehörter Inhalte zu einem Hörtext handelt. Die TeilnehmerInnen sind
dazu angehalten, die Kurzantwort in das leer stehende Feld einzutragen (in
diesem Fall: *ricerca internazionale,* dt. internationale Studie). Wie oben
schon konstatiert, ist es beim Kurzantwort-Modul wichtig, die Antwort auf
eine geringe Wortanzahl zu beschränken, da eine Fehlerfrequenz, z. B. im
orthografischen oder grammatikalischen Kontext, sehr stark mit der Anzahl
der einzugebenden Wörter korreliert.

Ein großer Vorteil des Kurzantwort-Moduls liegt sicherlich in den konzeptuellen Einstellungen, die es der Tutorin/dem Tutor ermöglichen, valutativ gemäß ihrer/seiner Vorstellungen zu variieren. Das würde zum Beispiel
bedeuten, dass spezifische Einstellungen vorgenommen werden können, die
– wie in Abbildung 49 ersichtlich – orthografische Fehler ignorieren und
dennoch eine volle Punktevergabe für das korrekte inhaltliche Konstrukt
ermöglichen.[277] Vor allem in Zeiten einer erhöhten Legastheniefrequenz
können durch diese Einstellungen motivierende Impulse für die Lernenden
initiiert werden.

---

277 vgl. Abbildung 49; Anm.: hier werden 100% für *ricerca internationale* gegeben,
    korrekt wäre *ricerca internazionale*

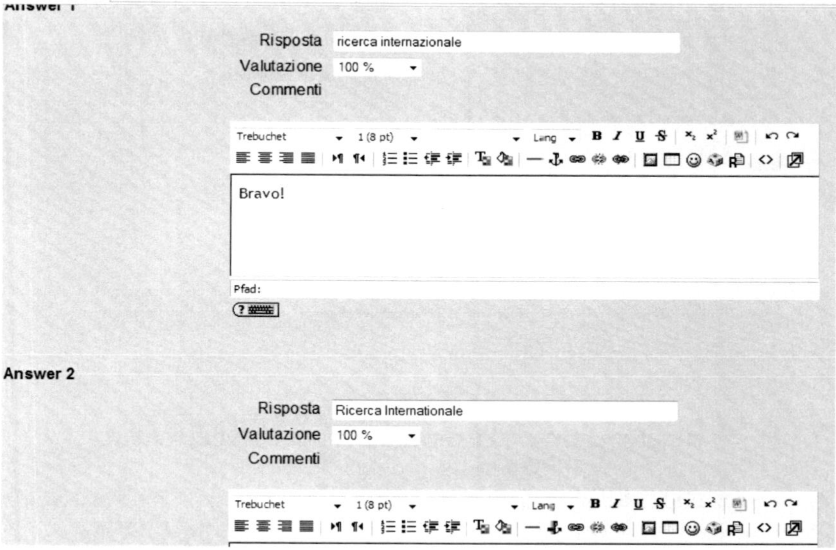

Abbildung 49: Einstellungen bei Kurzantwort im Testmodul

7.1.7.6 Wahr/Falsch

Bei dieser Frage werden dem Teilnehmer nur zwei Optionen zur Auswahl vorgelegt: Wahr oder Falsch. Der Fragetext kann Bilder oder HTML-Code enthalten. Wenn Feedback aktiviert ist, dann sieht der Teilnehmer eine seiner Antwort entsprechende Rückmeldung[278].

Das Wahr/Falsch-Modul ist ein sehr simples Werkzeug, welches das Globalverständnis unterschiedlicher Inhalte (z. B. Hörtexte, Lesetexte, grammatikalische Formen etc.) forciert bzw. abprüft. Es eignet sich sehr gut, um gewisse Inhalte, die globales Verständnis zwecks curricularen Aufbaus (d. h. Weitermachen mit dem Stoff) voraussetzen, abzufragen.[279]

In jenem konkreten Beispiel steht die mehr oder minder globale grammatikalische Frage, ob man für das Verb *cominciare* (dt. beginnen) die Hilfsverben *avere* (dt. haben) und *essere* (dt. sein) verwenden darf[280].

---

278 vgl. http://docs.Moodle.org/de/Wahr-Falsch-Fragen, letzter Zugriff: 23. August 2010
279 vgl. Abbildung 50
280 Die Antwort lautet: *wahr;* Il film è cominiciato. Ho cominciato a studiare.

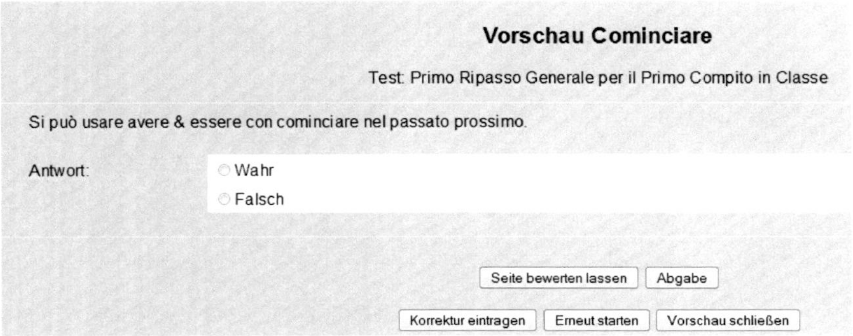

Abbildung 50: Wahr/Falsch-Übung im Testmodul

7.1.8 TeilnehmerInnen-Performanz in der Cyberschool

Ein essenzielles Feature auf der Lernplattform Moodle stellt die Analyse der Performanz der TeilnehmerInnen in sämtlichen Übungs- bzw. Testmodi dar. Die Lernplattform fasst somit die Einzelleistungen der SchülerInnen im virtuellen Kontext über einen bestimmten Zeitraum zusammen, sodass sich die Tutorin/der Tutor ein übersichtliches Bild über die Gesamt- bzw. Einzelperformanzen verschaffen kann.[281]

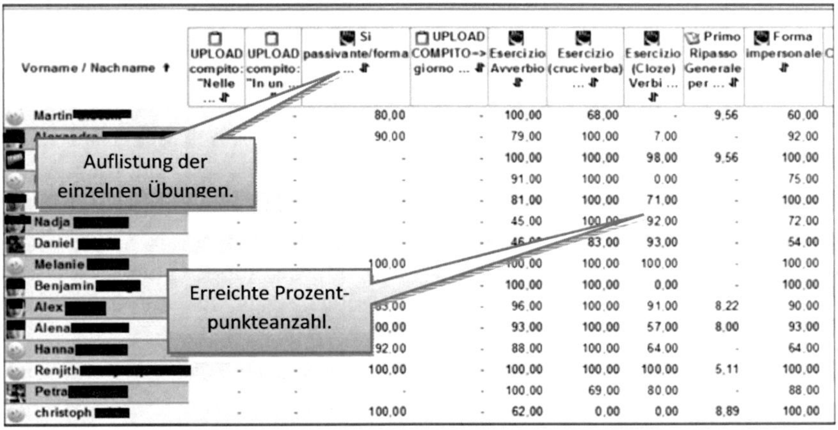

Abbildung 51:
Auflistung der gesamten SchülerInnenperformanzen innerhalb der Cyberschool

---

281 vgl. Abbildung 51 und Abbildung 52

Diese Abbildung verdeutlicht die klar strukturierte Auflistung der Leistungen der TeilnehmerInnen bei allen zu erledigenden Übungen (i.e. Gesamtperformanz). In der horizontalen Leiste über den Namen sind die Übungstypen und die erreichte Punkteanzahl der TeilnehmerInnen ersichtlich (z. B. Hot-Potatoes-Übung[282] zum Thema *avverbio,* dt. Adverb, Gesamtwiederholung, i.e. Primo Ripasso Generale, etc.)

Abbildung 52:
Auflistung der Einzelperformanz zu einer Übung innerhalb der Cyberschool

Moodle bietet auch die Möglichkeit, Einzelperformanzen (i.e. Leistungsinformationen, wie Punkteanzahl, Zeitpensum, etc.) zu den jeweiligen Übungen abzufragen. Diese Funktion ist vor allem dann relevant, wenn gewisse curriculare Themen in Verbindung mit speziellen Aufgabenstellungen geübt werden sollen und großer Wert auf die Leistungen (i.e. Erreichen einer bestimmten Punkteanzahl) gelegt wird.[283] Rückmeldungen werden im wissenschaftlichen Kontext als „integrale Komponente von Lehr-Lernprozessen"[284] dargestellt, aber:

> Feedback is even more critical in the online environment, where students may feel isolated and detached. More than students in traditional settings, online students need appropriate feedback on performance because learning in the online medium is complicated by the disconnection of electronic textual communication. Devoid of the environmental and nonverbal signals available in face-to-face contact, the online classroom requires effective feedback in order to alleviate some of this disconnection and to reduce feelings of isolation in the online student[285].

---

282 AutorInnensoftware für webbasierte interaktive Übungen (z. B. Lückentext- oder Kreuzworträtselgenerator); weitere Informationen: http://www.hotpotatoes.de/, letzter Zugriff: 6. November 2010.

283 vgl. Abbildung 52

284 Seel in: Bloh & Lehmann (2002b), S. 87

285 Schwartz/White (2000), S. 167 in: Bloh/Lehmann (2002b), S. 37

Im Kontext der Lernplattform Moodle bzw. der schulinternen Cyber-school hat das Online-Feedback für die Tutorin/den Tutor sehr starken per-formativen Charakter, d. h. durch die übersichtliche Gestaltung der einzelnen Ergebnisse kann die Lehrkraft sofort bewertende Schlüsse ziehen, die den re-medialen Übungsprozess für das Ausmerzen von evidenten Schwächen un-terstützen und somit in weiterer Folge der Teilnehmerin/dem Teilnehmer tutoriellen Input geben (i.e. er/sie weiß sofort Bescheid, auf welcher Ebene sprachliche Unzulänglichkeiten vorkommen).[286]

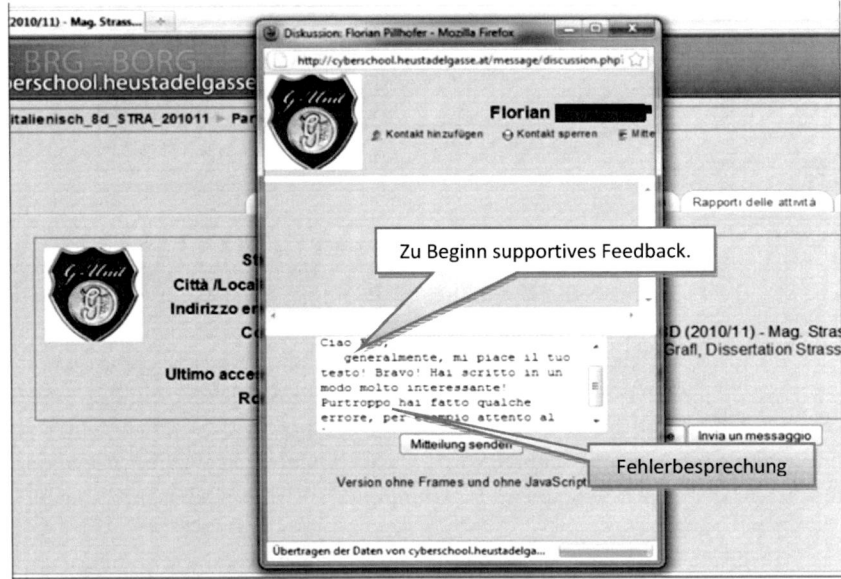

Abbildung 53:
Kontaktaufnahme des Tutors mit Schülerin um Schwächen zu besprechen

Zur Annahme, dass Online-Feedbacks ein vitales Kommunikationsele-ment im virtuellen Kontext seien, konstatieren Bloh und Lehmann:

> *Online-Feedback* meint eine besondere, zugleich die fehlenden kontextuellen und nonverbalen Rückmeldungen kompensierende Reagibilität, um sensitiv auf Prozesse, Ergebnisse und Problem zu antworten, einzugehen und einzuwirken, und signalisiert zudem „Online-Präsenz" und damit interessierte Involviertheit in den Kommunikations- und Lernprozess.[287]

---

286 vgl. Abbildung 51 und Abbildung 52
287 Bloh & Lehmann (2002b), S. 89

Ferner wird festgehalten:

[U]mfassendes, [wie z. B. in der Cyberschool praktiziertes], konstruktives und effektives Feedback liefert somit kontinuierliche Informationen zur Unterstützung und Gestaltung des Lernprozesses[288] und ist:

- multidimensional, d. h. bezieht sich auf eine Vielzahl von Bereichen (z. B. Inhalt, Präsentation, Kommunikation),
- multifunktional (u. a. rahmend, sozial, organisierend, metakommunikativ lernprozess- oder verhaltensbezogen, inhaltlich-konstruktiv, -korrektiv, -explanativ, motivational, evaluativ),
- relevant (für die Lernenden, die Prozesse und die „Sache"), dabei
- deskriptiv, nicht (ab)wertend (sachliche, beschreibende Informationen über Lernprozess, Arbeitsergebnis etc. mit der Chance für die Lernenden, persönliche Stärken und Schwächen anerkennen zu können),
- unterstützend, ermutigend (Anbieten von Informationen, die es den Lernenden – unter Berücksichtigung ihrer Bedürfnisse und Aufnahmekapazität – ermöglichen, spezifische Veränderungs- oder Verbesserungsmöglichkeiten zu erkennen),
- lernerkontrolliert (insofern die Lernenden über Wahl- und Entscheidungsmöglichkeiten verfügen, wie sie auf bestimmte Informationen reagieren bzw. Rückmeldungen beantworten),
- rechtzeitig (nach einer Lernaktivität oder Aufgabe)
- spezifisch (d. h. fokussiert auf konkrete Beobachtungen bzw. Handlungen/ Verhaltensweisen, evtl. auch bestimmte Empfehlungen oder Vorschläge und somit handlungsbezogen einschließlich der Entwicklung möglicher Alternativen, nicht persönlichkeitsbezogen i. S. einer umfassenden „Charakterisierung" oder spekulativen Analyse mit diagnostischen Schlussfolgerungen),
- regelmäßig und
- konsistent[289].

Alle von Bloh und Lehmann erwähnten Aspekte des Feedbacks innerhalb unterschiedlicher Lernprozesse können weder ohne inhaltlich-konzeptionelle noch ohne ideelle Abstriche im leistungsbewertenden Feedbackbereich der Cyberschool adaptiert werden.

Die Multidimensionalität ist durch die performative Analyse unterschiedlicher Handlungsfelder der TeilnehmerInnen gesichert. Sowohl absolvierte Testmodule, aber auch abgehaltene Kommunikationsaktionen werden in Moodle protokolliert und können im Sinne der Leistungsoptimierung von der Tutorin/vom Tutor genutzt werden. Die multifunktionale Komponente ist im

288 vgl. White/Weight (2000) in: Bloh & Lehmann (2002b), S. 89
289 Bloh & Lehmann (2002b), S. 89

Idealfall vor allem durch die kontinuierliche korrektive, explanative, aber hauptsächlich motivationale Performanz der Tutorin/des Tutors gewährleistet. Durch ein fundiertes, stark positiv konnotiertes Feedback in Richtung Remedialisierung gewisser sprachlicher Insuffizienzen der Schülerin/des Schülers im Fach Italienisch durch die Online-Mentorin/den Online-Mentor ist eine lernertragsoptimierende Relevanz des Feedbackprozesses per se bei den TeilnehmerInnen sicherlich gegeben, da man im klassischen Sinne Nutzen von unterschiedlichen Inputs im feedbackspezifischen Kontext ziehen kann. Eine der wohl essenziellen und gerade im schulischen Bereich notwendigsten Methoden ist das Feedback auf deskriptiver, nicht abwertender Ebene, da es – ohne eine zu allgemeine Äußerung zu treffen – integrativer Bestandteil des LehrerInnenportfolios ist, grundsätzlich bewusst fehlersuchend SchülerInnenarbeiten zu bearbeiten. Sachlich-analytische Antworten vonseiten der Tutorin/des Tutors können konstruktive Wissensakquisitionsprozedere bzw. Verbesserungsszenarien bei den SchülerInnen bewirken, da das klassisch „Schulmeisterliche" im reflektiven Prozess an Bedeutung verliert. Selbstverständlich sollte das Feedback unterstützend und ermutigend sein und LernerInnen-kontrolliert, was bedeutet, dass durch das vorausgegangene remediale Feedback der Lehrkraft die Teilnehmerin/der Teilnehmer in der Cyberschool selbstgesteuert unterschiedliche Online-Angebote nutzt (z. B. Tests, Hörbeispiele, etc.), um den ersten Schritt in Richtung lehrplanspezifischer Leistungssteigerung zu machen. Online-Feedback sollte rechtzeitig ausgeübt werden, um unterschiedliche, spezifische Schwächen im Fach Italienisch zu erkennen und gemeinsam, mit dem Fokus auf den selbstgesteuerten Remedialisierungsprozess, eine Steigerung im performativen Bereich zu initiieren. Ein einziges Feedback während des Schuljahres erscheint im virtuellen Kontext als eindeutig zu wenig, da eine gewisse Regelmäßigkeit der Rückmeldungen der Online-Tutorin/des Online-Tutors im Übungs- bzw. Lernprozess als enorm wichtige Stabilisierungskomponente deklariert werden muss. Neben der Regelmäßigkeit sollte das performative Feedback auch konsistent sein, was genauer betrachtet nichts anderes bedeutet, als dass nur eine straffe Stärken/Schwächenanalyse im (virtuellen) Performanzbereich zielführend sein kann.

7.2   Web 2.0 und Moodle

7.2.1   Web 2.0 vs. Cyberschool

Der Begriff „Web 2.0" wurde durch die beiden „Internet-Vordenker" Tim O'Reilly und Dale Dougherty im Herbst 2004 erfunden und repräsentiert mittlerweile eines der wichtigsten Konzepte im IT-Umfeld. Als relativ pointierte Definition dieses „buzzwords" *Web 2.0* kann jene von O'Reilly selbst herangezogen werden:

> Web 2.0 is the network as platform, spanning all connected devices; Web 2.0 applications are those that make the most of the intrinsic advantages of that platform: delivering software as a continually-updated service that gets better the more people use it, consuming and remixing data from multiple sources, including individual users, while providing their own data and services in a form that allows remixing by others, creating network effects through an "architecture of participation", and going beyond the page metaphor of Web 1.0 to deliver rich user experiences.[290]

Web 2.0 kann als Metapher verstanden werden, es stellt eine

> Kennzeichnung [dar], die aus der Softwarebranche kommt und dort die zweite, verbesserte Version eines Programms anzeigt. [...] [es] bedeutet zunächst nichts anderes, als dass wir es beim Web 2.0 mit einer „überarbeiteten Neuauflage" des ersten WWW zu tun haben. Allerdings bezeichnet es weniger eine technische Neuerung als vielmehr eine Neuerung, welche die Wahrnehmung und Nutzung des Internets betrifft.[291]

Nicht nur das klassische Forschungsfeld der IT, sondern auch die Medienpädagogik erkannte das terminologisch-interpretative Potenzial von Web 2.0 und nahm dahin gehend unterschiedliche Forschungsansätze auf. Im Kontext des akademischen Diskurses wurde der Terminus Web 2.0 als überladenes „buzzword" eingestuft, welches keine konkrete terminologische Schärfung im konkreten Anwendungsbereich impliziert. Die akademische Community ist sich weitgehend einig, dass man mit Web 2.0 oftmals keine konkreten technologischen Entwicklungen assoziieren bzw. illustrieren kann.[292] Somit erscheint es durchaus diffizil, im Licht unterschiedlicher terminologischer

---

290 http://radar.oreilly.com/archives/2005/10/web-20-compact-definition.html, letzter Zugriff: 23. Oktober 2010

291 Hugger & Walber, S. 75

292 vgl. Zeppenfeld & Behrendt, S. 3

Schwächen eine konkrete Definition von Web 2.0 zu finden. Dennoch scheint es im Sinne einer terminologischen Vereinheitlichung durchaus sinnvoll zu sein, unterschiedliche Kernaussagen bzw. Grundcharakteristika von Web 2.0 hervorzuheben und im Hinblick auf Kapitel 7.2.2, das sich hauptsächlich mit der praktischen Anwendbarkeit einiger Web-2.0-Tools in der Umwelt der Cyberschool beschäftigt, zur Lernplattform herauszustreichen.

Lernplattformen wie die Cyberschool stellen eine Insel im Internet dar,

> [...] die niemandem außer den berechtigten Nutzenden zugänglich ist und in die alle nötigen Inhalte überführt werden. Web 2.0 Plattformen [sind] als „Portal" im Netz offen, und Inhalte werden nur verlinkt. Während bei traditionellen Lernplattformen Lernende nur die vorgegebenen Werkzeuge nutzen können, konfigurieren Lernende bei Web 2.0-Anwendungen die Funktionen nach ihren eigenen Bedürfnissen selbst.[293]

Lernplattformen an sich haben hierarchische Rechtestrukturen mit einer oftmalig expliziten Differenzierung von Lernenden, Lehrenden und AdminstratorInnen. Diese Einteilung erinnert stark an schulische Strukturen, was im Kontext des selbst verantworteten und sozialen Lernens im Web 2.0 auch kritisch angesehen wird.[294]

Momentan ist eine beschleunigte Entwicklung bei Lernplattformen feststellbar, was nichts anderes bedeutet, als dass nicht mehr versucht wird beide Technologien (Web 2.0 und Lernplattformen) gegeneinander zu stellen, sondern sie miteinander zu fusionieren:

> Viele Funktionen aus Web 2.0-Anwendungen werden in herkömmliche Lernplattformen integriert, und Lernenden können umfassendere Gestaltungsrechte eingeräumt werden. [...][295]

Durch die kontinuierliche technologische Weiterentwicklung im Bereich von Lernplattformen (i.e. neue Tools, Plug-Ins) und die fortschreitende Didaktisierung (i.e. konkrete Überlegungen zur seriösen Nutzung von Web-2.0-Applikationen in Blended-Learning-Sequenzen) gilt es Synergieeffekte mit unterschiedlichsten Tools zu fördern, die im folgenden Kapitel durch die Inklusion von Web-2.0-Tools im fremdsprachlichen Cyberschool-Unterricht veranschaulicht werden.

---

293 Petko, S. 18
294 vgl. ebd.
295 ebd.

7.2.2   Web-2.0 -Tools für den Fremdsprachen- bzw. Italienischunterricht

Wie bereits des Öfteren erwähnt, impliziert der Begriff Web 2.0 teilweise terminologische Unschärfe, jedoch fällt eine Ad-hoc-Assoziation mit gewissen Anwendungen nicht schwer. Applikationen wie YouTube, Wikipedia, Facebook, etc. werden sofort mit Web 2.0 in Verbindung gebracht. Abgesehen von diesen „major tools", deren Anwendungsgebiete auch im Fremdsprachenbereich evident sind, sollen vor allem „kleinere" Tools präsentiert werden, deren Bekanntheitsgrad womöglich weit unter jenem der oben genannten liegt.

Um eine terminologische Vereinheitlichung bzw. Differenzierung im Anwendungsbereich der in den nächsten Kapiteln vorgestellten Anwendungen zu erreichen, erscheint es als durchaus relevant, O'Reillys Schlüsselprinzipien zur Grundcharakterisierung von Web 2.0 vorzustellen:

- das Web als Plattform (anstatt des lokalen Rechners)
- datengetriebene Anwendungen (Inhalte sind wichtiger als das Aussehen)
- die Vernetzung wird verstärkt durch eine „Architektur des Mitwirkens" (jeder kann mitmachen)
- Innovationen beim Aufbau von Systemen und Seiten durch die Verwendung von Komponenten, welche von verschiedenen Entwicklern erstellt worden sind und beliebig miteinander kombiniert werden können (ähnlich dem Open-Source-Entwicklungsmodell)
- einfache Geschäftsmodelle durch das verteilte, gemeinsame Nutzen von Inhalten und technischen Diensten
- das Ende des klassischen Softwarelebenszyklus; die Projekte befinden sich immerwährend im Beta-Stadium
- die Software geht über die Fähigkeiten eines einzelnen Verwendungszwecks hinaus
- es wird nicht nur auf die Vorhut von Web-Anwendungen abgezielt, sondern auf die breite Masse der Anwendungen[296]

---

296 http://oreilly.com/web2/archive/what-is-web-20.html, letzter Zugriff: 24. Oktober 2010

7.2.2.1 bubbl.us – kollaboratives Mindmapping (www.bubbl.us)[297]

Beschreibung

Bei *bubbl.us* handelt es sich um eine kostenlose Online-Brainstorming-Applikation, mit der sämtliche Mindmapping-Prozesse festgehalten, gesteuert bzw. adaptiert werden können.

Praktische Anwendung

Bubbl.us ist eines unter vielen Mindmapping-Tools, das es ermöglicht, gruppendynamische Prozesse innerhalb der Präsenzstunden, aber auch in dislozierten Unterrichtseinheiten innerhalb der Cyberschool zu fördern. In jenem konkreten Beispiel bestand die Aufgabe darin, in der Präsenzstunde Vor- und Nachteile des „vita in campagna" (dt. Leben auf dem Land) zu sammeln.

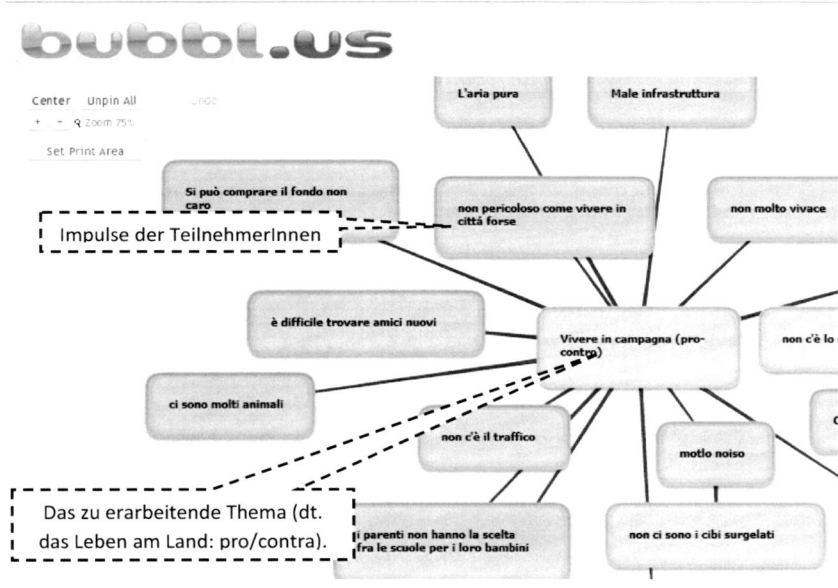

Abbildung 54: kollaboratives Mindmapping mit *bubbl.us*

---

297 Anm.: Sämtliche Einträge bei *bubbl.us* (vgl. Abbildungen 54–58) wurden von den TeilnehmerInnen vorgenommen und anfänglich vom Coach im Sinne des produktiv-kollaborativen Ideenfindungsprozesses nicht korrigiert.

Nach einer Gruppenphase konnten die SchülerInnen zum aufgebauten Laptop (inklusiver Beamer) gehen und ihre Ideen in Echtzeit in das Mindmappingprogramm eingeben. Nach einer gewissen Ideensammlungsphase bestand die Hausübung darin, weitere Argumente für bzw. gegen das Leben auf dem Land von zu Hause bzw. abseits der Präsenzstunde zu finden, um das zeit- und ortsungebundene Potenzial der Anwendung zu erfahren.

Vor allem die Ideensammlung von zu Hause aus oder abseits des Präsenzunterrichtes soll die kollaborative Komponente von *bubbl.us* unterstreichen, da es jederzeit möglich ist zu eruieren, wer gerade mit einem zeitgleich an der Mindmap arbeitet.[298]

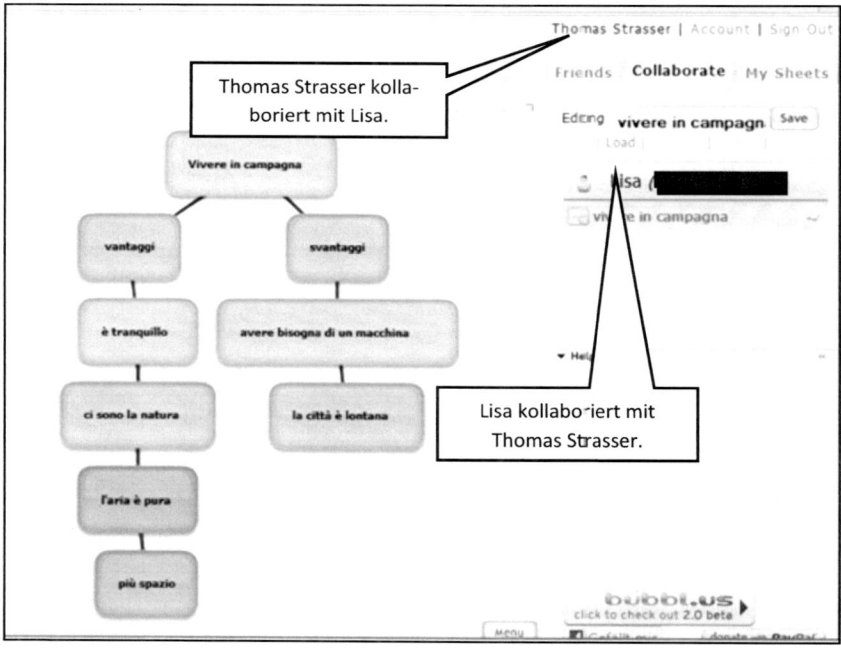

Abbildung 55: Sehen, mit wem man kollaboriert

Mehrwert von bubbl.us

Abgesehen von einem der explizitesten Merkmale von Web 2.0, nämlich der Kostenfreiheit und dem hohen Kollaborationspotenzial, d. h., die TeilnehmerInnen können aktiv in den Gestaltungsprozess des Produktes mitwirken und

---

298 vgl. Abbildung 55

somit als „Prosumer"[299] – ein Hybrid aus *Producer* und *Consumer* (dt. Produzent und Konsument) – agieren, überzeugen leicht applizierbare Features wie die Möglichkeit, das Produkt in einen eigenen Blog bzw. in die eigene Lernplattform einzubetten. Ein simples, für das Web 2.0 so typisches *Copy & Paste-Verfahren* ermöglicht es, die auf eine bestimmte URL[300] gebundene Anwendung zu „entdomestizieren" und aktiv in ein eigenes Lernumfeld als html-Code[301] einzubetten. Somit eröffnet sich ein weiteres vorteilhaftes Web-2.0-Spezifikum: ohne Programmierkenntnisse inhaltlich und grafisch anspruchsvolle Anwendungen mühelos in eigene Lernumgebungen einzubinden.[302] Ferner ermöglicht es *bubbl.us* das gemeinsame Produkt als Bilddatei zu speichern und auszudrucken.[303]

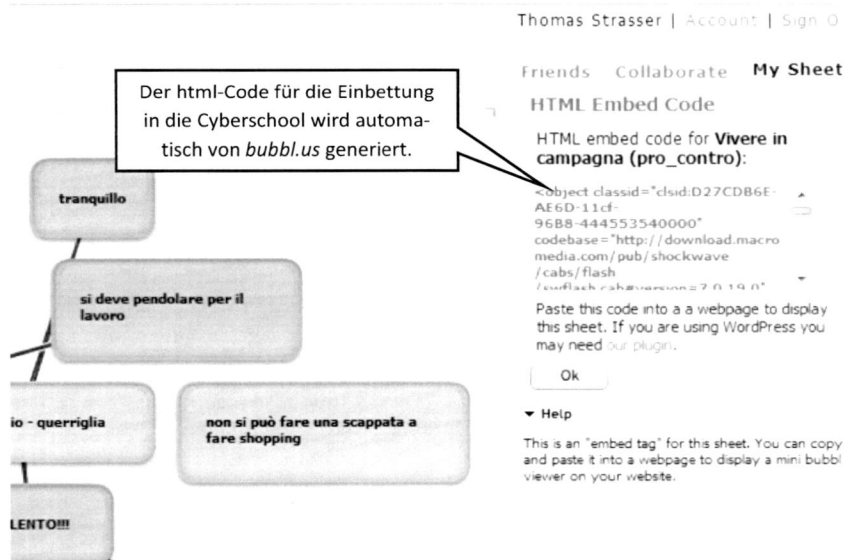

Abbildung 56: Mindmap als html exportieren

299 vgl. http://de.wikipedia.org/wiki/Web_2.0, letzter Zugriff: 24. Oktober 2010

300 Uniform Resource Locator, teilweise umgangssprachlich für Internetadresse (vgl. http://de.wikipedia.org/wiki/URL, letzter Zugriff: 24. Oktober 2010)

301 html: hyper text mark-up language; Internetprogrammiersprache

302 vgl. Abbildung 56 und Abbildung 58

303 vgl. Abbildung 57

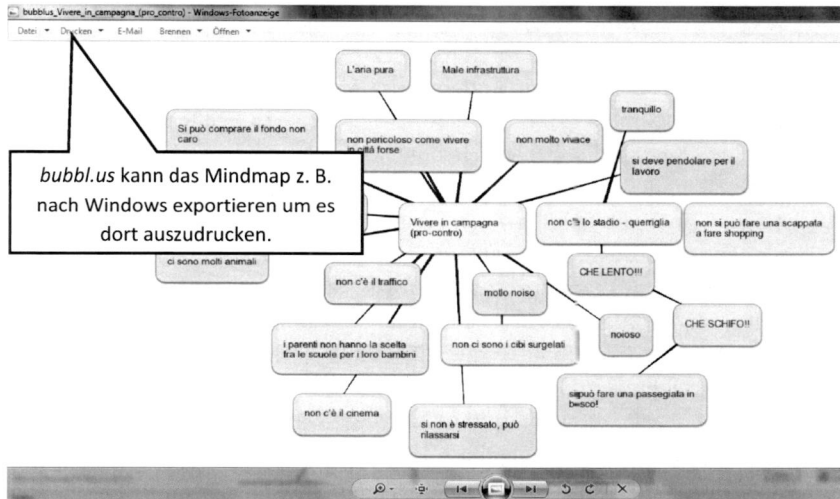

Abbildung 57: Mindmap als Bild ausdrucken

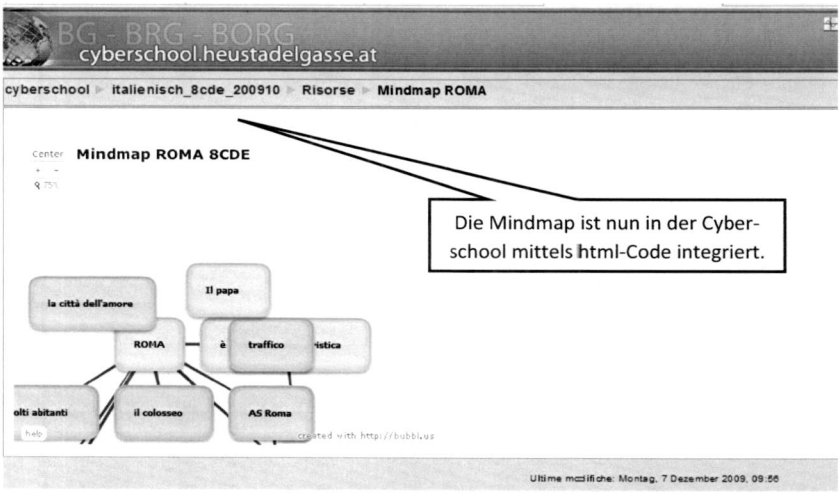

Abbildung 58: Mittels html-Code Mindmap in Cyberschool einbinden

Der kollaborativ-interaktive Nutzen dieser Anwendung im Fremdsprachenunterricht liegt auf der Hand: Unterschiedliche Ideenfindungsprozesse
können im dynamischen kollaborativ-interaktiven Umfeld gefördert werden.
Das Brainstorming sollte in der zu erlernenden Fremdsprache durchgeführt

werden, um somit die Fähigkeit des Schreibens inklusive aller lexikalisch-grammatikalischen Aspekte zu fördern. Die Lehrerin/der Lehrer nimmt in diesem Diskurs lediglich die Rolle einer/s hierarchisch gleichwertigen Teil-nehmerIn/Teilnehmers ein, d.h. sie/er hat die gleichen Feedback- und Gestal-tungsrechte. Klassische Fehlerbehebungsprozedere (i.e. LehrerIn korrigiert SchülerIn) können mit kollaborativem Mindmapping in einem neuen Licht erscheinen: Auch die SchülerInnen können sprachliche Schwächen an Kolle-gInnen innerhalb des kollaborativen Settings rückmelden, was in der Regel einen verringerten Stigmatisierungsprozess (Stichwort: *peer-correction*) för-dert. Das durch *bubbl.us* zur Verfügung gestellte Setting erschafft eine enthierarchisierte Community, die dynamische Kollaborationsprozesse mit kollegialem, nicht wertenden Feedback fördert.

Das Arbeiten mit kollaborativen Mindmaps stellt einen kontinuierlichen Prozess dar, aktuelle bzw. adaptierte Ideen können ohne weiteres im Nachhi-nein auf *bubbl.us* hinzugefügt werden, um somit curriculare Prozesskontinui-tät zu gewährleisten. TeilnehmerInnen werden zum *teamplaying* inklusive dem Einsatz von *social skills* (z.B. Rücksichtnahme auf Ideen anderer, kol-legiales Feedback zu Fehlern in der Sprache, etc.) im Prozess angeregt. Durch die automatische Aktualisierungsfunktion von *bubbl.us* werden sämt-liche neue Einträge mit der Lernplattform synchronisiert.

Kollaboratives Mindmapping fördert O'Reillys Konzept der „Architektur des Mitwirkens"[304], eine Web-2.0-Königsdisziplin, da durch eine Entvertika-lisierung des pädagogischen Settings dynamisches Teamwork – ganz im Sinne des „Mitmachwebs"[305] – unterstützt wird.

---

[304] vgl. http://oreilly.com/web2/archive/what-is-web-20.html, letzter Zugriff: 24. Okto-ber 2010

[305] vgl. http://www.heise.de/newsticker/meldung/Web-2-0-Summit-Hype-ums-Mitmach-Web-187797.html, letzter Zugriff: 24. Oktober 2010

7.2.2.2 Openetherpad – kollaborative Textproduktion (http://openetherpad.org)[306]

Beschreibung

Openetherpad ist ein effektives Web-2.0-Tool, das die kollaborative Schreibkompetenz in Echtzeit unterstützt. Im Klassenverband bzw. in dislozierten Telelearningszenarien können unterschiedliche Textsorten live erarbeitet werden.

Praktische Anwendung

Im unten erklärten Beispiel handelt es sich um eine gezielte Textproduktion zum Thema „diario di viaggio" (dt. Reisetagebuch). Im konkreten Anlassfall sollten die TeilnehmerInnen in einer Präsenzstunde im EDV-Saal einen Reisetagebucheintrag gemeinsam verfassen. Grundsätzlich gilt es, dem kreativen Schreibprozess keine Restriktionen aufzuerlegen, um ein höchstmögliches Maß an Schreibfluenz zu gewährleisten. Die Lehrerin/der Lehrer gibt lediglich formale Rahmenbedingungen für die Textsorte vor (i.e. Länge, Einsatz gewisser Zeiten, Destination). Nachdem die Lehrkraft den Link zum Betreten der Matrix übermittelt hat, kann der Schreibprozess beginnen.[307]

Typisch für ein kollaboratives Textproduktionstool in Echtzeit sind anfängliche Schwierigkeiten im „turn-taking" (d. h. wer beginnt einen Satz und wer vervollständigt ihn?). Hier kann die Lehrerin/der Lehrer diskursiv schlichtend „eingreifen", in dem sie/er die SchülerInnen eine gewisse „Netiquette"[308] lehrt, die den jeweiligen TextproduzentInnen erlaubt, Sätze bzw. Gedankengänge zu komplettieren. Erst nachdem eine sprachliche Ausführung vollständig ist, sollte ein/e andere/r TeilnehmerIn den Text fortführen.

---

306 Anm.: Sämtliche Einträge bei *openetherpad.org* (vgl. Abbildungen 59–61) wurden von den TeilnehmerInnen vorgenommen und anfänglich vom Coach im Sinne des produktiv-kollaborativen Ideenfindungsprozesses nicht korrigiert.
307 vgl. Abbildung 59
308 vgl. Etiquette, Netiquette = Benimmregeln im Internet

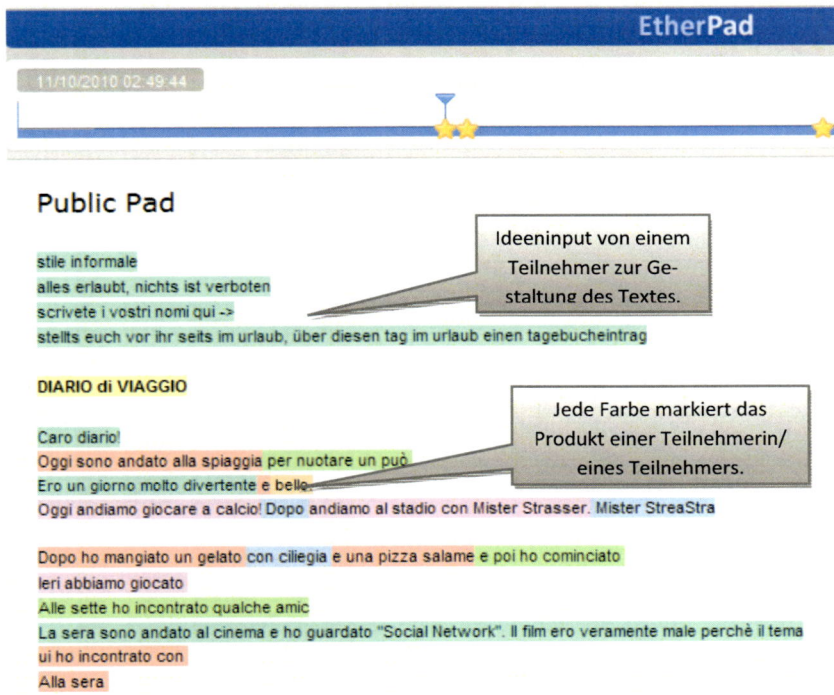

Abbildung 59: kollaborative Textproduktion in Echtzeit

Didaktischer Mehrwert

Openetherpad ist kostenlos und stellt somit für eine Bildungseinrichtung rein von der Akquisition her keine monetäre Belastung dar. Die Benutzeroberfläche ist sehr intuitiv und selbsterklärend, was für den Einsatz bei teilweise ungeschultem Personal von großer Bedeutung ist. Die Tatsache, dass ein klassischer Registrierungsprozess (für LehrerInnen und SchülerInnen) für das uneingeschränkte Nutzen dieser Applikation nicht von Nöten ist, erhöht die Wahrscheinlichkeit, dass eine solche Applikation des Öfteren im Unterricht bzw. in dislozierten Unterrichtssequenzen eingesetzt wird. Somit spiegelt sich erneut ein klassisches Web-2.0-Feature wider, nämlich jenes der leichten Anwendbarkeit, einer extrem hohen *usability* ohne beeindruckende IT-Kenntnisse.

Aus fremdsprachendidaktischer Sicht dient *openetherpad* vor allem der Festigung der textsortenspezifischen Schreibkompetenz. Die in der Fremdsprache artikulierten Texte können unter dem *peer-review*-Prinzip produziert, adaptiert, modifiziert und korrigiert werden. Die Lehrkraft wird in diesem gruppendynamischen Produktionsprozess erneut hierarchisch entvertikalisiert, d. h. sie ist eine unter vielen *peers* mit der Möglichkeit, selbst produktiv und korrektiv zu agieren. Im Idealfall entsteht durch den Gruppenprozess ein sprachlich adäquates, textsortenkongruentes und kohärentes Produkt i.e. Reisetagebucheintrag).[309]

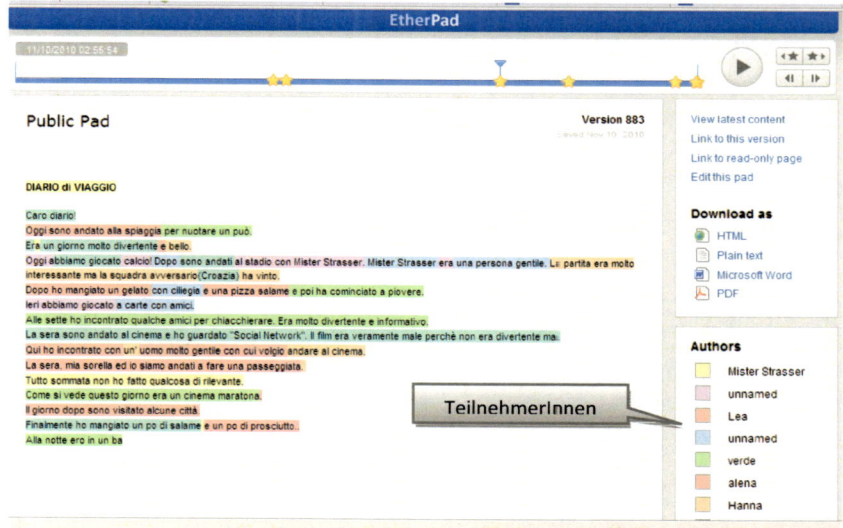

Abbildung 60: Produktion eines Reisetagebuches mit *openetherpad*

Openetherpad fördert nicht nur diskursive Kollaboration, sondern auch die interne Kommunikation. Die Matrix ermöglicht es, während des synchronen Schreibprozesses mit den *peers* im Rahmen eines Chats zu kommunizieren. Mögliche Punkte einer Chatsequenz können die Diskussion über sprachlich adäquatere Formen oder relevantere Inhalte sein, d. h. wenn bei einigen TeilnehmerInnen der Bedarf nach Adaption bzw. Modifikation produzierter Textstellen besteht, können die *peers* im internen Diskurs alternative Möglichkeiten vorschlagen, um diese in einem sehr basisdemokratisch anmutenden Feedbackprozess zu behandeln.[310]

---

309 vgl. Abbildung 60
310 vgl. Abbildung 61

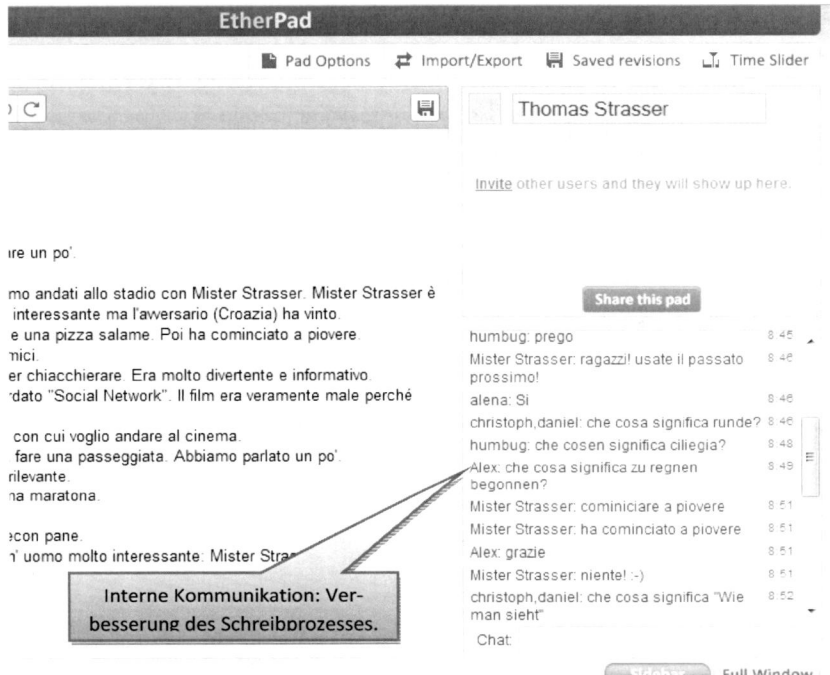

Abbildung 61: Interne Kommunikation mit *openetherpad*

7.2.2.3 podhost.de – Podcasting (www.podhost.de)

Bevor die Applikation *podhost* beschrieben wird, erscheint eine kurze Definition des Begriffes *Podcast* sehr nützlich zu sein:

> Der Begriff *Podcast* kommt vom englischen Wort „broadcasting" (etwa: „Senden" o.a. „Rundfunk") und dem weitverbreiteten MP3-Player *iPod*. Podcasting ist das Erstellen und Verteilen von eigenen, selbstgestalteten, herunterladbaren Mediendateien. Typischerweise werden mp3-Audio-Dateien auf einem Computer hergestellt und dann auf einem Webserver im Internet veröffentlicht. [...][311]

Beschreibung

Bei *podhost* handelt es sich um eine Anwendung, die Speicherplatz für Podcasts zur Verfügung stellt und technische Prozesse (z. B. das Erstellen von

---

311 Hermann, S. 177

html-Codes, RSS-Feed-Verknüpfungen, Verlinkungen für eine problemlose Einbettung der Audioproduktion in der Lernplattform) übernimmt. Die Basisversion mit einem monatlichen Speichervolumen von 30 MB ist kostenlos.[312]

Praktische Anwendung

Im Rahmen einer projektorientierten Unterrichtssequenz mussten SchülerInnen mit digitalen Aufnahmegeräten[313] in der Wiener Innenstadt italienische TouristInnen zu gewissen lehrplanadäquaten Themen (i.e. Hobbys, Gründe des Wienaufenthalts, etc.) befragen. Die Aufnahmen wurden danach von den SchülerInnen digital bearbeitet[314] und auf der Cyberschool zur Verfügung gestellt.[315]

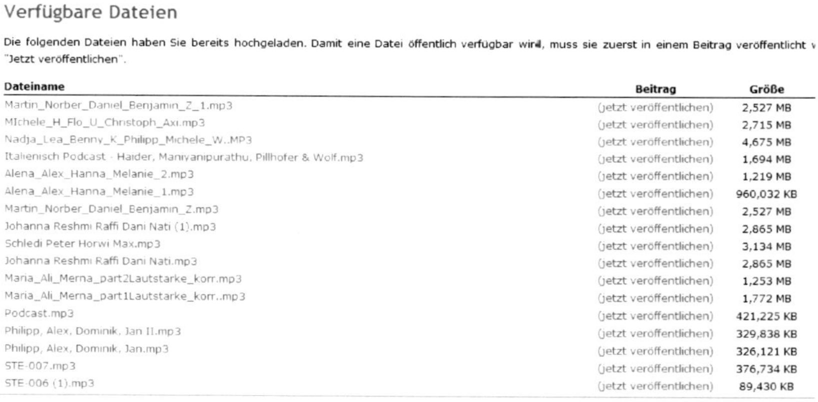

Verfügbare Dateien

Die folgenden Dateien haben Sie bereits hochgeladen. Damit eine Datei öffentlich verfügbar wird, muss sie zuerst in einem Beitrag veröffentlicht v "Jetzt veröffentlichen".

Dateiname	Beitrag	Größe
Martin_Norber_Daniel_Benjamin_2_1.mp3	(Jetzt veröffentlichen)	2,527 MB
MIchele_H_Flo_U_Christoph_Axi.mp3	(Jetzt veröffentlichen)	2,715 MB
Nadja_Lea_Benny_K_Philipp_Michele_W..MP3	(Jetzt veröffentlichen)	4,675 MB
Italienisch Podcast - Haider, Manivanipurathu, Pillhofer & Wolf.mp3	(Jetzt veröffentlichen)	1,694 MB
Alena_Alex_Hanna_Melanie_2.mp3	(Jetzt veröffentlichen)	1,219 MB
Alena_Alex_Hanna_Melanie_1.mp3	(Jetzt veröffentlichen)	960,032 KB
Martin_Norber_Daniel_Benjamin_2.mp3	(Jetzt veröffentlichen)	2,527 MB
Johanna Reshmi Raffi Dani Nati (1).mp3	(Jetzt veröffentlichen)	2,865 MB
Schledi Peter Horwi Max.mp3	(Jetzt veröffentlichen)	3,134 MB
Johanna Reshmi Raffi Dani Nati.mp3	(Jetzt veröffentlichen)	2,865 MB
Maria_Ali_Merna_part2Lautstarke_korr.mp3	(Jetzt veröffentlichen)	1,253 MB
Maria_Ali_Merna_part1Lautstarke_korr..mp3	(Jetzt veröffentlichen)	1,772 MB
Podcast.mp3	(Jetzt veröffentlichen)	421,225 KB
Philipp, Alex, Dominik, Jan II.mp3	(Jetzt veröffentlichen)	329,838 KB
Philipp, Alex, Dominik, Jan.mp3	(Jetzt veröffentlichen)	326,121 KB
STE-007.mp3	(Jetzt veröffentlichen)	376,734 KB
STE-006 (1).mp3	(Jetzt veröffentlichen)	89,430 KB

Abbildung 62: Audiodateien verwalten mit *podhost.de*

---

312 vgl. Abbildung 62

313 Gerätetyp: Zoom H2

314 Hierbei bietet sich das Audioschnittprogramm *Audacity* an (http://audacity.sourceforge.net/), letzter Zugriff: 21. November 2010.

315 vgl. Abbildung 63

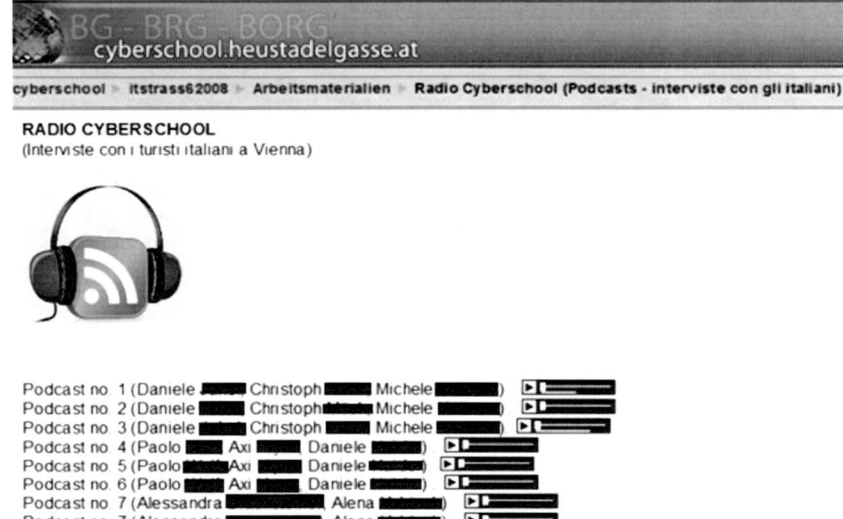

Abbildung 63: Präsentation der Podcasts in der Cyberschool

Didaktischer Mehrwert

Der tatsächliche Output des Podcasts in der Cyberschool lässt einen technisch sehr diffizilen Arbeitsprozess vermuten. Dennoch bestätigen einige MedienpädagogInnen, PraktikerInnen und LehrerInnen, dass eine Web-2.0-Audioproduktion „[…] geringen technischen Aufwand [beinhaltet]“.[316] Wenn man sich den prozessualen Implementierungsprozess der Audiodatei im virtuellen Umfeld der Lernplattform in jenem konkreten Beispiel genauer ansieht, kristallisiert sich heraus, dass neben einem einfachen Upload der mp3-Datei von der SD-Speicherkarte des Aufnahmegerätes auf den *podhost*-Server und das sekundenschnelle Anfordern bzw. Einbetten eines implementierbaren Audio-Links in der Cyberschool keine weiteren klassisch technischen Performanzen von den SchülerInnen verlangt werden.[317] Der kreative Audioschnittprozess ist vitaler Bestandteil des Podcasts, steht aber in keinem direkten prozessualen Zusammenhang mit dem Upload und der Verlinkung, da diese beiden Vorgehensweisen auf das bereits bearbeitete Audiofile angewiesen sind.

---

316 Hermann, S. 176
317 vgl. Abbildung 65

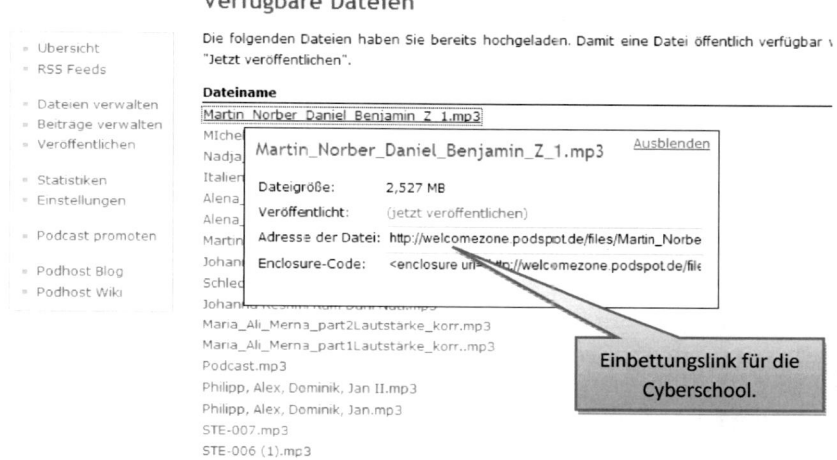

Abbildung 64: Anfordern des Einbettungslinks

Abbildung 65: Einfügen des Querverweises in der Cyberschool

„Wer heute Audio-Dateien produzieren will, braucht kein Tonstudio mehr"[318], konstatiert Hermann in seinem Aufsatz. Ein PC, eine kostenlose Audioschnittsoftware wie *Audacity* und ein durchschnittliches Aufnahmegerät reichen vollkommen aus, um unterschiedliche Unterrichtssequenzen zu dynamisieren. Die SchülerInnen werden selbst zu ProduzentInnen. Ihre neue Rolle birgt ein hohes Maß an Motivation und Identifikationspotenzial, da die Audioproduktionen nach Maßgabe der curricularen Vorgaben des Coaches ihre eigenen Produkte sind. „Damit liegt Podcasting im Trend".[319]

Um gewisse sprachliche Initalisierungsprozesse vor allem bei zurückhaltenderen SchülerInnen zu stimulieren, bedarf es für das Produktionsprozedere eines Podcasts im Rahmen des Italienischunterrichts eines ziemlich transparenten Settings. Damit als ein mögliches Lernziel dieser Aktivität eine Steigerung bzw. Remedialisierung der sprachlichen Kompetenz und der pragmatisch-kohärente Einsatz von unterschiedlichen lexikalischen Komponenten verzeichnet werden können, sollte sich die Lehrkraft von der ursprünglichen, zugegebenermaßen antiquierten und einem Blended-Learning-Szenario nicht entsprechenden Rolle der LehrerIn/des Lehrers distanzieren. D. h. sie/er sollte sich nicht mehr als Mentor, sondern als Coach bzw. TutorIn sehen, dessen/deren Hauptaufgabe es im konstruktivistischen Lernszenarien nicht ist, ständig bei sprachlichen Schwächen korrektiv zu fungieren, sondern unterstützend und vor allem supportiv-motivierend und nicht observierend den Produktionsteams zur Seite stehen. Die Endprodukte in der Cyberschool belegen explizit, dass auch reserviertere SchülerInnen sprachliches und prozessuales Engagement zeigten. Somit kann angesichts dieser freilich sehr Cyberschool-spezifischen Erkenntnisse Hermanns Aussage: „Wer Podcasts produziert, muss gerne plaudern und keine Angst haben, sich in Szene zu setzen. Hier ist die *Audio-Rampensau* gefragt."[320] gewissermaßen partiell falsifiziert werden.

In dem konkreten Beispiel von oben, bei dem die SchülerInnen die Aufgabe bekamen, ein *intervista* (dt. Interview) mit italienischen TouristInnen zu führen, sind die curricularen Vorgaben relativ offen, jedoch wurde von der Lehrkraft versucht, klar zu kommunizieren, dass gewisse sprachliche und inhaltliche Komponenten im Diskurs eingesetzt werden sollten [z. B. Begrüßung, nach dem Befinden fragen, allgemeine Fragenstellen, Einsatz des *pas-*

318 Hermann, S. 177
319 ebd., S. 176
320 ebd., S. 180

sato prossimo (dt. Vergangenheit), um nach bereits absolvierten Aktivitäten zu fragen, etc.]. Durch den direkten Kontakt mit MuttersprachlerInnen eröffnet sich eine Reihe evidenter Vorteile für den Fremdsprachenunterricht, wie z. B. der authentische Diskurs im curricularen Kontext oder das Erleben interkultureller Erfahrungen (i.e. wie agieren ItalienierInnen im Diskurs).

Der *Podcast* stellt somit ein zeitgeistiges Produktionsformat dar, welches neben der Forcierung der lehrplanadäquaten Fähigkeit des dialogischen Sprechens[321] auch die von ministerieller und EU-kommissionärer Seite geforderte IT-Medienkompetenz von Jugendlichen im Schulbereich im Rahmen des Lifelong-Learning-Prozesses durch den Einsatz neuer digitaler Medien fördert.[322]

Der *Podcast* eignet sich somit relativ gut, in Blended-Learning-Sequenzen (in diesem Falle Vorarbeit in Präsenzstunden zur Konzipierung der Interviews und fortführende Arbeit in der Cyberschool) *lernertragsoptimierte Symbiosen*[323] in Unterrichtssequenzen zu etablieren:

- Anwendung sprachlicher Strukturen im authentischen und curricularkonformen Kontext
- Katalysierung von Kreativität durch erhöhte Motivation aufgrund des Einsatzes zeitgeistiger Medien
- Wandlung der Rolle der/s LehrerIn hin zum Coach, der supportiv und nicht korrektiv agiert, sodass es zur Aktivierung reservierterer SchülerInnen kommt
- zeitgenössisches Lernen auf den Prinzipien der Kernkompetenzen der Europäischen Union

---

321 vgl. Eisl, Weger & Tanzmeister, S. 550

322 Nationale Förderung von IT-Kompetenzen vgl. z. B. http://elsa20.schule.at/, letzter Zugriff 30. Oktober 2010; Lifelong Learning und IT-Kompetenzen vgl. http://ec.europa.eu/education/lifelong-learning-policy/doc64_en.htm, letzter Zugriff: 30. Oktober 2010

323 vgl. Kapitel 6.2

7.2.2.4 Overstream – Untertitel zu YouTube Videos hinzufügen (www.overstream.net)

Beschreibung

Bei *Overstream* handelt es sich um eine kostenlose Applikation, die es ermöglicht, mit relativ einfachen Schritten Untertitel zu einem beliebigen YouTube[324]-Video hinzuzufügen.

Praktische Anwendung

In jenem Beispiel, welches konkret innerhalb des virtuellen Kontextes der Cyberschool verwendet wurde, mussten sich die SchülerInnen ein von der Lehrkraft mittels *Overstream* bearbeitetes Video ansehen und Folgeübungen absolvieren.[325]

Abbildung 66: In der Cyberschool eingebettetes YouTube-Video

---

324 YouTube (www.youtube.com): kostenloses Videoportal; Web-2.0-Anwendung der ersten Stunde

325 vgl. Abbildung 66

Das Hinzufügen von Untertiteln bzw. Fragestellungen und Arbeitsaufträgen gelingt in *Overstream* durchaus einfach. Nachdem man sich kostenlos
registriert hat und einen Account für die Speicherung der künftigen Videos
geschaffen hat, können über die ausgesuchten Stellen unterschiedliche Textstellen, Kommentare bzw. Arbeitsaufträge gelegt werden.[326] In jenem konkreten Fall gibt die Lehrkraft die Anweisung, das Video aufmerksam zu
schauen, um danach auf Verständnisfragen zu antworten. Die Lehrkraft kann
auch nur informative Untertitel zu einem Video hinzufügen, um z. B. einen
klassischen Lernprozess (in diesem Falle Lernen der Sehenswürdigkeiten
Roms) zu fördern.[327]

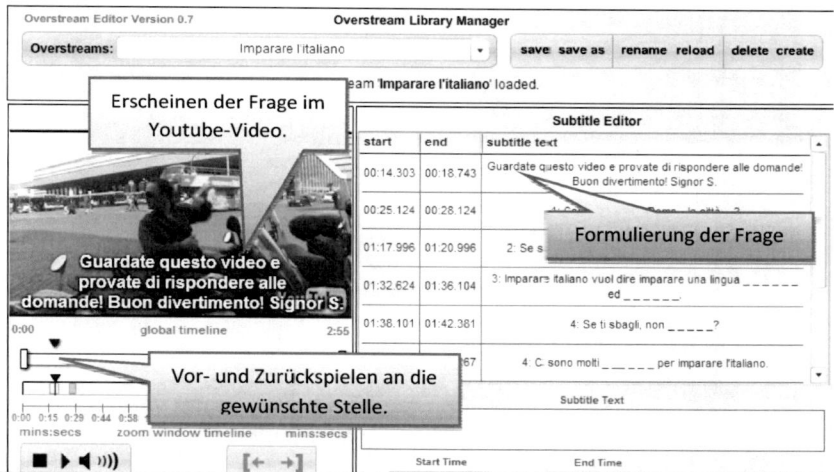

Abbildung 67: Einspeisen der Fragen bei *Overstream*

---

326 vgl. Abbildung 67
327 vgl. Abbildung 68

Abbildung 68: Einfaches Studieren von Sehenswürdigkeiten

Overstream fungiert nach klassischen Web-2.0-Kriterien: Potenzierung der Kommunikation bei bestehenden Anwendungen (in unserem Fall durch Hinzufügen von Fragen bzw. Arbeitsaufträgen), Kostenfreiheit und mehr oder minder mühelose Einbettung in virtuelle Lernplattformen bzw. Web-sites.[328]

---

328 vgl. Abbildung 69

Abbildung 69: Anforderung des Einbettungscodes (html)

Didaktischer Mehrwert

Mit *Overstream* adaptierte YouTube-Videos sind problemlos in die Cyber-school implementierbar. Durch das konkrete Einbetten selbst produzierter didaktischer Tools wird die Rolle der Lernplattform als zentrale Arbeits- und Interaktionsumgebung unterstrichen. Die TeilnehmerInnen müssen nicht mehr eine Myriade an unterschiedlichen externen Links bzw. URL-Adressen eingeben, um die unterschiedliche Angebote zu nutzen, sondern bedienen sich dieser in der gewohnten virtuellen Umgebung.

YouTube-Videos repräsentieren für Jugendliche im Sekundarbereich I und II eine Nonplusultra-Web-2.0-Applikation, die hohes zeitgeistiges Potenzial impliziert. Selbstverständlich muss festgehalten werden, dass der Inhalt der YouTube-Videos, die sich die Jugendlichen in der Freizeit bzw. in der Schule ansehen, selten didaktisch wertvoll anmutet (Stichwort: Videos mit Stimmenparodien, Mutproben, Musikvideos, etc.). *Overstream* bietet für den Fremdsprachenunterricht die Möglichkeit, curricular relevante Videos durch das Hinzufügen von sprachlichen Impulsen zumindest teilweise zu dynamisieren bzw. interaktiver zu gestalten. Der bloße Clip wird zum interaktiven Video, welches unter anderem auch Fragen zur lehrplankonformen Wortschatzarbeit anbietet. Die innerhalb des *Overstream*-Videos gestellten Fragen können dann z. B. auf der Cyberschool innerhalb eines Testmoduls eingegeben werden.[329]

Abbildung 70: Vernetzung Moodle-Testmodul mit *Overstream*

---

329 vgl. Abbildung 70

Auch diese Anwendung bietet die Möglichkeit zur produktiven Entvertikalisierung innerhalb des Kontextes der virtuellen Lernumgebung. Neben der
Tutorin/dem Tutor können auch SchülerInnen *Overstream*-Videos gestalten,
um diese als ihr eigenes Produkt in der Plattform einzubetten bzw. präsentieren zu können. Mögliche Produkte können sein:

- Erstellung von Karaokeversionen italienischer Songs
- Präsentationen von eigenen Bildern, Videos (Untertitel agieren explana-
  tiv und deskriptiv)
- Quiz-Erstellung

Vor allem die Produktion von Karaokevideos (i.e. SchülerInnen fügen den
Liedtext zu einem YouTube-Video hinzu) erscheint im fremdsprachendidaktischen Kontext als durchaus sinnvoll, da sich die ProduzentInnen der *Overstream*-Videos mit der Zielsprache sowohl auf auditiver als auch geschrie-
bener Ebene beschäftigen müssen.

Durch die produktiv-kreative Komponente von *Overstream* kann die große Anzahl an didaktisch relevanten Videos sehr stark dynamisiert und den
Bedürfnissen der Lehrkraft, aber auch jener, der SchülerInnen angepasst
werden. Das klassische Hörbeispiel wird um eine interaktive Ebene erweitert.
Je nach visueller bzw. auditiver Sequenz innerhalb des YouTube-Videos
können dahin gehend Fragestellungen bzw. Informationsinputs formuliert
werden. Der individuellen, teilweise curricular-basierenden Didaktisierung
dieser Videos sind somit fast keine Grenzen gesetzt.

7.2.2.5 Goanimate – Cartoons erstellen (www.goanimate.com)

Beschreibung

Goanimate ist eine grundsätzlich[330] kostenlose Web-2.0-Anwendung, die
registrierte BenutzerInnen als ProduzentInnen grafisch und inhaltlich anspre-
chender Cartoons fungieren lässt.

Praktische Anwendung

In erster Linie sollte beim Einsatz dieser Applikation der schülerInnenzent-
rierte Ansatz im Vordergrund stehen. Web 2.0 fordert zum Mitmachen und
Produzieren auf, deshalb ist es vor allem im fremdsprachendidaktischen

---

330 grundsätzlich deshalb, da das Premiumpaket mit einer größeren Auswahl an Cartoon-
Charakteren kostenpflichtig ist

Kontext von großer Relevanz, hauptsächlich die SchülerInnen im virtuellen Raum agieren zu lassen. Aufgabe war es, eine *storia d'amore* (dt. Liebesgeschichte) mit Vorgaben wie dem Einsatz von *passato prossimo* (dt. Vergangenheit) und charakterisierenden Attributen (nett, sympathisch, etc.) zu erstellen und diese in der Moodle-Cyberschool zu präsentieren.[331] Es sollte erwähnt sein, dass sämtliche in der Lernplattform implementierte Web-2.0-Anwendungen einer klassischen Blended-Learning-Sequenz vorausgehen (i.e. Behandlung der einzubauenden lexikalischen und grammatikalischen Struktur im Präsenzunterricht).

cyberschool.heustadelgasse.at

cyberschool ▶ italienisch_8d_STRA_201011 ▶ Risorse ▶ Storia d'Amore

Cliccate su www.goanimate.com.
Scrivete una **storia d'amore, includete le cose seguenti:**

- l'uso del passato prossimo
- aggettivi che descrivono l'aspetto fisico, il carattere
- ca. 3 scene

Ulti

Abbildung 71: Arbeitsauftrag zur Cartoon-Erstellung in der Cyberschool

Didaktischer Mehrwert

Ein evidenter Vorteil von *Goanimate* liegt sicherlich in der grafischen Attraktivität und dem kreativen Gestaltungspotenzial. Durch den Einsatz von unterschiedlichen Charakteren (von Hund bis hin zu Hippie), verschiedenen *Settings* (vom Klassenzimmer bis hin zum Park) und abwechslungsreichen Performanzbefehlen (Charaktere können tanzen, sprechen, schlafen, laufen, etc.) präsentiert sich erneut ein für Jugendliche sehr ansprechendes Produktionstool mit starkem Gestaltungscharakter.[332] Der Fantasie der SchülerInnen

---

331 vgl. Abbildung 71
332 vgl. Abbildung 72

sind schier keine Grenzen gesetzt, obwohl sicherlich konstatiert werden muss, dass aus sprachendidaktischer Sicht gewisse sprachlich-strukturelle Vorgaben (in unserem Fall die Liebesgeschichte) obligatorisch sind, um einen erwarteten Lernerfolg (z. B. Verwendung fachspezifischer Vokabeln) messen zu können.[333]

Abbildung 72: Grundeinstellungen beim Cartoon

Abbildung 73: Einbindung sprachlicher Strukturen in Cartoon 1

333 vgl. Abbildung 73 und Abbildung 74

Abbildung 74: Einbindung sprachlicher Strukturen 2

Die Matrix zur Erstellung der Cartoons mutet sehr intuitiv und grafisch ansprechend an, was für den curricular-gebundenen sprachlichen Produktionsprozess bei den SchülerInnen nur förderlich sein kann. Durch ständiges Probieren neuer Features oder der *Trial-and-Error*-Erfahrung erweitern die TeilnehmerInnen im domestizierten und dislozierten Unterricht ihre IT-Kompetenzen bei einer neuen Applikation. Im Vordergrund steht natürlich der kohäsive und kohärente Einsatz der Fremdsprache, basierend auf Vorgaben der Lehrkraft. Das quasi ludologische Prinzip dieser Software fördert einen gewissen initiativen Motivationsprozess, der die SchülerInnen ausprobieren lässt und dahin gehend anregt, am Ende ein für sie selbst zufriedenstellendes Produkt in die Plattform einzubinden.[334]

Goanimate bietet eine intuitive, jugendlich anmutende Matrix, die es ermöglicht, einen eigenen Cartoon im Rahmen des Fremdsprachenunterrichts zu produzieren. Die Tatsache, dass viele Settings den jugendlichen Vorstellungen gerecht werden (Disco, Schule, Sportplatz, etc.), kann den kreativen Schreibprozess bezüglich der inhaltlichen Versatilität des Cartoons fördern. Der Umgang mit möglichen sprachlichen Schwächen liegt im Kompetenzbereich der Lehrkraft, sollte aber nach Maßgabe des unterstützenden, positiv formulierten Reflexionsprozesses eines Coaches ganz im Sinne einer konstruktivistischen Blended-Learning-Sequenz erfolgen.

---

334 vgl. Abbildung 75 und Abbildung 76

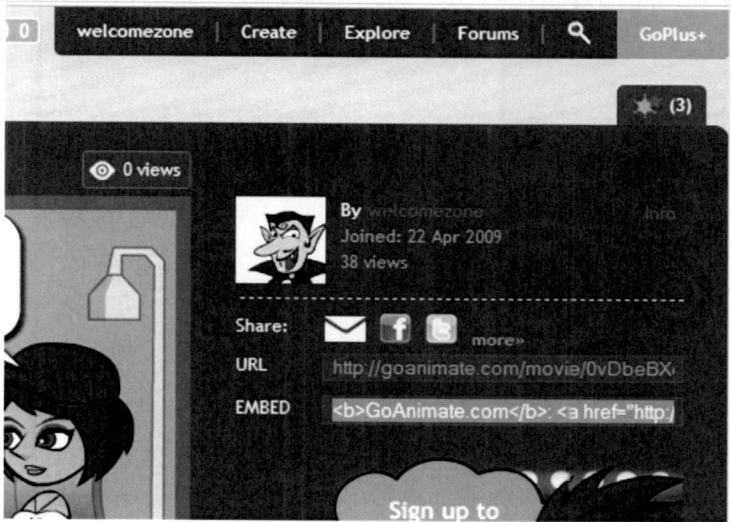

Abbildung 75: Anfordern eines Einbettungscodes (html) für die Cyberschool

Abbildung 76: Einbettung des Cartoons in der Cyberschool

7.2.3   Web 2.0 und Moodle:
Moodle „Deluxe" – dynamisiertes Blended Learning 2.0

Alle beschriebenen Anwendungen weisen ein sehr starkes Deckungsverhalten zu O'Reillys Grundcharakteristika von Web-2.0-Tools. Web 2.0 fordert den „Prosumer" durch seine „Architektur des Mitmachens"[335] zur aktiven Partizipation auf. Innerhalb des fremdsprachlichen Moodle-Unterrichts werden die TeilnehmerInnen eingeladen, sowohl inhaltlich als auch sprachlich kreativ zu agieren. Das Arbeiten mit neuen, attraktiven Medien im Fremdsprachenunterricht innerhalb einer Blended-Learning-Sequenz sorgt für eine gewisse Dynamisierung der SchülerInnenperformanzen, was die teilweise ungeahnt eindrucksvollen Produkte vermuten lassen.

Der dynamisierte Arbeitsprozess im kombinierten Moodle-Web-2.0-Kontext skizziert eine neue Lernkultur – „ein[e] Lernkultur der Net-Generation".[336] Diese ist gekennzeichnet durch

> […] eine stärkere Autonomie der Lernenden, die weggeführt von einem Wissenstransfermodell, wie es in vielen Bildungskontexten vorherrscht, hin zu einem Modell der gemeinsamen Wissenskonstruktion und Kompetenzentwicklung.[337]

So wie im virtuellen Raum innerhalb der Cyberschool versucht wird, ein konstruktivistisches Unterrichtsprinzip zu applizieren[338], verstärkt die Web-2.0-Komponente durch ihren produktiv-kollaborativen Arbeitsansatz das Modell der gemeinsamen Wissenskonstruktion. Die in der Cyberschool eingebettete Web-2.0-Tools erweitern das Angebot an kollaborativen Applikationen, ohne dabei die Rolle der Moodle-Plattform als Dreh- und Angelpunkt der zentralen Interaktion bzw. Kollaboration zu entkräften. Die Performanzen der TeilnehmerInnen manifestieren sich in der virtuellen Umwelt von Moodle, jedoch findet ein terminologischer Shift von E-Learning 1.0[339], als „inselhaftes E-Learning, welches sich innerhalb der Gartenmauern abspielt"[340], zu

---

335 vgl. http://oreilly.com/web2/archive/what-is-web-20.html, letzter Zugriff: 24. Oktober 2010

336 vgl. Ehlers, S. 59

337 ebd., S. 59 ff.

338 vgl. Kapitel 5.2

339 1.0 versteht sich als „erste" Version, 2.0 als Folgeversion.

340 Downes in: Ehlers, S. 59

E-Learning 2.0, einem Terminus, der selbstorganisierte und vernetzte Bildung bedeutet.[341]

E-Learning 2.0 lässt sich aufgrund bestehender Charakteristika auch auf die Cyberschool mit verstärktem Web-2.0-Einsatz anwenden. E-Learning 2.0 bezeichnet „[...] ein Bündel von Entwicklungen, Trends und Sichtweisen, die einen Wandel vom Lehren zum Lernen beschreiben."[342]

Diese Einsicht allein wäre im direkten Vergleich zu den Arbeitsweisen innerhalb der Cyberschool nichts Innovatives, doch ergeben sich neue konzeptionelle Ansätze, wenn man die fünf Charakteristika[343] von E-Learning (2.0) beleuchtet:

1. Lernen findet immer und überall und in vielen unterschiedlichen Kontexten statt, nicht nur im Klassenraum.
2. Lernenden fällt die Rolle der Organisierenden zu.
3. Lernen findet ein Leben lang statt, ist multiepisodisch und nicht (nur) an Bildungsinstitutionen gebunden.
4. Lernen findet in Lerngemeinschaften (sog. *Communities of Practice;* Wenger 1998) statt: Lernende treten Communities bei, sowohl formellen als auch informellen.
5. Lernen findet in großem Umfang informell und non-formal statt: zu Hause, am Arbeitsplatz und in der Freizeit. Lernen ist nicht mehr lehrenden- und institutionenzentriert.

Vor allem durch die Zuhilfenahme von verfügbaren Web-2.0-Tools kann „eine neue Art der Lernplattform [geschaffen werden]."[344] Durch die prominente Erscheinung von Web 2.0 im Cyberschool-Kontext wird erneut der Nimbus von Moodle als „Materialinsel im Ozean Internet"[345] entschärft, da die neuen Applikationen trotz lokaler Einbettung als „Tor zum Web"[346] zu verstehen sind. Moodle mit all seinen konstruktivistisch-kollaborativen Modulen und Plug-Ins wird durch ein *Web-2.0-„Enrichment",* sowohl aus gruppendynamisch-lerntechnischer als auch grafisch-interaktiver Sicht, zu *Moodle „Deluxe":* eine für Blended Learning geeignete Plattform, die durch Ex-

---

341 vgl. Ehlers, S. 59
342 ebd., S. 60
343 vgl. ebd., S. 60 ff.
344 ebd., S. 61
345 ebd.
346 ebd.

tension von externen kollaborativen Tools, die „Tür zum selbstgesteuerten Lernen [aufstößt].“[347]

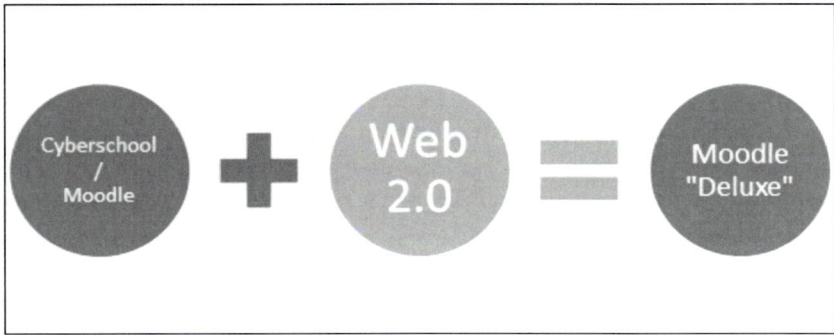

Abbildung 77: Formel für *Moodle „Deluxe"*

Abgesehen von den fixen, Moodle-charakterisierenden Plug-Ins (z. B. Forum, Test, Glossar, Blog, etc.) setzt sich *Moodle „Deluxe"* aus unterschiedlichen, extern eingebauten Web-2.0-Tools zusammen. Die Umwelt von *Moodle „Deluxe"* ähnelt van Harmelens Konzept des Personal Learning Environment (PLE) in vielen Instanzen:

> Personal Learning Environments are systems that help learners take control of and manage their own learning. This includes providing support for learners to set their own learning goals, manage their learning; managing both content and process, communicate with others in the process of learning and thereby achieve learning goals.[348]

Van Harmelens Definition betrachtend, kann somit festgehalten werden, dass PLEs bzw. respektive die *Moodle (Cyberschool) „Deluxe"* als Orte verstanden werden, die „[…] nicht mehr nur de[n] Transfer und Konsum von Inhalt und Wissen, sondern auch die eigenständige Produktion […]"[349] fördern.

Moodle „Deluxe" repräsentiert zeitgemäßes Lernen im virtuellen Kontext. Aufgrund unterschiedlicher curricularer Vorgaben und Zielerreichungen sollte erneut die Relevanz des Blended-Learning-Prinzips mit einer Moodle-Plattform unterstrichen werden, da neben den sehr offenen, wenig restrikti-

---

347 Ehlers, S. 61

348 van Harmelen, S. 17

349 Ehlers, S. 61

ven Web-2.0-Lernszenarien gewisse formale, dem Lehrplan angepasste Unterrichtseinheiten in den Präsenzstunden absolviert werden müssen.

Während teilweise moderne Lernplattformen[350] von den Lehrenden „mühsam mit Inhalten, viel Zeit und Geld befüllt werden und dann oft zum *Datengrab* verkommen"[351], bietet *Moodle „Deluxe"* einfache „Auswege", um die Plattform zu dynamisieren. Es ist eben die simple Einbettung von z. B. in Kapitel 7.2.2 erwähnten Tools, sie fördert ein selbstbestimmtes Lernen:

> Selbstbestimmtes Lernen gibt den Lernenden die Möglichkeit, die Auswahl von Inhalten (was wird gelernt?) und die Lernziele (woraufhin?) eigenständig mitbestimmen zu können [...][352]

Beim fremdsprachlichen Übungsprozess in der Cyberschool kann beobachtet werden, dass vor allem die „Auswahl von Inhalten" durch die kreativ-gestalterische Komponente von *Moodle „Deluxe"* zum größten Teil in SchülerInnenhand liegt. Das freie Überlassen gestalterischer, fremdsprachen-assoziierter Arbeitsprozesse kann unter Umständen dazu führen, dass SchülerInnen das Angebot von *Moodle „Deluxe"* nicht nur institutionell-restriktiv (d. h. Arbeiten mit der Plattform nur in der Schule), sondern

> [...] überall, ein Leben lang und multiepisodisch, in Lerngemeinschaften und sozialen Netzwerken, unter Nutzung von Social Software und individuell zusammengestellten Inhalten [...][353]

annehmen bzw. anwenden.

Selbstverständlich ist das Konzept der *Moodle „Deluxe"* kein vollkommen neues, es definiert das Lernen nicht neu, dennoch ergeben sich für Blended-Learning-Szenarien mit *Moodle „Deluxe"* folgende Schlussfolgerungen:

1. Multiperspektivische Verwurzelung

Die grundlegende Intention, sämtliche Kommunikations- und Kollaborationsprozesse durch die Einbettung von Web-2.0-Anwendungen innerhalb des gewohnten Software-Umfelds (i.e. Cyberschool) abzuhalten, verhilft der Plattform zu einer gewissen Stärkung der *corporate identity*. Die TeilnehmerInnen verstehen Moodle als Zentrum ihrer Leistungen. Dies kann in vie-

---

350 Neben Moodle gibt es eine beträchtliche Auswahl an kostenlosen Alternativen: Claroline, CommSy, ILIAS, Open DC, etc. Für weitere Informationen: http://de.wikipedia.org/wiki/Liste_von_Lernplattformen, letzter Zugriff, 21. November 2010

351 Ehlers, S. 61 ff.

352 Friedrich & Mandl, S. 219

353 Ehlers, S. 64

len Fällen zu einem Identifikationsprozess, einer positiven Konnotation der eigenen Plattform führen, was in Folge für den Lernprozess förderlich ist. Dennoch wird versucht, andere, nicht Moodle-spezifische Anwendungen zu benutzen, um ganz im Sinne des „globalen Dorfes Internet" die eigenen „Walled Gardens" aufzureißen, um eigene Perspektiven zu erweitern und ständig Neues kennenzulernen.

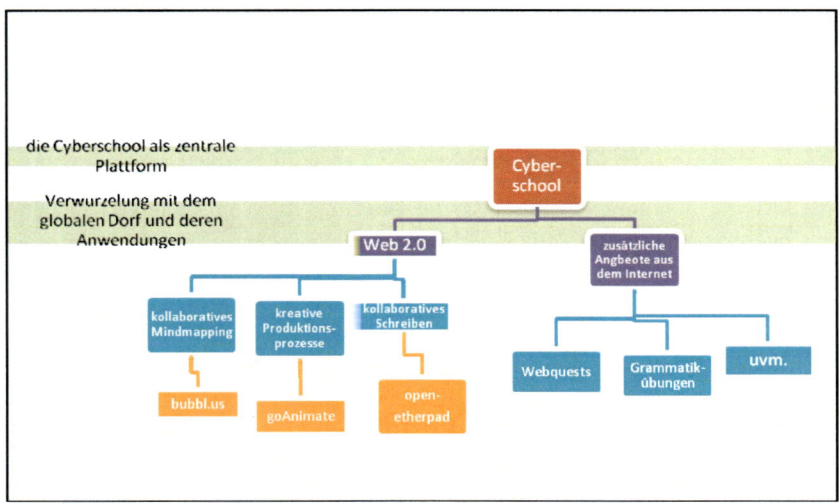

Abbildung 78: Multiperspektivische Verwurzelung der Cyberschool

2. Delimitierende Curricularisierung

Das Prinzip der *delimitierender Curricularisierung* beruht auf der krassen Reduzierung des sehr extensiven Lehrplans für Fremdsprachen[354] auf ein Minimum. Vor allem im virtuellen selbstgesteuerten Lernprozess sind für SchülerInnen oftmals zu viele curriculare Vorgaben der LehrerInnen (Stichwort: „Du musst dies machen, du musst jenes machen!") für einen dynamisch-kreativen freien Lernprozess hinderlich. Dies bedeutet nicht, dass der Lernplan in unterschiedlichen Übungen obsolet erscheint, im Gegenteil, er dient als wichtige Orientierung für die Performanz. Der Ansatz suggeriert lediglich, nicht auf die Quantität der Lehrplanvorgaben, sondern auf die Qualität zu setzen. Effektive Übungsprozesse kommen oftmals mit kurzen, aber

---

354 http://www.bmukk.gv.at/medienpool/782/ahs8.pdf, letzter Zugriff: 2. November 2010

prägnanten Vorgaben aus[355] um einen für den Coach und die Schülerin/den Schüler selbst zufriedenstellenden Lernertrag zu verzeichnen. Eine „Myriade" an Vorgaben mit abzuhandelnden Unterpunkten pro Übungsprozess schränkt in den Gestaltungsmöglichkeiten extrem ein und kann zu einer Verwässerung des selbstgesteuerten Lernaktes führen. Web 2.0 setzt ein enges curriculares Korsett voraus, um an diversen Übungen autonom zu partizipieren und nicht nur zu rezipieren. Die SchülerInnen sind als eigenständige EntwicklerInnen und nicht als EmpfängerInnen von Arbeitsprozessen anzusehen. Diese autonomen, entvertikalisierten Arbeitssequenzen (d. h. SchülerInnen und LehrerInnen arbeiten gemeinsam und enthierarchisiert an einer Übung) setzen eine Reduzierung curricularer Ansprüche voraus. Oftmals empfinden Lehrkräfte eine solche Minimalisierung auf bürokratischer Ebene als qualitativen Verlust, sodass sie in den Präsenzstunden das „versäumte" Maß an curricularen Vorgaben mit vorgefertigten Testformaten (Lückenübungen, textsortenspezifischen Schreiben, etc.) nachzuholen versuchen. Die Angst davor, auf fremdsprachendidaktisch-inhaltlicher Seite bewusst zu reduzieren ist evident, da der „Mut zur curricularen Lücke" im Bereich der Themen in vielen Fällen noch nicht verankert ist.

Der Ansatz der delimitierenden Curricularisierung setzt nicht auf aggressives Streichen von Themen, sondern auf eine Verschiebung des Augenmerks auf lernplankonforme „skills", wie den Erwerb von alternativen Lernstrategien (Stichwort: autonomes Lernen), kommunikativer Kompetenz und den Einsatz von neuen Medien. Dies sollte in den virtuellen Arbeitsprozessen von *Moodle „Deluxe"* im Vordergrund stehen.

---

355 vgl. Kapitel 7.2.2.5 (Storia d'Amore mit *Goanimate*, lediglich zwei Vorgaben)

8 Moodle am Schulstandort AHS Heustadelgasse

8.1 Die Lernplattform Moodle an der AHS Heustadelgasse – ein organisatorischer Überblick

Schulprofil

Die AHS Heustadelgasse[356] ist ein Gymnasium und Realgymnasium im 22. Wiener Gemeindebezirk. Mit nahezu 35 Klassen, 1000 SchülerInnen und 90 LehrerInnen ist sie eine der größten Schulen Wiens Neben dem klassischen Fremdsprachenangebot von Englisch, Französisch (ab 3./5. Klasse), Italienisch (ab 5. Klasse), Spanisch (Wahlpflichtgegenstand – maturabel) und Latein (Lang- und Kurzform) bietet die Schule individuelle Schwerpunkte bzw. Zusatzangebote an:

- MUT (Motivation und Lerntechniken)
- Kommunikation und Konfliktmanagement
- Projektmanagement
- Legastheniebetreuung
- Lerncoaching
- Lesetraining
- kreative Wahlpflichtgegenstände/unverbindliche Übungen (Fotoseminare in Bildnerischer Erziehung, kreatives Arbeiten am PC, etc.)

Durch die Initiative engagierter KollegInnen und der Direktion widmet sich die Schule seit ca. 2006 dem Themenfeld der Informations- und Kommunikationstechnologie und der neuen Medien. Angebote wie IKT für 1. Klassen (Grundeinschulung zu Soft- und Hardware) und „E-Learning" für die 2. Klassen unterstreichen das Engagement und die Überzeugung des Großteils des Lehrkörpers, mit einem Themenfeld des 21. Jahrhunderts zu arbeiten. Ferner wurde die Schule im April 2009 „eLSA-zertifiziert".[357] Im Mittelpunkt steht die Lernplattform Moodle, die als zentrales LMS bei sämtlichen

---

356 Für weitere Informationen: www.heustadelgasse.at, letzter Zugriff: 2. November 2010

357 vgl. Kapitel 8.4

E-Learning- und Blended-Learning-Sequenzen agiert. Ein statistischer Überblick unterstreicht die Prominenz der Lernplattform:

- ca. 900 SchülerInnen mit aktivem Moodle-Account
- der gesamte Lehrkörper (ca. 90 Personen) hat einen Moodle-Account
- ca. 60%[358] des Lehrkörpers verwendet die Lernplattform regelmäßig
- ca. 455 Kurse[359]
- Einteilung in Fächer/Projekte[360]
- Moodle wird auch für Projekte und schulinternes Office-Management[361] verwendet

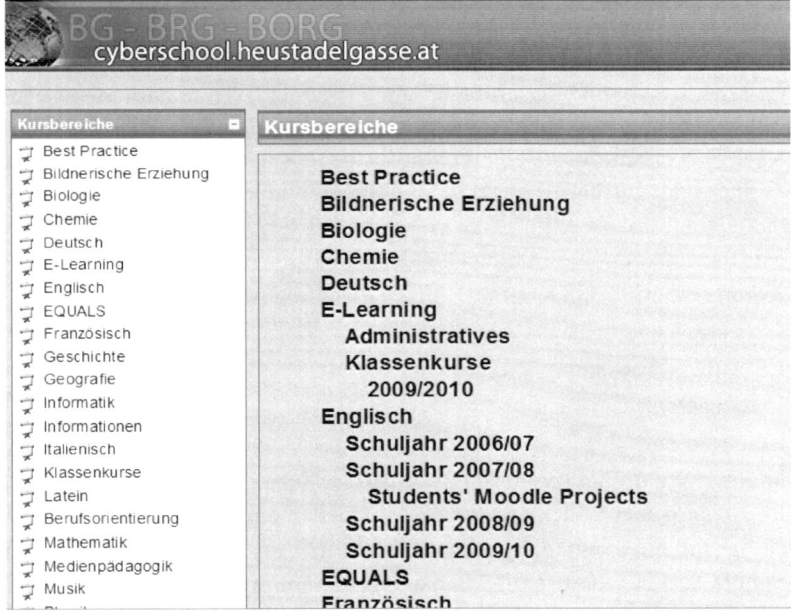

Abbildung 79: Organisation der Moodle-Plattform an der AHS Heustadelgasse

358 Erhebung basierend auf einem Erlass des Stadtschulrates zum Thema „Betreuung von Netzwerken", vgl. http://erlaesse.ssr-wien.gv.at/Startseite/tabid/36/Default.aspx, letzter Zugriff 20. November 2010
359 In der Regel bekommt jeder Unterricht, z.B. Englisch 2B Strasser Schuljahr 2010/11, einen Kurs.
360 vgl. Abbildung 79
361 Sämtliche Erlässe und Informationen werden auf der Moodle-Plattform upgeloadet. Auch ein Reservierungssystem von Präsentationswagen und Computern ist eingebettet.

8.2 E-Learning-Stolperstein *par excellence*: Moodle und der Lehrkörper

Eine essenzielle Voraussetzung zur Erlangung einer eLSA-Zertifizierung war das Engagement fast des gesamten Kollegiums im Bereich E-Learning. Wenn man z. B. hinderliche Aspekte wie einen gewissen Grad an Technophobie[362] innerhalb jedes Lehrkörpers heranzieht, kann man von schulpolitischer Seite sicher behaupten, dass die Gänze der Lehrerschaft an einem Schulstandort nie für den Einsatz von neuen Medien erreicht werden kann. Diese Einschätzung mutet sehr pessimistisch an, ist aber vollkommen realistisch, da – bewusst provokant formuliert – die große Unbekannte, das Neue, nicht immer auf große Gegenliebe im gesamten Lehrkörper stößt.

Im Sinne eines kontinuierlichen, flächendeckenden und vor allem didaktisierten Einsatzes der Lernplattform Moodle am Schulstandort sollten gerade die E-Learning-affinen LehrerInnen die SkeptikerInnen nicht als reaktionäre FortschrittsverweigererInnen kategorisieren (obwohl es diese sicherlich in jedem Lehrkörper gibt), sondern versuchen, diese nicht nur mit sämtlichen monetären, sondern vor allem mit ideellen Mitteln und Methoden zu überzeugen.

Neue Medien einschließlich der Verwendung von Lernplattformen zu verneinen, wäre ein klares Ignorieren von Schlüsselkompetenzen einer Lehrkraft des 21. Jahrhunderts: „Nach wie vor sind an vielen Schulen die elearning-Lehrenden immer noch Einzelkämpfer/innen. Die Herausforderung liegt immer noch in der Teamorientierung."[363]

Der Einsatz von neuen Medien bzw. E-Learning setzt eine Akzeptanz des Paradigmenwechsels der Lehrerin/des Lehrers[364] voraus. Die LehrerInnen müssen den Shift von der Wissensvermittlerin/vom Wissensvermittler hin zum kollaborativen Coach wahrnehmen und im Unterricht applizieren:

> Dieser Paradigmenwechsel ist nicht für alle Lehrenden leicht zu vollziehen und braucht in manchen Fällen einiges an Überwindung, viel Erfahrung, Neugierde und die Bereitschaft, sich selbst zu verändern.[365]

---

362 vgl. Kapitel 3.3

363 eLearning bringt's! S. 9

364 vgl. Kapitel 6.3.2

365 eLearning bringt's! S. 18

Diese Einstellung, die mit Blended Learning verbunden ist, korreliert
nicht selten mit einer jüngeren Altersgruppe, obwohl „Alter kein Hindernis-
grund für die Umsetzung von eLearning ist".[366] Die Angst vor Technik geht
sehr oft mit einem hohen Dienstalter einher und die „resistenten Lehrkräfte
[sind] in der Regel 50+"[367]. Diese Einschätzung hat keinerlei diskriminieren-
de Intention, sondern beruht auf unterschiedlichen Erhebungen und soziode-
mografischen Analysen. Weitere unreflektierte Allgemeinposten zum Thema
E-Learning wie „Dieses neumoderne Zeugs tu ich mir nicht mehr an!", „Ich
habe zu wenige Stunden in dieser Klasse, um E-Learning zu machen", „Ich
kenn mich mit der Technik nicht aus" oder „Das ist doch alles kurzlebiges
Zeugs, das bald schon wieder vergessen ist" sind in Anbetracht der wichtigen
Kultur der freien Meinungsäußerung zu akzeptieren, aber vor allem aufzunehmen, um daran im schulpolitischen Kontext zu arbeiten. Selbstverständlich müssen gewisse Rahmenbedingungen und Initiativen geschaffen werden,
um SkeptikerInnen zu überzeugen. Jedoch sollten solche unreflektierten und
vor allem im Kontext der EU-Schlüsselkompetenzen[368] hinsichtlich des Le-
benslangen Lernens unprofessionellen Aussagen im Sinne von seriösen Leh-
rerInnen-Professionalisierungsmaßnahmen zum Wohle unserer SchülerInnen
und nach Applikation unterschiedlicher Maßnahmen zur Steigerung der IT-
Kompetenz der „digital immigrants" unter den LehrerInnen nicht einfach
hingenommen werden. Der oftmalige Vergleich mit der Privatwirtschaft ist
sicherlich aus ideologischer Sicht teilweise umstritten, aber dennoch erscheint es als durchaus wichtig, notorische Fortschrittsverweigerung im
Lehrberuf mit anderen Berufsbranchen zu kontrastieren, bei denen eine Fort-
bildungsstagnation zur Berufsunfähigkeit führen würde. Das oftmalig zitierte
Beispiel von der Chirurgin, die auch nicht mit Werkzeug aus dem 19. Jahrhundert arbeitet, ist hier dennoch angebracht, da auch LehrerInnen mit den
Werkzeugen des 21. Jahrhundert arbeiten sollen, um unseren Kindern eine
praxisnahe und vor allem zukunftsweisende Ausbildung für die Arbeitswelt
zu gewähren, in der der Einsatz von neuen Medien unumgänglich ist. In Anbetracht der Tatsache, dass viele Institutionen wie z. B. die Pädagogischen
Hochschulen unterschiedliche Kurse zum Thema E-Learning für unterschiedliche Zielgruppen (AnfängerInnen bis hin zu Power-UserInnen) anbieten, in

---

366 eLearning bringt's! S. 18

367 ebd.

368 vgl. http://ec.europa.eu/education/archive/elearning/programme_en.html, letzter Zu-
    griff: 2. November 2010

denen Schritt für Schritt IT-Defizite noch so rudimentärer Art ausgemerzt werden, halten rechtfertigende Begründungen gewisser LehrerInnen zur Nicht-Nutzung bzw. Vermeidung neuer Medien nicht mehr stand. Das berufliche Ethos soll die PädagogInnen dazu bewegen, fortbildungsbereit (egal in welchem Feld) zu sein.

Obwohl ein klassisches „Verdonnern" fortbildungsresistenter LehrerInnen zu E-Learning-Kursen manchmal sehr verlockend wäre, muss eine Verbesserung der Situation aber reflektierter und professioneller angegangen werden. Eine der Schlüsselfiguren für den gesteigerten Einsatz von E-Learning dürfte wohl die Schulleitung innehaben:

> Führungskräfte sind für das Gelingen der Umsetzung von eLearning von sehr großer Bedeutung. Sie geben die entsprechenden Ziele vor, sie schaffen die Rahmenbedingungen und motivieren. Dazu müssen sie inhaltlich keineswegs in jeder Einzelheit Bescheid wissen, sondern einen groben Überblick über die Thematik haben.[369]

Um bestehende E-Learning-affine LehrerInnen zur Weiterführung ihrer geleisteten Arbeit und E-Learning-SkeptikerInnen zu überzeugen, müssen adäquate Rahmenbedingungen geschaffen werden. Ein kurzer Abriss listet mögliche Handlungsspielräume für DirektorInnen auf:

- Teamarbeit fördern und fordern
- Möglichkeiten für geblockten Unterricht schaffen
- Technische Rahmenbedingungen der Infrastruktur [sofern möglich] bereitstellen
- Weiterbildung der Lehrkräfte fördern[370]

Neben der vitalen Funktion und der großen Verantwortung der Direktion wird, wie schon oben erwähnt, der Fortbildung eine immens wichtige Bedeutung beigemessen, denn IT-kompetente LehrerInnen sind hoch einzustufen:

> Wenn Lehrende sich im Umgang mit Computern und Internet im Zusammenhang mit der Unterrichtsgestaltung fit machen und sich auch mit den aktuellen Entwicklungen weiterhin vertraut machen, dann ist der Nutzen für die Schüler/innen besonders groß.[371]

Je nach Qualifikation der Lehrkraft ergeben sich folgende Weiterbildungsmaßnahmen[372]:

---

369 eLearning bringt's! S. 9
370 ebd., S. 19
371 ebd.
372 vgl. eLearning bringt's! S. 20

- *eBuddy oder 1:1 Schulung am Standort*
  eBuddys sind in der Regel geschulte KollegInnen am Schulstandort, die anderen KollegInnen mit Rat und Tat zur Seite stehen, um mögliche Mankos in unterschiedlichen IT-Bereichen wettzumachen.

- *SCHILF[373]-Weiterbildung im Team am Standort*
  Ein LehrerInnenteam wird von einer Trainerin/einem Trainer geschult, die/der an die Schule kommt und auf unterschiedliche Bedürfnisse eingeht.

- *Schulungen bzw. Fortbildungskurse an den Pädagogischen Hochschulen*
  Es gibt ein reiches Angebot an Kursen im Bereich der Unterrichtsentwicklung mit Computer und Internet (AnfängerInnen bis hin zu Profis).

- *EPICT European Pedagogcial ICT-License*
  EPICT hat die didaktische Seite des Computereinsatzes in der Schule im Fokus. Es geht darum, sich im Team auf den eigenen Unterricht vorzubereiten. Das Modell stammt aus Dänemark und wurde für das österreichische Schulwesen adaptiert. Die Nutzung von Tools steht hier mit der Didaktik immer im Zusammenhang. Besonders Wert gelegt wird auf – durch eine/n Mentor/in gecoachte – Zusammenarbeit im Team.[374]

- *Kooperative Online Seminare*
  In Österreich besteht die Möglichkeit, sogenannte kooperative Online-Seminare zu besuchen, die komplett über das Internet abgewickelt werden. Somit wird die Unterstützung der TeilnehmerInnen untereinander forciert und in Folge kollaboratives Lernen praktiziert.

- *eLearning Lehrgänge mit Universitätsabschluss*
  Z. B. Master-Studiengänge an den Pädagogischen Hochschulen oder Fachhochschulen.

Zusammenfassend kann explizit konstatiert werden, dass es in der österreichischen Schullandschaft ein sehr abwechslungsreiches und ansprechendes Angebot an Weiterbildungsmaßnahmen gibt, an denen sich theoretisch jede Lehrkraft beteiligen kann. Selbstverständlich muss dabei auch an ein gewisses Ressourcenlimit der LehrerInnen gedacht werden, da die Ansprüche der Arbeitspensen teilweise gewaltig sind. Deshalb sollte mit vorhandenem Humankapital ganz vorsichtig umgegangen werden.

---

373 SCHILF = Schulinterne LehrerInnenfortbildung, i.e. das hausinterne Lehrpersonal gibt Vorträge
374 eLearning bringt's! S. 21

Lehrende neigen in der ersten Zeit der Umsetzung von eLearning oft dazu, zu hohe Anforderungen an sich selbst zu stellen und geraten dann leicht in die zeitliche Überforderung.[375]

Oft reicht es, mit sehr einfachen E-Learning-Sequenzen zu beginnen (z. B. Webquest, etherpad, etc.), um Erfolgserlebnisse zu manifestieren und eine positive Konnotation zum Thema hervorzurufen. Der Erfolg der kontinuierlichen Implementierung diverser E-Learning-Szenarien am Schulstandort kann nur in einfachen, kleinen, aber unbedingt bestimmten (d. h. Schulleitung muss Fortbildung einfordern) Schritten erfolgen. Zeiten des „Sich selbst als E-Learning-Dummy"-Bezeichnens sind vorbei: Technisches Unwissen wird durch die beeindruckende Fortbildungslandschaft kompensiert.

E-Learning nicht aus technischer, aber aus ideologischer Sicht abzulehnen, entbehrt jeder argumentativen Grundlage, da es sich hierbei nicht um einen temporären Hype, sondern um ein globales, wissenschaftlich fundiertes Unterrichtsprinzip handelt, bei dem eine eindeutige Egalisierung von früheren, antiquierten Hierarchien im Klassenverband stattfindet, was manchen monodirektionalen Wissensvermittlern nicht passen dürfte, da auch SchülerInnen als oftmals gleichgestellte TeilnehmerInnen in unterschiedlichen Unterrichtssequenzen professionell agieren können und auch gelegentlich mehr als die/der LehrerIn wissen können. Dieser schon lange nicht mehr revolutionäre Ansatz einer Neuorientierung klassischer Unterrichtsformen ist bereits Bestandteil in vielen österreichischen Bildungsinstitutionen und Schulversuchen (Stichwort: Neue Mittelschule[376]) und wird auch in Zukunft so manches unterrichtstechnische Diktat entkräften.

---

375 eLearning bringt's! S. 30

376 weitere Informationen: http://www.neuemittelschule.at/, letzter Zugriff 3. November 2010

8.3 Die Wahrnehmung der Cyberschool im Italienischunterricht der AHS Heustadelgasse — eine kleine empirische Studie[377]

8.3.1 Grundintention und Methodik des Fragebogens

Basierend auf der Frage, wie die Wahrnehmung der Cyberschool im Italienischunterricht der AHS Heustadelgasse eingefangen werden kann, ist es das Ziel dieses Kapitels, die erhobenen Daten zum Praxiseinsatz der Moodle-Cyberschool im Italienischunterricht darzulegen, zu interpretieren und in weiterer Folge daraus Schlussfolgerungen zu ziehen, indem die generelle Rezeption unter den SchülerInnen mittels Fragebogen[378] analysiert wird.

Die Auswahl eines bestimmten Fragenformates beruht auf folgender Begründung:

> Durch die vorgegebenen Antworten bzw. die geschlossenen Fragen konnten Probleme wie schlechte Artikulationsfähigkeit bzw. Zeitmangel vermieden werden. Aber auch auf zusätzliche Anmerkungen und Kommentare der ProbandInnen wurde geachtet, indem „Sonstige-Felder" für persönliche Statements am Ende einiger Fragen eingebettet wurden.[379]

Ein evidenter Vorteil des Moodle-Feedbackmoduls[380] ist die sofortige, durch das System generierte Auswertung der Fragen. Somit fällt ein mühsames, händisches Auszählen der erhobenen Daten weg.[381]

---

377 Die Erstellung des Fragebogens und die Erhebung der Daten erfolgte auf Grundlage einer schriftlichen Einverständniserklärung der TeilnehmerInnen und auf Grundlage einer Genehmigung des Stadtschulrates für Wien.

378 Fragebogen siehe Anhang (Durchführung mittels Moodle-Feedbackmoduls)

379 Kraiger, S. 194

380 Für weitere Informationen: http://docs.moodle.org/en/Feedback_module, letzter Zugriff: 21. November 2010

381 vgl. Abbildung 80

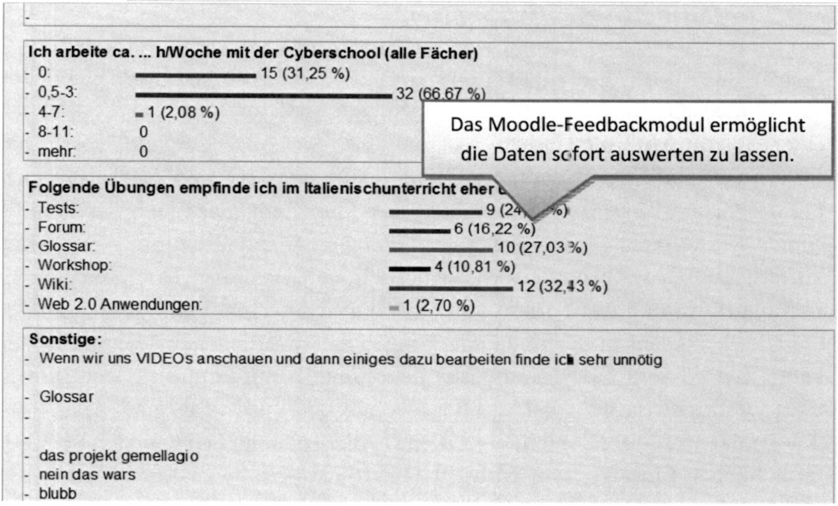

Abbildung 80: Auswertung der Daten in Echtzeit

Tabelle 4: Übersicht über die Erhebung

Studie	Untersuchungs-instrument	Stichprobe	Untersuchungs-zeitraum
Rezeption der Moodle-Cyberschoool	Online-Fragebo-gen über Moodle	N = 48 / 48 SchülerInnen Italienischunterricht AHS Heustadelgasse 5.–8. Klasse (i.e. 15–20 Jahre)	Frühling 2010

8.3.2   Ergebnisdarstellung

Die Auswertung der 48 Online-Fragebögen, die von SchülerInnen der 5.–8. Klassen am Schulstandort zum Thema „Die Moodle-Cyberschool im Italienischunterricht" ausgefüllt wurden, erfolgt überblicksmäßig und soll nicht den Anspruch einer extensiven empirischen Analyse erheben, sondern lediglich den Grundtenor zur *usability* der Moodle-Cyberschool unter den ItalienischschülerInnen wiedergeben.

8.3.2.1 Nützliche Moodle-Übungen

Auf die allgemein formulierte Frage (i.e. Frage 4), welche Moodle-Übungen im Italienischunterricht von großem Nutzen sind, erzielte das Test-Modul (Einsatz von Multiple-Choice, Kurzantwort, etc. Applikationen) sowie das Forum die häufigsten Nennungen. Eher selten wurden Web-2.0-Tools angekreuzt. Generell ist hier festzuhalten, dass die Mengenangaben der SchülerInnen des Öfteren nicht mit den tatsächlichen Blended-Learning-Szenarien korrelieren. Das Testmodul ist sicherlich eine beliebte Komponente der Lernplattform und das Forum wird von den SchülerInnen gut aufgenommen (Zitat: „Es ist sehr nützlich, da man Fragen zu verschiedenen Themen stellen kann, und sie sehr bald beantwortet bekommt."). Ein Grund für den schwachen Umfragewert von Web 2.0 liegt womöglich in der Tatsache, dass Web-2.0-Tools zwar stark appliziert werden[382], die TeilnehmerInnen sich aber des tatsächlichen Einsatzes von Web 2.0 begrifflich nicht bewusst sind.

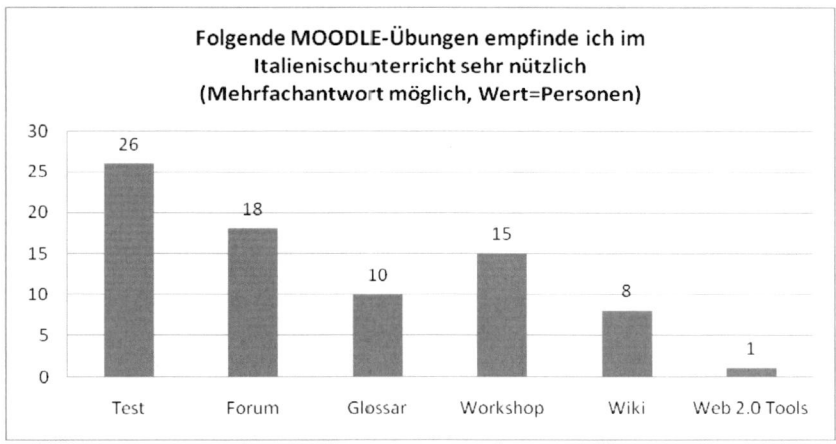

Abbildung 81:
Ergebnis zur Frage, welche Moodle-Übungen im Italienischunterricht nützlich sind

8.3.2.2 Nützliche Web-2.0-Anwendungen

Auf die Frage nach der Nützlichkeit der Web-2.0-Anwendungen gibt es ein eindeutiges Ergebnis: Die überwiegende Mehrheit empfindet bei Frage 6

---

382 vgl. Moodle „Deluxe" mit *openetherpad, bubbl.us,* etc.

YouTube als nützliche Applikation. Dieser Wert erscheint nachvollziehbar, da der Einsatz von unterschiedlichen YouTube-Videos als sehr bereicherndes Angebot im Fremdsprachenbereich angesehen werden kann (z. B. Filmsequenzen, Dokumentation, Nachrichten, Kombination mit Overstream). Eine weitere als sehr nützlich empfundene Anwendung ist *bubbl.us*, die ein kollaboratives Mindmapping ermöglicht. Auf die Frage, was die Gründe für ihre Entscheidung zur Einschätzung der Nützlichkeit diverser Web-2.0-Anwendungen waren[383], antworteten die SchülerInnen z. B. folgendermaßen[384]:

- „Etherpads: nützlich, erspart zeit, man kann einen text bearbeiten mit mehreren personen--> bessere vorschläge, fehlersuche, usw."
- „bubbl us ist sehr cool, nützlich und einfach zu bedienen"
- „Youtube schafft abwechslung"

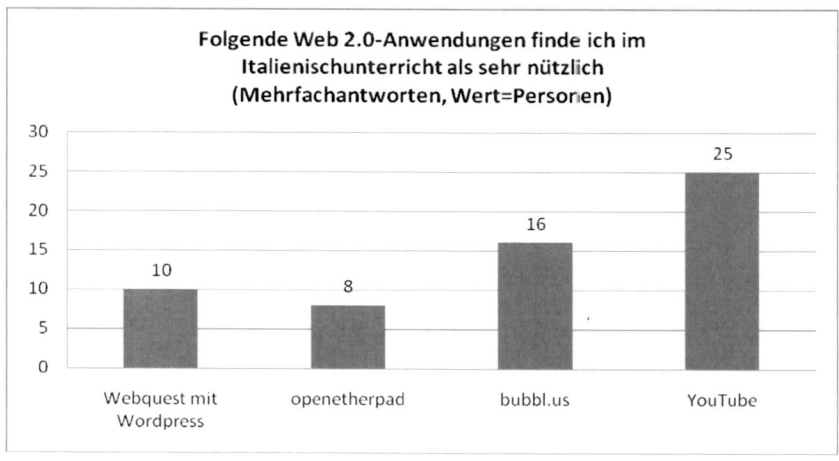

Abbildung 82:
Ergebnis zur Frage: „Nützliche Web-2.0-Anwendungen im Italienischunterricht"

8.3.2.3 Kompetenzen und Moodle

Der überwiegende Teil der Befragten gab an, dass vor allem die Kompetenzen des Schreibens, Lesens und der Grammatik im Moodle-Italienischunterricht gestärkt würden[385]. Diese subjektive Einschätzung der SchülerInnen

---

383 vgl. *Gründe* im Fragebogen
384 Sprachliche Fehler wurden nicht ausgebessert, 1:1-Übernahme der Originalaussagen.
385 vgl. Frage 10

basiert vermutlich auf der Tatsache, dass viele Moodle-interne, aber auch externe Applikationen eben jene Fähigkeiten stark fördern (z. B. kollaboratives Mindmapping, Freitext-Modul beim Schreiben, Lesen von Onlinetexten und Üben von grammatikalischen Themen mittels Online-Übungen, wie z. B. mit dem Testmodul von Moodle). Mit relativ signifikantem Abstand folgen das Hören, die Landes- und Kulturkunde und das Vokabular. Der im Vergleich zu den Top-3-Kompetenzen geringere Wert der Kompetenz des Hörens unterbreitet zumindest interpretatorisches Potenzial, da der häufige Einsatz von YouTube-Videos im Moodle-Kontext sehr stark die Fähigkeit des Hörens fördert. Dennoch empfinden die SchülerInnen dies teilweise anders.

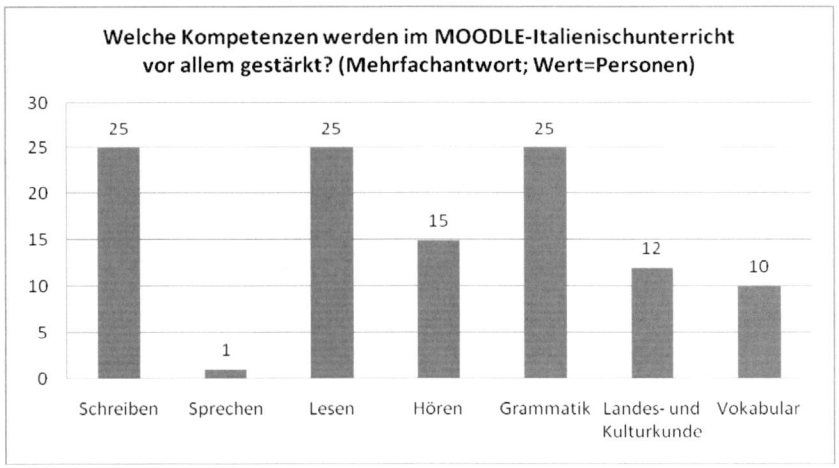

Abbildung 83:
Ergebnis zur Frage „Stärkung von Kompetenzen im Moodle-Unterricht"

8.3.2.4 Stoffvermittlung mit Moodle

Der Wert hinsichtlich des Stoffvermittlungspotenziales von Moodle (Frage 17) überzeugt mit 41,67%. Die SchülerInnen erkennen in ihrem subjektiven Wahrnehmungsrahmen Moodle als nützliche Anwendung, um curriculare Anforderungen besser zu verstehen.

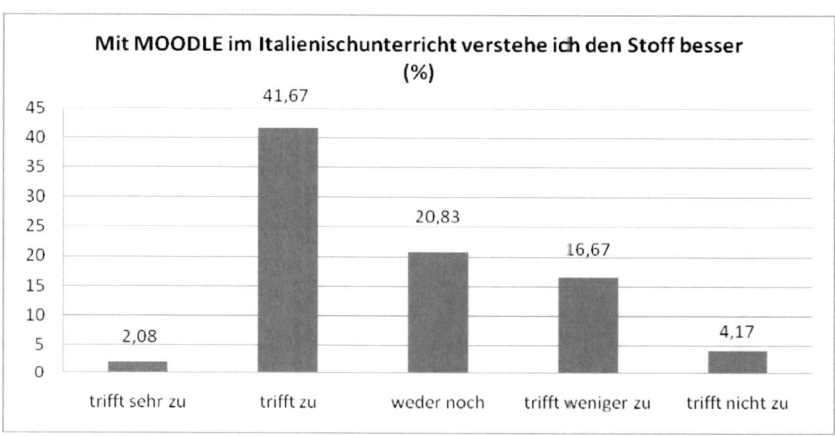

Abbildung 84: Ergebnis zur Frage „Stoffvermittlung mit Moodle"

„Effektive Stoffvermittlung" ist selbstverständlich ein sehr allgemeiner Begriff und rein aus inhaltlicher Sicht sehr schwer abgrenzbar. Auf die Frage, warum Moodle für die Stoffvermittlung auf additiver virtueller Ebenen so gut funktioniert, wurden folgende Antworten[386] festgehalten:

- „Freies neues Arbeiten"
- „weil man die Grammatik, die man im Unterricht besprochen hat, auch zu Hause üben kann"
- „dass man sein Lerntempo selbst bestimmen kann."
- „... dass es nicht langweilig wird und wir immer verschiedene Sachen machen."
- „dass man zu jeder zeit etwas zb. üben kann, was man noch nicht ganz versteht"
- „dass man die Handouts runterladen kann, wennman sie verloren hat oder krank war.-dass man mehr mit dem Computer macht, vorallem für die Jugend ist das wichtig. Und man muss nicht ewig in Hefte schreiben."
- „..., dass wir dank den Tests, Glossaren, etc. sehr gut auf Schularbeiten vorbereitet sind. :)- "
- „das selbstständige arbeiten"
- „Die Übungen (besonders Grammatik) die Vielfalt (Videos, handouts, Musik, Foren,..)-dass ich immer lernen kann wann ich will"
- „Das es praktisch, übersichtlich und den Unterricht um einiges abwechslungsreicher macht."

---

386 Sprachliche Fehler wurden nicht ausgebessert, 1:1-Übernahme der Originalaussagen.

- „Dass man nicht immer nir mit dem Buch arbeitet"
- „dass man etwas am computer macht und dabei eine andere atmosphäre hat-
  als in der klasse"
- „das man die ausgefülllten sachen gelich korregiert zurück bekommt"

Eine kurze Analyse der SchülerInnenantworten lässt vor allem den Schluss
zu, dass dem Aspekt der Abwechslung und jenem des selbstständigen Arbei-
tens eine explizit wichtige Rolle zukommt. Ein subjektives Empfinden der
Abwechslung beim Arbeiten mit Moodle wird – in Anbetracht der Antworten
– z. B. durch den Einsatz von zeitgeistigen Medien wie Videos wahrgenommen.

8.3.2.5 Allgemein-valutative Rezeption von Moodle

Eine Fragestellung des Fragebogens war jene der allgemeinen Positiv- bzw.
Negativrezeption[387] der Moodle-Plattform im Italienischunterricht. Neben
den oben genannten, subjektiv empfundenen Vorteilen der Lernplattform
wurden folgende Antworten[388] zur wohlwollenden Rezeption unterbreitet:

- „Einfach ein super sytem"
- „viele Möglichkeiten"
- „Videos, Animationen, Schnelles Uploaden von HÜs etc. aber auch Down-
  loaden von wichtigen Dokumenten."
- „dass man sich die Handouts ausdrucken kann wenn man sie verloren hat."
- „schnelles Arbeiten im Internet"
- „Ich finde die Test auf Moodle (vor Schularbeiten) sehr sinnvoll, sie bereiten gut vor."
- „Die Verbindung mit anderen Schüler wird her gestellt"
- „Vorbereitung auf Schularbeiten"
- „Ich finde es gut das jeder seinen beitrag zu einem thema leisten kann"
- „Forum: es ist sehr nützlich, da man Fragen zu verschiedenen Themen stellen kann, und sie sehr bald beantwortet bekommt."
- „Glossar: hilft beim Lernen- Damit man weiß, zum beispiel bei den Schul-
  arbeiten. Ob man noch viel mehr lernen muss oder welche Kapiteln schon
  gut können"
- „Hilfreich vor Schularbeiten wegen ‚live-fragenbeantwortung'"
- „Man lernt die richtige Aussprache und die Intonation."
- „weil es lustig war"

---

387 vgl. Fragen 19 und 20
388 Sprachliche Fehler wurden nicht ausgebessert, 1:1-Übernahme der Originalaussagen.

- „Ich bin voll dafür, dass man im Unterricht multimediale unterstützung verwendet"
- „das bereitet gut auf tests vor- Bei den Tests lernt man sehr viel Foren sind gut um fragen zu stellen und mit anderen zu ‚reden‘"
- „Workshops finde ich auch immer gut weil dies meist etwas Aktiveres ist."
- „Sehr gute Möglichkeit, Grammatik und Vokabeln zu lernen."
- „sehr übersichtlich"

Neben der erneuten positiven Rezeption von Moodle im Bereich der neuen Medien, der Abwechslung, fällt die Mehrfachnennung des Testmoduls auf. Die Plug-Ins des Testmoduls (Kurzantwort, Multiple-Choice, etc.) bereiten die SchülerInnen offensichtlich gut auf schriftliche Überprüfungen vor. Das klassische „Learning-to-the-Test"-Schema ist zwar nicht zentral für den pädagogischen Anwendungsbereich von Moodle anzusehen, unterstützt aber sicherlich Übungs- und Remedialisierungsprozesse bei sprachlichen Unsicherheiten (Grammatik, Wortschatz, etc.).

Als weniger vorteilhafte bzw. negative Aspekte der Moodle-Plattform im Italienischunterricht wurden folgende Antworten gegeben[389]:
- Man sollte es nicht als Hausübung verwenden
- weil Lehrer davon ausgehen, dass jeder immer einen Computer mit Internetanschluss besitzen. Wenn also Moodle-Übungen verpflichtend sind, haben Schüler die keinen Zugang Zuhause haben mehr Aufwand der meiner Meinung nach unnötig ist
- Abhängigkeit von Computer und Internet
- dass sehr viele Lehrer lieblose Übungen erstellen und damit die Schüler nerven. Wird jedoch Zeit investiert, eine gute, ausgewogene Übung zu erstellen, ist dies sehr hilfreich für den Unterricht
- Das bei unserer schule, dass internet so langsam ist, dass es manchmal wirklich nervt. -dass es überlastet ist wenn zu viele auf einmal auf die plattform gehen
- manchmal etwas unübersichtlich.
- sie manchmal für mehrere Stunden nicht funktioniert oder auch sehr langsam ist.-

Ein Nachteil von Moodle der genannt wird und sehr auffällt, ist sicherlich jener des Internetanschlusses. Ein/e TeilnehmerIn kritisiert offensichtlich die Grundannahme des Lehrkörpers, dass jede/r SchülerIn einen Computer mit Internetanschluss besitzt. Dieser Kritikpunkt stellt eine essenzielle Diskussionsgrundlage für die Debatte, welche infrastrukturellen Voraussetzungen für

---

389 Sprachliche Fehler wurden nicht ausgebessert, 1:1-Übernahme der Originalaussagen.

den erfolgreichen Einsatz von Blended Learning benötigt werden. Ganz wichtig ist dabei, einzelne SchülerInnen ohne PC nicht zu exkludieren und diese mit Alternativmöglichkeiten zufriedenzustellen.[390]

8.4   E-Learning im Schulalltag – die eLSA-Initiative

Seit April 2009 wird die Schule als „eLSA-zertifiziert" geführt. Dies bedeutet, dass sich das LehrerInnenteam einschließlich Direktion bestimmter Qualitätskriterien[391] verschrieben hat bzw. diese im Schulalltag einhält und praktiziert. Nach einem Beobachtungszeitraum von ca. drei Jahren konnten am Schulstandort folgende Aspekte (i.e. oben genannte Qualitätskriterien) mit „Ja" beantwortet werden können:

1. Jede/r Schüler/in konnte „eLearning-Sequenzen" im Unterricht ausprobieren.
2. Alle Lehrenden haben Erfahrungen mit eLearning-Sequenzen im eigenen Fach gesammelt und diese Erfahrungen allen Kolleg/innen zur Verfügung gestellt.
3. Die Fachgruppen- und Klassenlehrer/innenteams erproben gemeinsam und aufeinander abgestimmt die Chancen, Möglichkeiten und Grenzen von eLearning im Unterricht.
4. Die Modellschulen entwickeln miteinander konkrete Modelle zur Erprobung von eLearning Sequenzen im Unterricht und stellen ihre Erfahrungen allein zur Verfügung.
5. Das Schulprogramm (kurz- und mittelfristige Schul-Ziele und Umsetzungsmaßnahmen) bezieht die Erkenntnisse über eLearning laufend in die Gestaltung des Schulalltags ein.
6. Der Schulleitung ist die Erprobung von eLearning im Unterricht ein wichtiges Anliegen. Das Projekt hat hohe Priorität im Schulalltag.

---

390 vgl. Kapitel 9
391 eLSA-Ziele in: eLearning bringt's! S. 9

7. Es gibt eine Steuerungsgruppe, die die eLearning-Contententwicklungen und Erprobungen im Unterricht koordiniert und aufeinander abstimmt und für den Projektfortschritt sorgt.

8. Mindestens ein Angebot von zusätzlichen freiwillig erreichbaren Abschlüssen/Zertifikaten mit Qualifikation im IT- oder eLearning-Bereich (beispielsweise ECDL-Advanced; nachweisbare Kenntnisse im Umgang mit einer Lernplattform oder Web-2.0-Werkzeugen).

Die eLSA-Initiative hat Vorbildcharakter und unterstützt Schulen (Schwerpunkt: Unterstufe) in ihren Vorhaben, IT-Strukturen am Standort verstärkt zu nutzen. Aufgrund der Teilnahme am eLSA-Programm können Schulen ministerielle Förderungen richtig einsetzen, wie z. B. für die Anschaffung von Netbooks. Die Grundideen manifestieren sich in den acht eLSA-Zielen (siehe oben), die in regelmäßigen nationalen Treffen adaptiert und aktualisiert werden. Das eLSA-Schulnetzwerk (i.e. Schulen, die am eLSA-Programm teilnehmen) fungiert als wichtiger Ideengeber und Austausch von Erfahrungen im E-Learning-Bereich: „Die Netzwerktreffen bringen unverzichtbare Motivation für die Tätigkeit am eigenen Standort."[392]

Ein bedeutender Fokus von eLSA liegt auf dem Erleben von positiv konnotierten E-Learning-Sequenzen, auf die praktische Anwendbarkeit im Schulalltag und im echten Leben. Durch das Leben einer gewissen medienpädagogisch fördernden Ideologie empfinden Kinder und Jugendliche „[...] ihr eigenes Lernen als nachhaltiger [...]"[393].

Die kontinuierliche Förderhaltung seitens der Schulträger bzw. zuständigen Ministerien ermöglicht momentan einer Hundertschaft österreichischer Schulen das innovative, zukunftsweisende und vor allem EU-konforme IT-Kompetenzakquistionsprinzip bei SchülerInnen. Durch ständige qualitätsoptimierende Auflagen verschreiben sich die eLSA-Schulen einem höchst professionellen medienpädagogischen Credo, bei dem in erster Linie die Jugend mit den für die Berufswelt relevanten Tools im unterrichtsspezifischen, interdisziplinären Kontext arbeitet. Ein kontinuierlich steigender Professionalisierungsgrad bei LehrerInnen und SchülerInnen wirkt motivierend und steigert das Empfinden der konzeptionellen *corporate identity*. Man ist eLSA-Schule, weil man dafür hart gearbeitet hat. Die Zertifikatsvergaben verlaufen nicht inflationär, sondern setzen ein authentisches professionelles IT-Konzept am Schulstandort voraus.

---

392 eLearning bringt's! S. 9
393 ebd.

9   Resümee

Moodle als virtuelle Lernplattform ist seit geraumer Zeit Forschungsgegenstand der Medienpädagogik bzw. der Fremdsprachendidaktik. Neben den erwähnten evidenten Vorteilen der Lernplattform fällt vor allem der konstruktivistische Lernansatz mit seinem immensen Potenzial zur Individualisierung und zum selbstgesteuerten Lernen auf. Durch die Berücksichtigung der Autonomie der Lernenden werden in weiterer Folge die Bedürfnisse dieser zunehmend in den Mittelpunkt gerückt.[394] Moodle mit all seinen didaktischen Tools und seinem konstruktivistischen Design ermöglicht den autonomen Lernenden „[…] nach eigenem Lerntempo [zu] arbeiten und üben zu können.“[395] Durch die starke Unterstreichung der Lernenden als eigenständige Lernstrategienkonstrukteure kann Moodle durchaus dahin gehend unterstützen, eine teilweise neue Unterrichtskultur zu etablieren.

Dabei soll explizit darauf hingewiesen werden, dass die Prägung neuer pädagogischer Ideale bzw. Unterrichtskulturen möglicherweise nur mithilfe des Blended-Learning-Ansatzes funktionieren kann, da dieser keine radikale Neuadjustierung bestehender Unterrichtsformen suggeriert, sondern lediglich ein supportives, dem Zeitgeist des 21. Jahrhunderts entsprechendes Methodenprinzip wie jenes des E-Learnings offeriert. Somit kann konstatiert werden, dass es nie die pädagogische Intention von Moodle war, interpersonale Kommunikations- und Wissensvermittlungsstrategien von LehrerInnen bzw. die Lehrperson als solche wegzurationalisieren, sondern durch stark kommunikative und kollaborative Performanzstrukturen ein Angebot zur Methodenextension anzubieten. Blended Learning setzt keine krasse pädagogisch-ideologische Umorientierung voraus, im Gegenteil, es hilft Lehrpersonen, gut bewährte Unterrichtskonzepte mit konstruktivistischen E-Learning-Sequenzen zu verbinden. Moodle fungiert somit nicht als ersetzender Feind, sondern als unterstützender Freund.

Eine zentrale Rolle in diesem methodisch-didaktischen Unterstützungsprozess haben die *6 Cs des Blended Learnings*: Content, Coach, Communication, Collaboration, (Critical) Curriculum und Continuous Lessons. Die sechs Bestandteile können unter Umständen zu einer konzeptionellen Vereinfa-

---

394 vgl. eLearning bringt's, S. 13
395 vgl. ebd., S. 17

chung und methodischen Bereicherung von Blended-Learning-Prozessen mit Moodle beitragen. Jede einzelne Komponente hat ihre konzeptionelle und ideologische Legitimation, da diese aus pädagogischer Sicht sehr stark mit den Grundprinzipien des Konstruktivismus korrelieren. Durch die Fusion der *6 Cs*, durch den Lernprozess und durch die Ansprüche jeder/s einzelner/m TeilnehmerIn im virtuellen Moodle-Kontext, deren Komponenten jede/r für sich adaptiert, kann sich im Idealfall eine *lernertragsoptimierte Symbiose* ergeben, d. h. ein selbst kreierter und selbst gesteuerter Lernertrag – ein Erreichen eines individuellen Lernziels.

Für die Individualisierung des Lernprozesses im Kontext von virtuellen Lernumgebungen kommt dem Konzept Web 2.0 vor allem im schulischen Bereich eine große Bedeutung zu. Web 2.0 ist nicht nur ein Hype, sondern ein zeitgeistiges, oftmals Jugendliche ansprechendes Werkzeug, mit dem eine „intensivere Auseinandersetzung"[396] stattfinden soll. Auch der Wiener Stadtschulrat und die Landesschulräte fordern in einem Erlass die intensivere Nutzung von Web 2.0. Moodle kann hier als konnektive Applikation fungieren. Durch die Fusion von Moodle und Web 2.0 entsteht *Moodle „Deluxe"*, ein Dynamisierungsprozess von Blended-Learning-Szenarien mit der Lernplattform durch die Einbindung von Apps[397] aller Art (Widgets, Blogs, Mindmapping, etc.). Somit findet gewissermaßen eine partielle Loslösung von ausschließlich Moodle-spezifischen Anwendungen statt, bei der andere Anwendungen aus dem globalen Dorf namens Internet bewusst für kommunikativ-kollaborative Arbeitsprozesse benutzt werden. Dieser Ansatz wird als *multiperspektivische Verwurzelung* bezeichnet, da er das reichhaltige Angebot von Web-2.0-Anwendungen (aber auch Anwendungen anderer Art, z. B. Grammatikübungen online, etc.) bewusst annimmt, ohne dabei auf Moodle als zentrale Kommunikations- und Kollaborationsplattform zu verzichten. Abgesehen von klassischen „Drill and Practice"-Übungen (Einsetzübungen, etc.), fördert *Moodle „Deluxe"* mit kollaborativen Mindmaps, Blogs, etc. die Intersubjektivität anstelle der Vermittlung objektiven Wissens.[398]

Eine weitere Chance, Unterrichtskonzepte teilweise neu zu konzipieren, liegt in der Anwendung der *delimitierenden Curricularisierung*. Hierbei geht

---

396 http://diepresse.com/home/bildung/schule/609157/Schueler-sollen-kritischen-Umgang-mit-Facebook-lernen?_vl_backlink=/home/bildung/index.do^, letzter Zugriff 15.11.2010

397 Apps, engl. für applications = Applikationen/Anwendungen

398 vgl. Röll, S. 61

es in allererster Linie darum, durch den Einsatz von Web-2.0-Tools den Fokus auf die kreative Produktivität mit hohem Kollaborationspotenzial zu legen, ohne dabei durch teilweise strikte curriculare Vorgaben den *working flow* zu minimieren und mögliche stark motivierende Arbeitsprozesse durch zu viele Vorgaben zu verhindern. Der Ansatz suggeriert keine Prozesse des Lehrplans, sondern fördert forschend-explorierendes Lernen, bei dem SchülerInnen etwas ausprobieren können und im kollektiven Arbeitsprozess produktiv im qualitativen und nicht im quantitativen lehrplankonformen Kontext sein können.

Der Einsatz von Web 2.0 führt zur grafischen, anwendungstechnischen, aber vor allem zur sozialen kommunikativ-kollaborativen Dynamisierung von Moodle, ohne dabei die Lernplattform blass aussehen zu lassen, sondern sie qualitativ zu ergänzen. Durch die stark kollaborative Komponente von *Moodle „Deluxe"* wird das Bedürfnis nach sozialer Eingebundenheit und sozialer Zugehörigkeit oftmals befriedigt. Ein durch den konstruktivistischen Einsatz von Moodle möglicher Paradigmenwechsel von der Lehrperson hin zum Coach ermöglicht eine *hierarchische Entvertikalisierung* des Klassenverbundes und fördert egalitäres Teamplaying. Als Folge sind „sozio-emotionale Bindungen"[399] zwischen TeilnehmerInnen und Coach möglich, die den motivationalen Arbeitsprozess fördern, fern ab von Überprüfungsschemata klassischer Art (SchülerIn produziert, LehrerIn sucht Fehler). Voraussetzung für eine authentische, funktionierende sozio-emotionalen Bindung ist, „dass die Schüler über soziale Kompetenz verfügen".[400] Soziale Kompetenzen werden im *Moodle „Deluxe"-Kontext* sicherlich durch den Prozess des supportiven, kollaborativen Feedbacks bei Online-Mindmapping (z. B. *bubbl.us*) bzw. kollaborativem Textschreiben *(openetherpad)* gestärkt. *Moodle „Deluxe"* fördert soziale Kompetenz, aktives Produzieren, soziale Einbindung und eine „egalitäre kommunikative Beziehungskultur".[401]

Abgesehen vom Großteil der SchülerInnen, die die Lernplattform mit großer Begeisterung annehmen, sei selbstverständlich darauf hingewiesen, dass es immer wieder SchülerInnen gibt, die auf Web 2.0 bzw. Moodle eher abweisend reagieren. In Anbetracht der immensen Relevanz von digitalen Kompetenzen im 21. Jahrhundert sollte aber versucht werden, durch lerntypenadäquate Anwendungen (visuell, auditiv, etc.) das Interesse zu steigern.

---

399 Röll, S. 62
400 ebd.
401 ebd., S. 65

Der große Vorteil von Blended-Learning-Szenarien mit Moodle besteht darin, dass E-Learning-Sequenzen als ergänzende Methodik zum Regelunterricht eingesetzt werden, sodass SkeptikerInnen unter den SchülerInnen
ohnehin einen großen Teil des Unterrichts als Präsenzstunden erleben, und so
im Kontext von klassischen Methoden lernen. Dennoch ist ein erhöhter Einsatz von digitalen Medien empfehlenswert und es muss festgehalten werden,
dass in Anbetracht der Steigerung von Berufsaussichten in sehr vielen Bereichen es anzuraten ist, mit ablehnenden SchülerInnen in den Diskurs zu treten,
um zumindest partielle Partizipationsperformanzen im virtuellen Kontext
einzufordern.

Web 2.0 stellt keinen absolut neuen, revolutionären Ansatz dar, da selbstgesteuertes konstruktivistisches Lernen schon seit geraumer Zeit als essenzielles Prinzip in der Fremdsprachendidaktik gilt. Aber Web 2.0 ist flexibler:

> Bildung muss sich entgrenzen, Bildungsinstitutionen müssen ihre Lernorte fle-
> xibilisieren, Mixed-Mode-Strukturen entwickeln und auch das Lernen am Ar-
> beitsplatz begleiten und unterstützen.[402]

Diese Entgrenzung korreliert stark mit einer Entgrenzung der Rezeption der
LehrerInnen zum Thema Unterrichtskultur. Ein konstruktivistischer additiv-
kollaborativer Ansatz, wie jener des Blended Learnings ist generell an folgende Fragestellungen geknüpft: Soll Blended Learning herangezogen werden, um bestehende Unterrichtsmuster zu unterstützen bzw. zu erweitern
oder um diese vollkommen zu ändern? Sollen die E-Learning-Sequenzen als
transformativer Prozess oder als instruktionales Modell assoziiert werden?[403]
Diese Fragen können nur im Kontext eines möglichen ideologischen Rezep-
tionsadaptierungsprozesses bezüglich der LehrerInnenrolle annähernd beantwortet werden. Die Tatsache, dass SchülerInnen ständig neue Methoden
erfahren und unterschiedliche Unterrichtsformen erleben, lässt von Seiten der
LehrerInnen auf einen gewissen methodischen Adaptierungs- und Akzep-
tanzgrad hinweisen. SchülerInnen sind es gewohnt, sich sehr oft auf die
Lehrperson einzustellen und deren Unterrichtskonzept „hinzunehmen".
Selbstverständlich gibt es viele Fälle, bei denen die Zufriedenheit der SchülerInnen hinsichtlich der Unterrichtsweisen vieler LehrerInnen (speziell bei
jenen, die Blended Learning anwenden) sehr hoch ist, aber was geschieht mit
den Lehrkräften, die unterschiedliche medienpädagogische Ansätze partout
und a priori ausschließen?

---

402 Arnold & Reinmann, S. 292
403 vgl. Frey & Petko, S. 55

Wie schon in Kapitel 8.2 erwähnt, bedarf es eines strategisch wohlüber-
legten persuasiven Konzeptes, welches vor allem im schulischen Kontext
von der Schulleitung getragen wird. Angst vor der Technik, eine Technophobie, beim Lehrkörper ist sehr ernst zu nehmen und sollte mit zielgruppen-
adäquaten Fortbildungsveranstaltungen genommen werden. Grundlegende
Basics im Umgang mit neuen Medien (i.e. Internetbrowser, Textverarbei-
tung, Uploads, Downloads, etc.) sind aus schulpolitischer und international-
didaktischer Sicht vorauszusetzen bzw. einzufordern, da fehlende digitale
Kompetenzen bei Lehrkräften vor allem fatale Folgen für SchülerInnen/Lernende haben könnte, da ein ausschließlich klassischer instruktionaler
Unterricht nicht mehr den Bedürfnissen des Lerners des 21. Jahrhundert ent-
spricht.

Vollständig-kognitives Wissen kann durchaus beeindruckend sein, ist
aber als alleiniges Lernkonzept insofern ein Auslaufmodell, als es für die
faktische Wissensakquisition das Internet gibt und dafür keine Lehrperson
mehr benötigt wird. Der Lehrerin/dem Lehrer kommt eine wichtigere Rolle
zu: ein *Communicative Collaborator* zu sein. Dieser arbeitet im Team gemeinsam mit seinen hierarchisch gleichwertigen KollegInnen (i.e. vormals
SchülerInnen) an unterschiedlichen, oftmalig nicht zwingend curricularkonformen Konzepten und steht mit ihren/seinen Expertisen genau wie alle
anderen TeilnehmerInnen supportiv zur Verfügung. Die klassischen, oftmals
stigmatisierenden „Fehlersuchorgien" der Lehrkraft sind in der E-Learning-
Tranche von Blended Learning obsolet. Der *Communicative Collaborator*
hat soziale Kompetenz und Teamgeist. Somit ist in erster Linie nicht ausschließlich technische Versiertheit, sondern didaktische Kompetenz bei den
LehrerInnen des 21. Jahrhunderts angesagt.

Dieser ideologische Shift manifestiert sich mittlerweile immer mehr in
vielen Fortbildungsveranstaltungen und IT-Initiativen, sodass der skeptischen
Lehrkraft sicherlich alle Türen für ein gewisses medienpädagogisches Pro-
fessionalisierungsprozedere offen stehen. Es gilt Überzeugungsarbeit dahin
gehend zu leisten, dass Blended Learning eben genau die SkeptikerInnen mit
offenen Armen empfängt, da kein pädagogisches Tabula rasa eingefordert
wird, sondern es lediglich dazu anregt, bestehende Konzepte im Präsenzunterricht mit konstruktivistischen Elementen zu ergänzen. Eine in der obigen
Frage erwähnte komplette Neuadjustierung des eigenen Unterrichts wäre
vielleicht bei manchen Unterrichtsformen (vor allem zugunsten der SchülerInnen) wünschenswert, entspricht aber nicht der schulpolitischen Realität,
da pädagogisches Um- bzw. Vordenken in einem oftmals noch immer sehr

theresianisch anmutenden Schulsystem zwar gewünscht, dessen Konzepte aber kaum umgesetzt werden.

Das Konzept der Neuen Mittelschule implementiert bewusst die individualisierende Lernprozedere mit starken medienpädagogischen Schwerpunkten. Es bleibt abzuwarten, ob auch die Lehrerschaft dies vollinhaltlich goutieren wird. In der Zwischenzeit bieten Initiativen mit internationalem Vorbildcharakter, z. B. eLSA, ein ideologisches Refugium für Lehrpersonen, die sich dem Paradigmenwechsel verschrieben haben.

Für eine erfolgreiche Implementierung von Lernplattformen wie etwa Moodle bedarf es neben einer Bereitschaft unter den SchülerInnen und LehrerInnen natürlich auch gewisser schuladministrativer bzw. schulpolitischer und monetärer Rahmenbedingungen. „E-Learning ist ohne entsprechende Ausstattung nicht möglich."[404] Die bereits öfter erwähnten nationalen ministeriellen Initiativen unterstützen Schulen mit Engagement. Der finanzielle Support spielt dabei eine wichtige Rolle. Grundsätzlich gelten für alle österreichischen Schulen dieselben Spielregeln: Engagement wird „belohnt", d. h., der Einsatz innovativer Unterrichtsprinzipien zahlt sich aus. Neben der ministeriellen Unterstützung oder jener der Schulaufsicht bestehen noch weitere Möglichkeiten zur zweckgebunden Beschaffung von IT-Budget. Vereinfacht gesagt könnten neben dem Elternverein Sponsoren aus der Wirtschaft oder durch Schulveranstaltungen (Theater, internationales Buffet, etc.) weitere FinanzgeberInnen mobilisiert werden.

Blended Learning mit all seinen teilweise konstruktivistisch-kollaborativen Aspekten stellt einen konzeptionell durchaus etablierten Ansatz dar, der mit dem Einsatz der Lernplattform Moodle mit all seinen Facetten oftmals sehr gut harmoniert. Blended Learning impliziert einen gewissen Grad an Ideologie, schränkt sich aber bewusst in seiner Radikalität vor allem bei der Neuadjustierung bestimmter Unterrichtscredos ein. Blended Learning definiert eine klare konstruktivistische Enthierarchisierung im virtuellen Kontext, lässt aber der Lehrperson uneingeschränkte methodisch-didaktische Freiheit im Präsenzunterricht. Genau das ist der Grund, warum Blended Learning oftmals im Schulalltag Einzug gehalten hat. Blended Learning ist zwar mit seiner Implementierung von unterschiedlichen E-Learning-Tools sehr zeitgeistig und relativ innovativ, aber keineswegs radikal in seinen Forderungen. Blended Learning versteht sich als methodisches Prinzip, das auch notorische Fortschrittsverweigerinnen und Fortschrittsverweigerer herzlich

---

404 eLearning bringt's! S. 19

einlädt, Dinge abseits des Präsenzunterrichts im virtuellen Kontext auszupro-
bieren um SchülerInnen auf gleicher Augenhöhe zu begegnen.

Der Eindruck vom großen Blended-Learning-Partner Moodle als pädagogische Eintagsfliege wurde durch die starke Präsenz im wissenschaftlichen
Publikationsbereich entkräftet. Die Medienpädagogik entdeckte das Potenzial
von Lernplattformen, insbesondere von Moodle und Web-2.0-Anwendungen,
um darüber zu schreiben und konkrete Lernszenarien für Bildungseinrichtungen zu entwickeln. Es wäre es an der Zeit, veraltete Methoden wie den
monodirektionalen Wissenstransport zu entzaubern und dem mittlerweile zur
methodischen Konstante gereiften Blended Learning Platz zu machen. Wie
lange Moodle im Blended-Learning-Kontext Forschungsgegenstand und
populäre Lernplattform im österreichischen Schulwesen bleibt, kann nicht
genau prognostiziert werden. Zumindest liefert es ausreichend Diskussions-
stoff und mögliches Umdenken in Richtung hierarchieminderndes selbstgesteuertes Lernen. Blended Learning ist moderne Didaktik, die auf das

> [...] autonome, selbstbestimmte, eigenverantwortliche Lernen durch den Lerner
> selbst setzt. Dieser Prozess wird noch zusätzlich durch motivierenden, varian-
> ten- und abwechslungsreichen Unterricht unterstützt.[405]

Speziell für den Fremdsprachenunterricht offeriert Moodle mit all seinen
implementierten Web-2.0-Anwendungen eine attraktive Ergänzung zum
oftmals analogisierten Präsenzunterricht. In der Regel zielt der Fremdsprachenunterricht darauf ab, in einem mehr oder minder ausgeglichenen Maße
die fünf Fähigkeiten zu üben bzw. zu festigen, wobei konstatiert werden
muss, dass sicherlich der kommunikative Aspekt immer mehr an Bedeutung
zunimmt.

Für das Schreiben bieten die Moodle-internen Plug-Ins eine interessante
Auswahl. Vom Glossar über Wiki bis hin zum Onlinetext haben die TeilnehmerInnen die Möglichkeit, im singulären, aber auch kollaborativen Kontext lehrplankonforme Textsortenproduktion zu üben. Das Glossar eignet
sich im Italienischunterricht vor allem für die lexikalische und themenorientierte Arbeit. Das Verfassen eigener Einträge mit hohem multimedialem Potenzial (z. B. Einfügen von Links, Bildern, etc.) wird von den Italienisch-
lernenden vor allem im landes- und kulturkundlichen Kontext sehr gut angenommen: z. B. die Erarbeitung der italienischen *regioni* (dt. Regionen,
ähnlich den österreichischen Bundesländern), bei der die TeilnehmerInnen
sämtliche die Regionen betreffenden Informationen in der Zielsprache hinzu-

---

405 Tanzmeister, 297

fügen und somit curricular und sprachlich gefordert sind. Das Wiki fördert in erster Linie die Textproduktion in Italienisch, d. h. unterschiedliche curricular-adäquate Textsorten (z. B. Tagebucheintrag oder Blog) werden im Verbund verfasst, sprachlich analysiert und kollegial rückgemeldet. Somit ergibt sich ein Perspektivenwechsel der Korrekturarbeit von der Lehrperson hin zur Teilnehmerin/zum Teilnehmer.

Die Fähigkeit des Lesens nimmt auch bei Moodle einen mehr oder minder besonderen Platz ein, da sämtliche Arbeitsaufträge und implementierten Texte, aber vor allem die Kommunikation von Moodle in der Regel in der Zielsprache (in unserem Falle Italienisch) stattfinden. Ein weiterer Vorteil von Moodle im Italienischunterricht ist das Modul der Spracheinstellung der Oberfläche. Das gesamte Moodle-Kursbild kann auf Italienisch eingestellt werden, sodass nicht nur sämtliche Übungen auf Italienisch abgehalten werden, sondern auch die Navigation innerhalb des Kurses auf Italienisch erfolgt. Ein effizientes, praxisorientiertes Erlernen fachspezifischen italienischen Vokabulars (z. B. *uploadare* – dt. uploaden, *paginadel sito* – dt. Webseite) ist somit möglich.

Das Hören kann durch den Einsatz von Podcasts, (YouTube-) Videos, Liedern, etc. gefestigt werden, wobei erwähnt werden sollte, dass diese Applikationen keine ureigenen Moodle-Tools sind. Durch das starke Erweiterungspotenzial von Moodle (Stichwort: *Moodle „Deluxe"*) können aber eine Vielzahl an Hörverständnis verbessernden Anwendungen herangezogen bzw. in Moodle implementiert werden. Vor allem die Sensibilisierung der italienischen Aussprache kann durch den gezielten Einsatz authentischer YouTube-Videos (z. B. Interviews mit italienischen MusikerInnen, PolitikerInnen, etc.) gefördert werden.

Für das monologische und dialogische Sprechen werden fast ausschließlich Podcasts für Moodle von den SchülerInnen produziert, da diese Fähigkeit zugegebenermaßen ein analoges Face-to-Face-Interaktionsprozedera vorsieht. Dennoch kann durch die Produktion der Tondokumente ein Schwerpunkt auf die italienische Aussprache (z. B. Intonation) und den idiomatischen Einsatz von curricular-adäquaten Phrasen (z. B. typische Interviewfragen, Phrasen um eine Radioshow einzuleiten, etc.) gelegt werden.

Für die punktuelle Überprüfung der italienischen Grammatik bietet sich das versatile Testmodul mit all seinen unterschiedlichen Übungsformaten (z. B. Multiple Choice, Kurzantwort, etc.) an. Durch multimediale Gestaltungsmöglichkeiten (z. B. Einfügen von Videos, Hörbeispielen, Grafiken, etc.) trägt Moodle zur Abwechslung im klassischen „Drill and Practice"-

Prozess bei. Eine sofortige Auswertung der SchülerInnenperformanzen verhilft dem Coach zur Fehleranalyse und zur Entwicklung von Strategien zur
Leistungssteigerung.

Moodle stellt ein wertvolles supportives Instrument für den Italienischunterricht dar. Die unterschiedlichen Moodle-Aktivitäten ermöglichen didaktische Versatilität und lernzieladaptiertes Arbeiten im virtuellen Kontext. Da –
wie vorher bereits konstatiert – Moodle für nahezu jede im Italienischunterricht zu übende Fähigkeit das passende Plug-In besitzt, müssen auch keine
erheblichen Abstriche in der lernertragsoptimierten Blended-Learning-Italie-
nischstunde gemacht werden. Aufgrund der Tatsache, dass es für den Italienischunterricht per se ein deutlich geringeres E-Learning-Angebot gibt als
vergleichsweise für den Englisch- oder Französischunterricht, muss die Ita-
lienischlehrkraft deutlich geduldiger und erfinderischer bei der Suche bzw.
Erstellung von E-Learning-Materialien sein. Moodle kann hierbei als ergänzende Anwendung wirken, die einen zeitgemäßen und didaktisch-profes-
sionellen Rahmen für unterschiedliche lehrplankonforme Italienischübungen
bietet.

Moodle erlebte schon vor geraumer Zeit den Didaktisierungsprozess. Die
Lernplattform setzt keinen extrem hohen IT-Wissensstand voraus, um mit ihr
effektiv im Fremdsprachenunterricht zu arbeiten. Schon mit einer einzigen
Aktivität kann ein Kurs begonnen werden, und die Präsenzstunden wurden
um eine digitale Komponente erweitert. Blended Learning definiert keinerlei
quantitative Vorgaben, was heißen mag, dass niemand vorgibt, wie oft und
wie viel man in Moodle im Schuljahr machen muss, um behaupten zu können, dass man jetzt ein Blended Learner wäre. Die Frage ist vielmehr das
Wie. Moodle sollte nicht als klassische „Wäscheleine"[406] benutzt werden.
Das bedeutet, dass der Beitrag zum konstruktivistischen Blended Learning
sicherlich keiner ist, der aus dem einfachen Uploaden von Dateien besteht.
Aufgrund des enormen Arbeitspensums vieler LehrerInnen ist es absolut
nachvollziehbar, dass ein Moodle-Kurs nicht innerhalb kürzester Zeit wach-
sen kann, das muss aber auch nicht sein. Gelegentliche Beiträge, z. B. im
Fremdsprachenunterricht mit Online-Grammatikübungen zu üben, der Erstellung von Glossaren zu einem bestimmten Thema oder die fachspezifische
Diskussion in der Zielsprache auf die virtuelle Ebene zu legen, sind ein bereits ein wichtiger Beitrag, SchülerInnen auf Kernkompetenzen des 21. Jahr-

---

406 vgl. Montgomery, Vortrag „Pimp my Moodle", Moodlemoot Heidelberg (2008),
    http://moodlemoot.moodle.de/, letzter Zugriff 21. November 2010

hunderts schrittweise vorzubereiten. Essenziell erscheint das generelle Zulassen eines neuen Unterrichtsprinzips durch die Lehrperson und die Ermöglichung zum Zutritt in einen Moodlekurs. Als Folge können sich selbstgesteuerte Kommunikations- und Kollaborationsperformanzen unter den SchülerInnen ergeben, bei denen die Lehrkraft z. B. im außerschulischen Kontext gar nicht benötigt wird bzw. lediglich als gleichwertiger Partner fungiert. Das Credo, eine Lehrerin/ein Lehrer müsste alles akribisch genau planen und designen, bevor es im Unterricht ausprobiert werden kann, ist oftmals nicht mehr zeitgemäß, denn ein „guter" Fremdsprachen-Moodle-Kurs ist nicht durch perfektes Design und einer Hülle und Fülle an upgeloadeten Arbeitsblättern gekennzeichnet, sondern lebt von der Interaktion und der Kommunikation auch über fachspezifische, fremdsprachliche Themen. Um einen intensiven Diskurs innerhalb der Lernplattform in der L2 zu generieren, bedarf es eines geringen Zeitaufwandes.

Sicherlich muss zugegeben werden, dass die Erstellung von Testmodulaufgaben etwas Zeit in Anspruch nimmt, aber diese Aufgaben speichert Moodle ab, sodass auf diese auch in Zukunft Zugriff möglich ist. Was Moodle abgesehen von einem intendierten Höchstmaß an technologischer Simplizität einem nicht abnehmen kann, ist die didaktische Kompetenz der Lehrperson. Die Technologie ist sekundär, primär erscheint die Fähigkeit der Lehrerin/des Lehrers, die vom Lernsystem vorgegebenen Tools sinnvoll im Fremdsprachenunterricht einzusetzen, damit nicht E-Learning des Hypes wegen, sondern des didaktischen Potenzials wegen praktiziert wird. Moodle wird laufend um seine Applikationen erweitert und kennt durch sein starkes Erweiterungs- und Einbettungspotenzial kaum Grenzen, unterschiedliche, teils auch in dieser Arbeit beschriebene Übungen im Fremdsprachenunterricht durchzuführen.

Moodle bzw. Blended Learning mit Moodle am Schulstandort ist in Österreich oftmals gelebte Praxis mit einer großen Anzahl an LehrerInnen, die ihr Engagement und ihre Bereitschaft zu neuen didaktischen Konzepten explizit zeigen, um die „digital natives", aber auch die „digital immigrants" unter den SchülerInnen auf eine vernetzte, stark digitalisiert-kommunikative Welt ein wenig vorzubereiten. Umfassendes Faktenwissen mag beeindruckend sein, ist aber für die Anforderungen des 21. Jahrhunderts insofern obsolet, als durch digitale Medien singuläres Wissen in Sekundenschnelle akquiriert werden kann. Moodle mag wohl monodirektionale Unterrichtssequenzen nicht aufheben können, stellt aber als starker Partner beim Blended Learning vernetztes Denken, remediales Üben, Interaktion im zwischenmenschlichen Diskurs und den kollaborativen (und nicht monodirektionalen) Wissenserwerb in den Vordergrund. Wenn die Lehrpersonen als FachvermittlerInnen zumindest in den E-Learning-Sequenzen auf die vermeintliche ExpertInnenrolle verzichteten und sich als gleichwertige Mitglieder im virtuellen Kontext eingliederten, wäre dies schon ein Schritt in die richtige Richtung.

Eine Strategie, Moodle im Unterricht populärer zu machen, besteht darin, digitale Medien als technische High-End-Anwendungen zu entmystifizieren, um somit stärkere, positive Assoziationen zum zum Thema E-Learning zu erzeugen. In Zeiten von Web 2.0, dem Netz der Laien, werden immer mehr IT-Novizinnen/IT-Novizen zu professionellen DidaktikerInnen, die es hervorragend verstehen, Web-2.0-Applikationen für ihren Unterricht zu nutzen.

Stärkere Schwerpunkte sind vor allem in der universitären Lehramtsausbildung im Bereich der IT zu setzen. Der curricularen Forderung zum Einsatz von digitalen Lernumgebungen vor allem im Sekundarstufe-1-Bereich (bei den 10- bis 14-Jährigen) wird durch das Angebot von teilweise lehramtsirrelevanten Lehrveranstaltungen nicht nachgekommen. Das Ergebnis sind JunglehrerInnen, die in der Didaktisierung des Internets nicht versiert sind. Die Lage an den Pädagogischen Hochschulen ist hier schon mit Kursen wie etwa „virtuelle Lernumgebungen" oder „Einsatz digitaler Medien im Unterricht" konkreter und praxisnäher.

Um Blended Learning im Schulalltag zur Gänze zu integrieren, bedarf es einer professionell-konzilianten, aber stringenteren Personalpolitik. Fortbildung, egal in welchem Bereich, muss zum professionellen Credo jeder Lehrkraft gehören. Schwächen in gewissen zukunftsweisenden Gebieten müssen analysiert und mittels professioneller Fortbildungsangebote ausgemerzt werden. Artikulierte Gegenargumente zum Einsatz von E-Learning sind anzuhören und gemeinsam zu diskutieren, sollten aber nicht dazu führen, den notorischen FortschrittsverweigerInnen Amnestie durch Erteilung eines Freibriefes, ihre bisherigen Unterrichtsmethoden weiterzuführen, zu gewähren. Streng genommen ist auch der Einsatz von neuen Medien (insbesondere Lernplattformen) rechtlich in den unterschiedlichen Lehrplänen verankert, somit sollte man auch diverse Kompetenzerweiterungsprozesse unter den LehrerInnen zum Thema E-Learning einfordern.

Anzunehmen, dass die nächsten SchülerInnengenerationen durch das Gutdünken der LehrerInnen mit digitalen Kompetenzen für die Zukunft fit gemacht werden, hat sozialromantische Ansätze und ist aus schulpolitischer Sicht höchst naiv. Solange von der Schulleitung bzw. Schulaufsicht nicht nur ein Quäntchen Verbindlichkeit bei LehrerInnen, die E-Learning kategorisch ausschließen, kommuniziert wird, bleiben neue digitale Lerntechnologien „pädagogische Eintagsfliegen", obwohl sie es schon lange nicht mehr sind.

Literaturverzeichnis

Abfalterer, E. (2007). *Foren, Wikis, Weblogs und Chats im Unterricht.* Boizenburg: Verlag Werner Hülsbusch

Alby, T. (2007). *Web 2.0. Konzepte, Anwendungen, Technologien.* Hanser Verlag

Ameln, F. v. (2004). *Konstruktivismus.* Tübingen/Basel: A. Francke Verlag

Apel, H. & Kraft, S. (2003). *Online lehren.* Bielefeld: W. Bertelsmann Verlag

Ardizzone, P. & Rivoltella, P.C. (2008). *Media e technologie per la didattica.* Milano: Vita e Pensiero

Arnold, R. & Reinmann, G. (2010). Digitale Lernwelten: Annäherungen an die Zukunft. In: Hugger, K.-U. & Walber, M. (Hrsg.). *Digitale Lernwelten. Konzepte, Beispiele und Perspektiven.* Wiesbaden: VS Verlag für Sozialwissenschaften.

Arnold, R. (1985): *Deutungsmuster und pädagogisches Handeln in der Erwachsenenbildung.* Bad Heilbrunn

Arnold, R. (2007). *Ich lerne, also bin ich. Eine systemisch-konstruktivisitsche Didaktik.* Heidelberg: Carl Auer

Astleitner, H. (2000). *Qualität des Lernens im Internet.* Frankfurt/M.: Peter Lang

Aufenanger, S. (2006). E-Learning in der Schule. Chance oder Bedrohung? In: *Computer + Unterricht,* 2006 (62), S. 6–10

Baacke, D. (1998). Medienkompetenz. Herkunft, Reichweite und strategische Bedeutung eines Begriffs. In: Kubicek, H. (Hrsg.). *Lernort Multimedia.* Heidelberg: v. Decker, S. 22–27

Back, A. et al. (1998): Technology-enabled Management Education: Die Lernumgebung MBE Genius im Bereich Executive Study an der Universität St. Gallen. In: *IO Management,* 21. Jg., Heft 3, 36–42

Back, M. (2008): *Selbstdarstellung im Web 2.0 und ihre möglichen Konsequenzen anhand der studentischen Networking-Plattform studiVZ und dem generellen Format Weblog.* Grin Verlag

Bandura, A. (1997): *Self-efficacy. The exercise of control* New York: Worth Publishers

Barras, J.-L. & Petko, D. (2007). Computer und Internet in Schweizer Schulen. Bestandsaufnahme und Entwicklung von 2001 bis 2007. In: Hotz-Hart, B. (Hrsg). *ICT und Bildung: Hype oder Umbruch? Beurteilung der Initiative Public Private Partnership – Schule im Netz,* Bern: SFIB, S. 77–133

Bates, A.W. (1995): *Technology, open learning and distance education.* New York: Routledge

Baumgartner, P. (2004). Didaktik und Reusable Learning Objects (RLO's). In: Carstensen, B. & Barrios, B. (Hrsg.). *Campus 2004 – Kommen die digitalen Medien an den Hochschulen in die Jahre?* S. 311–327. Münster: Waxmann

Baumgartner, P., Häfele, H. & Maier-Häfele, K. (2002). *Auswahl von Lernplattformen. Marktübersicht – Funktionen – Fachbegriffe.* Innsbruck: Studien-Verlag

Baumgartner, P., Payr, S. (1994): *Lernen mit Software.* Innsbruck.

Baumgartner, P. & Payr, S. (1997): Erfinden lernen. In: K. H. Müller / F. Stadler (Hrsg.): *Konstruktivismus und Kognitionswissenschaft. Kulturelle Wurzeln und Ergebnisse. Zu Ehren Heinz von Foersters.* Wien, New York: Springer. S. 89 bis 106. Quelle: www.blended-education.net/article-de/erfinden-lernen (letzter Zugriff: 6. November 2010)

Berge, Z.L. & Collins, M.P. (1993): Computer conferencing and online education (http://www.emoderators.com/papers/bergev1n3.html) (letzter Zugriff: 19. August 2009)

Bersin, J. (2004). *The Blended Learning book. Best practices, proven methodologies and lessons learned.* San Franscisco: Wiley

Bloh, E. & Lehmann, B. (2002a). Online Pädagogik – der dritte Weg? Präliminarien zur neuen Domäne der Online-(Lehr-)Lernnetzwerke (OLN). In: Bloh, E. & Lehmann, B. (2002). *Online Pädagogik:* Hohengehren: Schneider Verlag

Bloh, E. & Lehmann, B. (Hrsg.) (2002b). *Online Pädagogik:* Hohengehren: Schneider Verlag

Bremer, C. (2000): Virtuelles Lernen in Gruppen: Rollenspiele und Online-Diskussionen und die Bedeutung von Lerntypen. In: Scheuermann, F. (Hrsg.): *Campus 2000, Lernen in neuen Organisationsformen.* Münster

Bruns, B. & Gajewski, P. (2002). *Multimediales Lernen im Netz: Leitfaden für Entscheider und Planer.* 3. Aufl., Berlin/Heidelberg/New York: Springer

Bundesministerium für Unterricht, Kunst und Kultur (2008). *eLearning bringt's! Erfahrungen an österreichischen Schulen – Eine Erfahrungsbilanz – Zwischenstand.* Dezember 2008 (Informationsbroschüre)

Bundesministerium für Unterricht, Kunst und Kultur (2010): Lehrplan für lebende Fremdsprachen (aktuelle Fassung): http://www.bmukk.gv.at/medienpool/782/ahs8.pdf (letzter Zugriff: 6. November 2010)

Burge, E. (1994): Learning in computer conferenced contexts. The learner's perspective. In: *Journal of Distance Education*, 9, S. 19–43

Calvani, A. (a cura di) (2007). *Tecnologia, scuola, processi cognitivi. Per una ecologia dell'apprendere. Il lavoro affronta un'analisi utile per attuare una strategia criticamente fondata di impiego delle tecnologie in ambito educativo.* Milano: Ange li s.r.l.

Clark, T. (2001). *Virtual Schools: Trends and Issues. A Study of Virtual Schools in the United States.* Illinois: Distance Learning Resoruce Network/WestEd

Cole, J. & Foster, H. (2007). *Using Moodle – Teaching with the popular Open Source Course Management System.* Sebastopol, CA: O'Reilly Media

Comenius (1985) [1632]: *Didactica magna*

Dalsgaard, C. (2006). Social software: E-Learning beyond learning management systems. In: *European Journal of Open, Distance and E-Learning* (http://www.eurodl.org). 2006(2)

Delogu, C. (a cura di) (2007). *Tecnologie per il web learning. Realtà e scenari.* Firenze: University Press

Dewe, B. & Weber, P.J. (2007): *Einführung in moderne Lernformen.* Weinheim/ Basel: Beltz

Ditton, H. (2000). Qualitätskontrolle und -sicherung in Schule und Unterricht. Ein Überblick zum Stand der empirischen Forschung. In: Helmke, A./Horstein, W./ Terhart, E. (Hrsg.). *Qualität und Qualitätssicherung im Bildungsbereich.* Weinheim: Beltz

Döring, N. (1997). Kommunikation im Internet: 9 theoretische Ansätze. In: Batinic, B. (Hrsg.) *Internet für Psychologen,* Göttingen. S. 267–298

Downes, S. (2007). Walled Gardens. Vortrag auf der „Innovations in Learning Conference 2007"

du Bois, H. (1997): *On-line Lernen zwischen Anspruch und Wirklichkeit unter besonderer Berücksichtigung von computermediierter Kommunikation (CMC).* Tübingen: Deutsches Institut für Fernstudienforschung

Ehlers, U.-D. (2010): Qualität für digitale Lernwelten. Von der Kontrolle zur Partizipation und Reflexion. S. 59–73. In: Hugger, K.-U. & Walber, M. (Hrsg.). *Digitale Lernwelten. Konzepte, Beispiele und Perspektiven.* Wiesbaden: VS Verlag für Sozialwissenschaften

Eisl, M., Weger, I. & Tanzmeister, I. (2008): Innenansichten der österreichischen Reife- und Diplomprüfung. S. 519–558. In: Tanzmeister, R. (Hrsg.). *Lehren – Lernen – Motivation : Fachdidaktik für Romanistinnen und Romanisten.* Band 10. Wien: Praesens Studienbücher

Elia, G. & Murgia, G. (a cura di) (2008). *Collaborative E-Learning. Sistemi P2P, Tecnologie Open Source e Virtual Learning Community.* Milano: Angeli s.r.l.

Erpenbeck, J. & Sauter, W. (2007). *Kompetenzentwicklung im Netz. New Blended Learning mit Web 2.0*. Berlin: Luchterhand

Ertelt, J./Röll F.-J. (Hrsg.) (2008): *Web 2.0: Jugend online als pädagogische Herausforderung – Navigation durch die digitale Jugendkultur*. München: kopäd

Falk, S. (2006): *Personalentwicklung Wissensmanagement und Lernende. Organisation in der Praxis: Zusammenhänge – Synergien – Gestaltungsempfehlungen*. Mering

Frey, A. & Petko, D. (2010). Lernplattformen und neue Unterrichtskultur. In: Petko, D. (Hrsg.). *Lernplattformen in Schulen – Ansätze für E-Learning und Blended Learning in Präsenzklassen*. Wiesbaden: VS Verlag

Friedrich, H. & Mandl, H. (1997). Analyse und Förderung selbstgesteuerten Lernens. S. 237–293. In: Weinert, F.E. & Mandl, H. (Hrsg.): *Psychologie der Erwachsenenbildung*. Göttingen: Hogrefe

Funaro, G.M. & Montell, F. (1999): Pedagogical roles and implementation guidelines for online communications tools. In: *ALN Magazine*, 3. (http://www.aln.org/alnweb/magazine/). (Kein Zugriff möglich. 18. August 2009)

Gerstenmaier, J. & Mandl, H. (1995). Wissenserwerb unter konstruktivistischer Perspektive. In: *Zeitschrift für Pädagogik* 41 (1995): 6, S. 867–889

Groß, M. & Hülsbusch, W. (2004). Weblogs und Wikis – eine neue Medienrevolution? (Teil 1). In: *wissensmanagement* 2004: 8, S. 44–48

Gutmann, J. (2001). E-Learning ohne Betreuung funktioniert nicht. In: www.handelsblatt.com (letzter Zugriff: 6. November 2010)

Häfele, M. & Maier-Häfele, K. (2004). *101 e-le@rning Seminarmethoden: Methoden und Strategien für die Online- und Blended Learning-Seminarpraxis*. 2. Aufl. Bonn: managerSeminare

Harasim, L. (1989). On-line education: A new domain. In: Mason, R. & Kaye, A. (Hrsg.): *Mindweave. Communication, computers and distance education*. Oxford: Pergamon Press, S. 50–62

Harasim, L. (1990). Online education: An environment for collaboration and intellectual amplification. In: Harasim, L. (Hrsg.): *Online education. Perspectives on a new environment*. New York: Praeger, S. 39–64

Hermann, C. (2008). Der Sender bin ich! Podcasting. In: Ertelt, J./Röll F.-J. (Hrsg.): *Web 2.0: Jugend online als pädagogische Herausforderung – Navigation durch die digitale Jugendkultur*, S. 176–183. München: kopäd

Hesse, F.W. & Garsoffsky, B. & Hron, A. (1997). Interface-Design für computerunterstütztes kooperatives Lernen. In: Issing, L.J. & Klimsa, P. (Hrsg.): *Information und Lernen mit Multimedia*. 2. Aufl. Weinheim, S. 253–267

Hilgenstock, R. & Jirmann, R. (2005). *Gemeinsam online lernen mit Moodle: Trainerhandbuch*. Bonn: DIALOGE Beratungsgesellschaft

Himpsl, K. (2007). *Wikis im Blended Learning*. Boizenburg: Verlag Werner Hülsbusch

Hinze, U. (2004). *Computergestütztes kooperatives Lernen. Einführung in Technik, Pädagogik und Organisation des CSCL*. Münster: Waxmann

Höbarth, U. (2007). *Konstruktivistisches Lernen mit Moodle: Praktische Einsatzmöglichkeiten in Bildungsinstitutionen*. Boizenburg: Verlag Werner Hülsbusch

Hofmann, J. (2001): Blended Learning Case Study. In: http://www.learningcircuits.org/2001/apr2001/hofmann.html

Hornung-Prähauser, Veronika, et al. (2008): *Selbstorganisiertes Lernen im Internet – Einblick in die Landschaft der webbasierten Bildungsinnovationen*. Innsbruck: Studienverlag (letzter Zugriff: 21. November 2010)

Hugger, K.-U. & Walber, M. (Hrsg.) (2010). Digitale Lernwelten. Konzepte, Beispiele und Perspektiven. Wiesbaden: VS Verlag für Sozialwissenschaften.

Jadin, T. (2008a). *Computerunterstütztes kooperatives Lernen. Strukturierungsmaßnahmen und Lernstrategien*. Saarbrücken: VDM Verlag Dr. Müller

Jadin, T. (2008b): Der Einfluss des Strukturierungsgrades von Wiki, Weblog und Diskussionsforum auf computerunterstütztes kooperatives Lernen. In: Hornung-Prähauser, Veronika, et al.: *Selbstorganisiertes Lernen im Internet – Einblick in die Landschaft der webbasierten Bildungsinnovationen*. Innsbruck: Studienverlag

Kaune, A. (2004): *Change Management mit Organisationsentwicklung*. Berlin

Kaye, A. (1989). Computer-mediated communication and distance education. In: Mason, R. & Kaye, A. (Hrsg.). *Mindweave. Communication, computers and distance education*. Oxford: Pergamon Press, S. 3–21

Kerres, M. & Jechle, T. (2000). Betreuung des mediengestützten Lernens in telemedialen Lernumgebungen. In: *Unterrichtswissenschaft*, H. 3, S. 257–277

Kerres, M. (2001). *Multimediale und telemediale Lernumgebungen. Konzeption und Entwicklung* (2. Aufl.). München: Oldenbourg

Kerres, M. (2006). Potenziale von Web 2.0 nutzen – In: Hohenstein, A. & Wilbers, K. (Hrsg.). *Handbuch E-Learning*. München: DWD

Köhne, S. (2005): *Didaktischer Ansatz für das Blended Learning: Konzeption und Anwendung von Educational Patterns*. Dissertation. In: http://opus.ub.uni-hohenheim.de/volltexte/2006/123/pdf/Koehne_EducationalPatterns.pdf (letzter Zugriff: 9. Februar 2008)

Kraiger, M. (2009). *Blended Learning, Lern-Management-Systeme und guter Unterricht – Synergie oder Antagonie? Eine explorative Analyse und Evaluation zur Theorie und Praxis eines technologieunterstützten Unterrichts am Beispiel der Sekundarstufe I an Allgemeinbildenden Höheren Schulen*, Dissertation. Alpen-Adria Universtiät Klagenfurt

Ladurner, E. Computereinsatz im Fremdsprachenunterricht. S. 559–575. In: Tanzmeiser, R. (Hrsg.) (2008). *Lehren – Lernen – Motivation : Fachdidaktik für Romanistinnen und Romanisten*. Band 10. Wien: Praesens Studienbücher

Laici, C. (2007). *Nuovi ambienti di apprendimento per l'e-learning*. Perugia: Morlacchi Editore

Marsh, J. (2001). *How to design Effective Blended Learning*. ("How-to" Guide). Sunnyvale:brandom-hall.com

McConell, D. (2000): *Implementing computer supported kooperative learning*. London: Kogan Page

Mezzadri, M. (2003). La frontiera presente.Internet nella didattica dell'italiano. In: *Italica 80*. American Association of Teachers of Italian

Miller, D. (Hrsg.) (2005). *E-Learning. Eine multiperspektivische Standortbestimmung*. Bern: Haupt

Ministro per l'Innovazione e le Tecnologie e il Ministero dell'Istruzione, dell'Università e della Ricerca (a cura die Roberto Liscia). (2006). e-Learning in Italia. Una strategia per l'innovazione. Attori e dimensioni del mercato. La domanda di e-learning in Italia: aziende, Pubblica, Amministrazione, università e scuola

Montgomery, U. (2008). Pimp my Moodle. Vortrag: Moodlemoot Heidelberg

Moore, M.G. & Kearsley, G. (1996). *Distance education. A systems view*. Belmont: Wadsworth

Moser, H. (2005). *Wege aus der Technikfalle. eLearning und eTeaching* (2. überarbeitete Auflage). Zürich: Verlag Pestalozzianum

Moser, H. (2006). *Einführung in die Medienpädagogik. Aufwachsen im Medienzeitalter*. 4., überarb. u. akt. Aufl. Wiesbaden: VS

Mündemann, F. (2003): Methodik und Didaktik synchroner Online-Seminare. In: Apel, H./Kraft, S. (Hrsg.): *Online Lernen. Planung und Gestaltung netzbasierter Weiterbildung*. Bielefeld, 51–66

Myer, R. E. (2001): *Multimedia Learning*. Cambridge: Cambridge University Press

Narósy, Thomas & Riedler, Verena (2008). E-Learning in der Schule. E-Learning ist in aller Munde – vielleicht mehr denn je. In: http://www.e-teaching-austria.at/e-LISA_Archiv/download/E-Learning_in_der_schule.pdf (letzter Zugriff: 11. April 2009)

O'Reilly, T. (2005). What is Web 2.0? www.oreilly.de/artikel/web20.html (letzter Zugriff 6. November 2010)

Panke, S. (2007). Unterwegs im Web 2.0: Charakteristiken und Potenziale. Tübingen: e-teaching.org. www.e-teaching.org/didaktik/theorie/informelleslernenl/Web2.pdf (letzter Zugriff: 6. November 2010)

Paulsen, M.F. (1991): Innovative computer conferencing courses. *DESNEWS*, 1 (http://www.ed.psu.edu/acsde/deos/deosnews/). (letzter Zugriff: 19. August 2009)

Petko, D. & Reusser, K. (2005). Das Potential von interaktiven Lernressourcen zur Förderung von Lernprozessen. In: Miller, D. (Hrsg.). *eLearning. Eine multiperspektivische Standortbestimmung*, S. 161–185. Bern: Haupt

Petko, D. (2003). Diskutieren in virteullen Lehrveranstaltungen. In: *Beiträge zur Lehrerbildung*, 21(2), S. 206–220

Petko, D. (Hrsg.) (2010). *Lernplattformen in Schulen – Ansätze für E-Learning und Blended Learning in Präsenzklassen*. Wiesbaden: VS Verlag

Pichler, M. (2001): Ängste ausschalten, Lernerfolg optimieren. In: *Wirtschaft & Weiterbildung*. 2001, Juni, S. 44–49

Plaschke, J.; Sauter, W. (2002): eLearning: ein moderner „Nürnberger Trichter" für die betriebliche Weiterbildung. In: *Steinbeis-Stiftung: Bericht 2001 – Wir machen Innovationen schneller*. S. 27

Prensky, M. (2001): Digital Natives, Digital Immigrants. In: *On the Horizon*. 9/5/2001. In: http://www.marcprensky.com/writing/Prensky%20-%20Digital%20Natives,%20Digital%20Immigrants%20-%20Part1.pdf (letzter Zugriff: 22. Juli 2009)

Prensky, M. (2009): Marc Prensky's Essential 21st Century Skills. In: http://www.marcprensky.com/writing/Prensky-Essential_21stCenturySkills.pdf (letzter Zugriff: 22. Juli 2009)

Radnitzky E. & Westfall-Greiter, T. (2009). Comenius wäre begeistert! In: Schrack, C. & Nárosy, T. (Hg.): *Indivdualisieren mit eLearning – Neues Lernen in heterogenen Lerngemeinschaften*. bmukk

Rautenstrauch, C. (2001). *Tele-Tutoren. Qualifizierungsmerkmale einer neu entstehenden Profession*. Bielefeld

Reinmann, G. (2005). *Blended Learning in der Lehrerbildung: Grundlagen für die Konzeption innovativer Lernumgebungen*. Lengerich: Pabst Science Publishers

Reinmann-Rothmeier, G. & Mandl, H. (2002). Unterrichten und Lernumgebungen gestalten. In: Krapp, A. & Weidenmann, B. (Hrsg.), *Pädagogische Psychologie. Ein Lehrbuch* (5. vollst. überarb. Aufl.). S. 613–658. Weinheim: BeltzPVU

Reinmann-Rothmeier, G. (2003): *Didaktische Innovation durch Blended Learning: Leitlinien anhand eines Beispiels aus der Hochschule*. Hans Huber, Bern u.a.

Röll, F.J. (2008) Lernbausteine für die Web 2.0 Generation. In: Ertelt, J./Röll F.-J. (Hrsg.): *Web 2.0: Jugend online als pädagogische Herausforderung – Navigation durch die digitale Jugendkultur*. München: kopäd

Romiszowski, A.J. & Mason, R. (1996): Computer-mediated communication. In: Jonassen, D.H. (Hrsg.): *The handbook of research for educational communications and technology*. New York: Simon & Schuster, S. 438–456

Sauter W. & Sauter A.M. (2002): *Blended Learning: Effiziente Integration von E-Learning und Präsenztraining*. Luchterhand, Neuwied u.a. 2002

Schelhowe, Heidi (2007): Technologie, Imagination und Lernen. In: *Lernkulturen*, S. 124

Schrack, C. (2008): eLearning als Chance zur Individualisierung des Lernens? Individualisierung und Sozialisierung im kollaborativen E-Learning: Modelle für die Berufsbildung. Online verfügbar unter: http://www.bmukk.gv.at/medienpool/17143/individualisierung.pdf (letzter Zugriff 23. März 2011)

Schrack, C. (2009). eLearning als Chance zur Individualisierung des Lernens. In: Schrack, C. & Nárosy, T. (Hg.): *Indivdualisieren mit eLearning – Neues Lernen in heterogenen Lerngemeinschaften*. bmukk.

Schrack, C. & Nárosy, T. (Hg.) (2009): *Individualisieren mit eLearning – Neues Lernen in heterogenen Lerngemeinschaften*. Wien: bmukk. Auch online verfügbar unter: http://www.bmukk.gv.at/25plus (letzter Zugriff 23. März 2011)

Schröder, H. & Wazel, G. (Hrsg.) (1998). *Fremdsprachenlernen und interaktive Medien*. Frankfurt am Main u.a.: Lang. (Werkstattreihe Deutsch als Fremdsprache, 62)

Schulmeister, R. (2004). Didaktische Aspekte hypermedialer Lernsystme. In: Kammerl, R. (Hrsg.): *Computerunterstütztes Lernen*. S. 40–52. München: Oldenbourg

Schwartz, F. L & White, K.W. (2000): Making sense of it all: Giving and getting online course feedback. In: White, K.W. & Wieght, B.H. (Hrsg.): *The online teaching guide. A handbook of attitudes, strategies, and techniques for the virtual class room*. Boston: Allyn and Bacon, S. 167–182

Seel, N.M. (1981): Lernaufgaben und Lernprozesse. Stuttgart: Kohlhammer. In: Bloh, E./Lehmann, B. (Hg.) (2002). *Online Pädagogik*, Band 29. Hohengehren: Schneider Verlag

Selvaggi, S., Sicignano, G. et al. (2007). *e-Learning. Nuovi strumenti per insegnare, apprendere, comunicare online*. Italia: Springer

Skalnik, N. (2003): Optimaler Lernerfolg durch individuelle Konzepte. In: *Wissensmanagement*. 2003, Nr. 1, S. 27–28

Smith, G.G.; Ferguson, D.; Caris, M. (2001): Teaching College Courses Online vs. Face-to-Face. In: http://www.thejournal.com/magazine/vault/articleprintversion.cfm?aid=3407 (letzter Zugriff: 21. November 2010)

Spanhel, D. (2006). *Medienerziehung. Handbuch Medienpädagogik*, Bd. 3. Stuttgart: Klett-Cotta

Stahl, G. Koschmann, T. & Suthers, D. (2006). Compuzer-supported collaborative learning: A historical perspective. In: Sawyer, R. K. (Ed.). *Cambridge handbook of the learning sciences*, pp. 409–426. Cambridge: Cambridge University Press

Strohmeyer, H. et al. (2007): FuturElearning: Kurzfassung. http://www.bmukk.gv.at/medienpool/15552/futurelearning.pdf (letzter Zugriff: 9. Februar 2008)

Tanzmeister, R. (2008). Grammatik im Schulunterricht und inder Fremdsprachenlehrerausbildung. In: Tanzmeister, R. (Hrsg.) (2008). *Lehren – Lernen – Motivation : Fachdidaktik für Romanistinnen und Romanisten*. Band 10. Wien: Praesens Studienbücher

Tanzmeister, R. (Hrsg.) (2008). *Lehren – Lernen – Motivation : Fachdidaktik für Romanistinnen und Romanisten*. Band 10. Wien: Praesens Studienbücher

Thorne, K. (2003): *Blended Learning: how to integrate online & traditional learning*. London: Kogan Page

Troha, F.J. (2002): Bulletproof Instructional Design: A Model for Blended Learning. In: *USDLA Journal*. 15. Jg. (2002) Nr. 5, S. 1–6

Tulodziecki, G. (1997). *Medien in Erziehung und Bildung. Grundlagen und Beispiele einer handlungs- und entwicklungsorientierte Medienpädagogik*. 3. Aufl. Bad Heilbrunn: Klinkhardt

Tulodziecki, G. (2007). Medienbildung – welche Kompetenzen Schülerinnen und Schüler im Medienbereich erwerben und welche Standards sie erreichen sollen. In: PLAZ (Hrsg.). *Standards in der Medienbildung. PLAZ-Forum*, Heft 17, S. 9–33

Valiathan, P. (2002): Blended Learning Models. In: http://www.learningcircuits.org/2002/aug2002/valiathan.html (letzter Zugriff am: 9. Februar 2008)

van Harmelen, M. (2006). Personal Learning Enivronments. Online: www.octette.cs.man.ac.uk/jitt/index.php/Personal_Learning_Environments (letzter Zugriff: 2. November 2010)

Visciola, M. (2006). *Usabilità die siti web. Curare l'esperienza d'uso in Internet*. Milano: Apogeo

Volkmer, R. (2003): Blended Learning: Synergieeffekte durch den richtigen Methoden- und Medienmix. In: *Wissensmanagement*. 2003, Nr. 1, S. 19–21

Wache, M. (2007): E-Learning – Bildung im digitalen Zeitalter. http://www.bpb.de/files/FWQFK9.pdf, letzter Zugriff: 9. Februar 2008

Wagner, W.-R. (2004). *Medienkompetenz revisited. Medien als Werkzeuge der Weltaneignung: ein pädagogisches Programm*. München: kopaed

Watzlawick, P., Janet, H., Beavin, D. & Jackson, D. (2000). *Menschliche Kommunikation: Formen, Störungen, Paradoxien*. 10. Aufl. Bern

Wegerif, R. (1998): The social dimension of asynchronous learning networks. In: *Journal of Asynchronous Learning Networks*, 2, S. 34–49 (http://www.aln.org/alnweb/journal/). (Zugriff nicht möglich: 19. August 2009)

Wenger, E. (1998). *Communities of practice: learning, meaning, and identity*. Cambridge: Cambridge University Press

Winiecki, D.J. (1999): Keeping the thread: Adapting conversational practice to help distance students and instructors manage discussions in an asynchronous learning network. *DEOSNEWS*, 9 (http://www.ed.psu.edu/acsde/deos/deosnews/). (letzter Zugriff: 19. August 2009)

Wormeli, R. (2006): Fair Isn't Always Equal. Sternhouse Publishers/National Middle School Association. In: http://books.google.at/books?id=lwlSGcTl4ckC& printsec=frontcover&dq=fair+isn%27t+always+equal&client=firefox-a (letzter Zugriff: 22. Juli 2009)

Wustinger, R. (2009). Mutig individualisieren. In: Schrack, C. & Nárosy, T. (Hg.): *Indivdualisieren mit eLearning – Neues Lernen in heterogenen Lerngemeinschaften*. Wien: bmukk

Wustinger, R. (2009): Es ist ein Paradigmenwechsel. In: Schrack, Christian & Nárosy, Thomas (Hrsg.): *Individualisieren mit eLearning – Neues Lernen in heterogenen Lerngemeinschaften*. Wien: bmukk

Zeppenfeld, K. & Behrendt, J. (2008). *Informatik im Fokus – Web 2.0*. Berlin/Heidelberg: Springer Verlag

Zerfaß, A., Welker, M. & Schmidt, J. (Hrsg.) (2008): *Kommunikation, Partizipation und Wikrungen im Social Web*. Band 1: Köln: Halem

Rein elektronische Quellen und weiterführende Links

http://audacity.sourceforge.net/ (letzter Zugriff: 29. November 2010)

http://cyberschool.heustadelgasse.at (letzter Zugriff 21. November 2010)

http://de.wikipedia.org/wiki/Liste_von_Lernplattformen
    (letzter Zugriff: 29. November 2010)

http://de.wikipedia.org/wiki/URL (letzter Zugriff: 20. November 2010)

http://de.wikipedia.org/wiki/URL (letzter Zugriff: 24. Oktober 2010)

http://de.wikipedia.org/wiki/Web_2.0 (letzter Zugriff: 20. November 2010)

http://de.wikipedia.org/wiki/Web_2.0 (letzter Zugriff:24. Oktober 2010)

http://diepresse.com/home/bildung/schule/609157/Schueler-sollen-kritischen-
    Umgang-mit-Facebook-lernen?_vl_backlink=/home/bildung/index.do^
    (letzter Zugriff: 29. No-vember 2010)

http://docs.Moodle.org/de/Abstimmung (letzter Zugriff: 20. November 2010)

http://docs.Moodle.org/de/Aufgabe (letzter Zugriff: 29. November 2010)

http://docs.Moodle.org/de/Chat (letzter Zugriff: 20. November 2010)

http://docs.Moodle.org/de/Forum (letzter Zugriff: 20. November 2010)

http://docs.Moodle.org/de/Freitext-Fragen (letzter Zugriff: 20. November 2010)

http://docs.Moodle.org/de/Funktionalit%C3%A4t#Lernaktivit.C3.A4t_Aufgabe
    (letzter Zugriff: 29. November 2010)

http://docs.moodle.org/de/Glossar (letzter Zugriff: 30. November 2010)

http://docs.Moodle.org/de/Installation_von_Moodle#Voraussetzungen
    (letzter Zugriff: 13. April 2009)

http://docs.moodle.org/de/Kurzantwort-Fragen (letzter Zugriff: 20. November 2010)

http://docs.Moodle.org/de/L%C3%BCckentext-Fragen
    (letzter Zugriff: 30. November 2010)

http://docs.Moodle.org/de/Multiple-Choice-Fragen
    (letzter Zugriff: 20. November 2010)

http://docs.Moodle.org/de/Philosophie (letzter Zugriff: 9. April 2010)

http://docs.Moodle.org/de/Philosophie (letzter Zugriff: 9. April 2010)

http://docs.Moodle.org/de/Test (letzter Zugriff: 30. November 2010)

http://docs.Moodle.org/de/Wahr-Falsch-Fragen (letzter Zugriff: 20. November 2010) http://docs.Moodle.org/de/Was_ist_Moodle%3F (letzter Zugriff: 9. April 2010)

http://docs.Moodle.org/de/Wiki (letzter Zugriff: 30. November 2010)

http://docs.Moodle.org/de/Zuordnungsfragen (letzter Zugriff: 20. November 2010)

http://docs.moodle.org/en/Feedback_module (letzter Zugriff: 29. November 2010)

http://ec.europa.eu/education/archive/elearning/programme_en.html
(letzter Zugriff: 29. November 2010)

http://ec.europa.eu/education/lifelong-learning-policy/doc64_en.htm
(letzter Zugriff: 29. November 2010)

http://elsa20.schule.at (letzter Zugriff: 6. November 2010)

http://erlaesse.ssr-wien.gv.at/Startseite/tabid/36/Default.aspx
(letzter Zugriff: 29. No-vember 2010)

http://openetherpad.org (letzter Zugriff: 21. November 2010)

http://oreilly.com/web2/archive/what-is-web-20.html
(letzter Zugriff: 24. Oktober 2010)

http://oreilly.com/web2/archive/what-is-web-20.html
(letzter Zugriff: 20. November 2010)

http://radar.oreilly.com/archives/2005/10/web-20-compact-definition.html
(letzter Zugriff: 23. Oktober 2010)

http://radar.oreilly.com/archives/2005/10/web-20-compact-definition.html
(letzter Zugriff: 20. November 2010)

http://www.bifie.at/schulversuche-standardisierten-kompetenzorientierten-
reifepruefung-lebenden-fremdsprachen (letzter Zugriff: 25. November 2010)

http://www.blendedlearning.tumblr.com (letzter Zugriff: 26. November 2010)

http://www.bmukk.gv.at/25plus (letzter Zugriff: 23. Juli 2010)

http://www.bmukk.gv.at/25plus (letzter Zugriff: 6. November 2010)

http://www.bmukk.gv.at/medienpool/782/ahs8.pdf
(letzter Zugriff: 29. November 2010)

http://www.bubbl.us (letzter Zugriff: 21. November 2010)

http://www.eduMoodle.at/nms (letzter Zugriff: 6. November 2010)

http://www.elc20.com (letzter Zugriff: 6. November 2010)

http://www.epict.at (letzter Zugriff: 6. November 2010)

http://www.gemeinsamlernen.at (letzter Zugriff:6. November 2010)

http://www.goanimate.com (letzter Zugriff:21. November 2010) http://www.heise.de/newsticker/meldung/Web-2-0-Summit-Hype-ums-Mitmach-Web-187797.html (letzter Zugriff: 20. November 2010)

http://www.heustadelgasse.at (letzter Zugriff: 21. November 2010)

http://www.hotpotatoes.de/ (letzter Zugriff: 20. November 2010)

http://www.lifewithalacrity.blogs.com/photos/uncategorized/cc.gif (letzter Zugriff: 28. November 2010)

http://www.moodle.org (letzter Zugriff: 9. April 2010)

http://www.moodlemoot.de (letzter Zugriff: 21. November 2010)

http://www.neuemittelschule.at (letzter Zugriff: 6. November 2010)

http://www.overstream.net (letzter Zugriff: 21: November 2010)

http://www.saferinternet.at (letzter Zugriff:6. November 2010)

http://www.virtuelle-ph.at (letzter Zugriff: 6. November 2010)

Vgl. auch Lernblog des Autors unter Lernblog http://www.learning-reloaded.com.

Anhang

Fragebogen

Fragebogen SchülerInnen[407]

Moodle im Italienischunterricht

für die Dissertation

„Die Moodle Cyberschool im Fremdsprachenunterricht –
Blended Learning- didaktisch-innovativer Ansatz im Italienischunterricht
oder pädagogische Eintagsfliege?" (Arbeitstitel)

1. **Ich weiß, wobei es sich beim Begriff „Blended Learning" handelt:**
    O nein
    O ja
    kurze Beschreibung:

2. **Ich arbeite ca. ... h/Monat mit der Cyberschool:**
    O 0
    O 0,5–3
    O 4–7
    O 8–11
    O mehr

---

[407] N = ~50 SchülerInnen (Italienisch als 2. lebende Fremdsprache, Oberstufe 5.–8. Klasse, AHS Heustadelgasse). Der Fragebogen wurde elektronisch auf der Lernplattform http://cyberschool.heustadelgasse.at durch geführt und ausgewertet.

3. Folgende Übungen empfinde ich im Italienischunterricht als eher unnötig:
   O Tests
   O Forum
   O Glossar
   O Workshop
   O Wiki
   O Web 2.0 Anwendungen
   O Sonstiges:

   O Gründe:

4. Folgende Übungen empfinde ich im Italienischunterricht als sehr nützlich:
   O Tests
   O Forum
   O Glossar
   O Workshop
   O Wiki
   O Web 2.0 Anwendungen
   O Sonstiges:

   O Gründe:

5. Folgende Web 2.0 Anwendungen finde ich für den Italienischunterricht weniger nützlich:
   O Webquests mit Wordpress
   O Etherpad
   O bubbl.us
   O YouTube
   O Podcasts
   O Sonstige:

   O Gründe:

6. Folgende Web 2.0 Anwendungen finde ich für den Italienischunterricht sehr nützlich:

O Webquests mit Wordpress
O Etherpad
O bubbl.us
O YouTube
O Podcasts
O Sonstige:

O Gründe:

7. Arbeitest du in Moodle in Gruppen?

O oft
O weniger oft
O selten

8. Wie lange arbeitest du schon mit Moodle im Unterricht?

O weniger als 1 Jahr
O 1–2 Jahre
O 3–4 Jahre
O 4 Jahre oder länger

9. Die Feedbackfunktion in Moodle finde ich:

O sinnvoll
O weniger sinnvoll
O gar nicht sinnvoll
O Begründung:

10. Welche Kompetenzen werden mit Moodle im Unterricht besonders gestärkt?

O Schreiben
O Sprechen
O Lesen
O Hören
O Grammatik

O Landes- und Kulturkunde
O Vokabular
O Sonstiges:

11. Ich kann mein Lerntempo mit Moodle selbst bestimmen:
O stimmt
O stimmt eher
O stimmt nicht

12. Ich würde meine Computerkenntnisse folgendermaßen einschätzen:
O sehr gut
O gut
O durchschnittlich
O ausreichend
O nicht ausreichend

13. Moodle im Italienischunterricht stellt eine Arbeitserleichterung dar:
O trifft sehr zu
O trifft zu
O weder noch
O trifft weniger zu
O trifft nicht zu

14. Moodle im Italienischunterricht steigert meine Computerkenntnisse:
O trifft sehr zu
O trifft zu
O weder noch
O trifft weniger zu
O trifft nicht zu

15. Moodle im Italienischunterricht macht Spaß:
O trifft sehr zu
O trifft zu
O weder noch
O trifft weniger zu
O trifft nicht zu

16. Ich denke, dass Moodle im Italienischunterricht auch noch in Zukunft an Schulen bestehen bleiben wird:
O trifft sehr zu
O trifft zu
O weder noch
O trifft weniger zu
O trifft nicht zu

17. Mit Moodle im Italienischunterricht verstehe ich den Stoff besser:
O trifft sehr zu
O trifft zu
O weder noch
O trifft weniger zu
O trifft nicht zu

18. Moodle im Italienischunterricht ist eine interessante Alternative zum Regelunterricht :
O trifft sehr zu
O trifft zu
O weder noch
O trifft weniger zu
O trifft nicht zu

19. An Moodle finde ich toll, …

20. Am Moodle finde ich nicht so toll, …

21. Arbeitest du mit Moodle auch in anderen Unterrichtsfächern? Wenn ja, in welchen?

22. In welchen Fächern macht das Arbeiten mit Moodle besonderen Spaß?

Begründung:

23. Alter:

24. Geschlecht:
    O w
    O m

25. Notendurchschnitt im Semester:

26. Schulstufe:

27. Lieblingsfächer:

28. Den Italienischunterricht würde ich folgendermaßen beurteilen:
    O sehr gut
    O gut
    O befriedigend
    O genügend
    O nicht genügend

29. Zum Schluss wollte ich noch Folgendes anmerken:

Weitere Titel aus dem vwh-Verlag (Auszug)

Reihe „E-Learning"

E. Abfalterer: Foren, Wikis, Weblogs und Chats im Unterricht
2007, 24,90 €, ISBN 978-3-9802643-3-4

K. Himpsl: Wikis im Blended Learning
2007, 26,90 €, ISBN 978-3-9802643-5-8

M. Hornbostel: E-Learning und Didaktik
2007, 24,90 €, ISBN 978-3-940317-00-1

T. Bernhardt/M. Kirchner:
E-Learning 2.0 im Einsatz
2007, 31,90 €, ISBN 978-3-940317-16-2

A. Schett: Selbstgesteuertes Lernen
Lerntagebücher in einem Blended-Learning-Szenario in der Sekundarstufe I
2008, 27,50 €, ISBN 978-3-940317-25-4

S. Dreer: E-Learning an berufsbildenden Schulen 2008, 32,90 €, 978-3-940317-28-5

H. Ernst: Mobiles Lernen in der Praxis
Handys als Lernmedium im Unterricht
2008, 27,50 €, ISBN 978-3-940317-30-8

E. Kaliva: Personal Learning Environments in der Hochschullehre
2009, 25,90 €, ISBN 978-3-940317-40-7

S. Graf: Identity Management und E-Portfolios 2009, 33,50 €, 978-3-940317-55-1

S. Panke: Informationsdesign von Bildungsportalen Struktur und Aufbau netzbasierter Bildungsressourcen
2009, 32,90 €, ISBN 978-3-940317-59-9

A. S. Nikolopoulos: Sicherung der Nachhaltigkeit von E-Learning-Angeboten an Hochschulen
2010, 32,50 €, ISBN 978-3-940317-60-5

U. Höbarth: Konstruktivistisches Lernen mit Moodle *2. Aufl.*
2010, 31,50 €, ISBN 978-3-940317-77-3

J. Drummer: E-Learning im Unterricht
Ein Leitfaden zum Einsatz von Lernplattformen in der Schule
2011, 22,90 €, ISBN 978-3-940317-84-1

M. Krüger: Selbstgesteuertes und kooperatives Lernen mit Vorlesungsaufzeichnungen 2011, 31,90 € , 978-3-940317-88-9

D. Ammer: Die Umwelt des World Wide Web Bildung für nachhaltige Entwicklung im Medium World Wide Web aus pädagogischer und systemtheoretischer Perspektive
2011, ISBN 978-3-940317-86-5, 31,90 €

Reihe „Web 2.0"

F. Renz: Praktiken des Social Networking 2007, 21,90 €, 978-3-9802643-6-5

S. Munz/J. Soergel: Agile Produktentwicklung im Web 2.0
2007, 32,90 €, ISBN 978-3-940317-11-7

C.Mörl/M.Groß: Soziale Netzwerke im Internet Analyse der Monetarisierungsmöglichkeiten und Entwicklung eines integrierten Geschäftsmodells
2008, 28,90 €, ISBN 978-3-940317-22-3

T. Seeber: Weblogs – die 5. Gewalt?
Eine empirische Untersuchung zum emanzipatorischen Mediengebrauch v. Weblogs
2008, 25,50 €, ISBN 978-3-940317-23-0

J. Moskaliuk (Hg.): Konstruktion und Kommunikation von Wissen mit Wikis
Theorie und Praxis
2008, 27,50 €, ISBN 978-3-940317-29-2

J. L. Brinning: Persönliches Publizieren im Web 2.0 Zur Herausbildung dynamischer Öffentlichkeitssphären und publizistischer Vielfalt
2008, 27,50 €, ISBN 978-3-940317-32-2

F.-R. Habbel/A. Huber (Hg.): Web 2.0 für Kommunen und Kommunalpolitik
2008, 27,50 €, ISBN 978-3-940317-36-0

A. Hutter: Watchblogs: Medienkritik 2.0? 2009, 27,90 €, 978-3-940317-12-4

M. Mara: Narziss im Cyberspace
Zur Konstruktion digitaler Selbstbilder auf der Social Network Site *studiVZ*
2009, 27,90 €, ISBN 978-3-940317-46-9

R. Stephan: Cyber-Bullying in sozialen Netzwerken Maßnahmen gegen Internet-Mobbing am Beispiel von *schülerVZ*
2010, 20,90 €, ISBN 978-3-940317-64-3

F.-R. Habbel/A. Huber (Hg.):
Wirtschaftsförderung 2.0
2010, 29,90 €, ISBN 978-3-940317-68-1

H. Frohner: Social Tagging
2010, 26,90 €, ISBN 978-3-940317-03-2

R. Bauer: Die digitale Bibliothek von Babel Über den Umgang mit Wissensressourcen im Web 2.0
2010, 26,90 €, ISBN 978-3-940317-71-1